이제 와서 어쩌겠수

이제 와서 어쩌겠수
유쾌하면서도 슬픈 중년의 기록

Calypso

데이비드 세다리스 지음 | 김상조 옮김

주영사

차례

1. 사람들을 좋아하는 사람 7
2. 이제 우리는 다섯 명 21
3. 키 작은 사람 42
4. 바깥으로 나가기 50
5. 나누어진 집 62
6. 완벽한 조합 81
7. 리바이어던 96
8. 당신의 영어는 훌륭해요 114
9. 칼립소 128
10. 소박한 제안 144
11. 조용한 응대 155
12. 길들어지지 않은 176
13. 비켜 온 사람들 190
14. 미안 193
15. 헛소리 212
16. 근래에 내가 우울했던 몇 가지 이유 220
17. 왜 안 웃는 거야? 232
18. 나는 계속 서 있어 252
19. 영혼의 세계 268
20. 거기 있을 동안 내 전립선을 확인해 주세요 284
21. 코미의 메모 291

1. 사람들을 좋아하는 사람

물론 다르게 말하는 어떤 업계도 있지만, 중년이 되면 그다지 기쁠 일은 없다. 내 생각에 중년의 유일한 특권은 운이 좋다면 손님방 하나 정도 장만할 수 있다는 것이다. 아이들이 커서 집을 떠나면서 자연스럽게 생기는 사람도 있고, 나처럼 좀 더 큰 집을 사서 장만하는 이도 있다. 나는 지금 "나를 따라 해보세요."라고 말하고 있는 것이다. 내 집을 찾아온 이들에게 보여주는 방은 그들이 묵게 하려고 급히 준비한 게 아니다. 접히는 소파가 아니라 침대를, 그것도 호텔처럼 한쪽 벽에 설치했다. 짐가방을 올려놓을 선반도 만들었다. 물론 가장 근사한 부분은 화장실이 따로 있다는 것이다.

또한 "욕조보다 샤워를 하고 싶다면 2층에 있는 '두 번째' 손님방에 묵게 해줄 수도 있어요."라고 말하리라. "거기도 짐가방을 올려놓을 선반이 있으니까요." 이런 말이 인형의 입 모양을 한 내 입에서 흘러나오면 중년의 만족감에 몸이 떨리는 것이다. 그렇다, 내 머리는 회색이고 점점 숱이 줄고 있다. 그래, 내 페니스의 나사받이가 닳았는지 바지 지퍼를 올리고 한참이 지났는데도 오줌을 흘린다. 그렇지만 손님방은 두 개나 있다.

중요한 점은, 유럽에서 살면 대체로 손님을 받게 되고, 그것도 아주 많이 받게 된다는 사실이다. 그들은 미국에서 비행기로 오느라 항공료로 많은 돈을 쓰게 된다. 도착했을 때면 이미 돈을 다 썼고, 지친 상태일 뿐 아니라, 차로 데리러 가면 차 안에서 잠이 들곤 한다. 노르망디에서는 시골에서 살았는데, 손님이 오면 휴의 스튜디오보다 두 배 정도 되고 유화 물감과 쥐 썩는 냄새가 나는 다락에 재웠다. 천장은 시골 성당 같았지만 난방 시설이 없어서 너무 춥거나 너무 더웠다. 그 집에는 화장실이 하나였는데, 부엌과 우리 침실 사이에 끼어 있었다. 그래서 손님들은 화장실에서 자신만의 볼일을 보기가 어려웠으므로, 나는 휴를 데리고 하루에 두 번은 정문으로 나가면서 뒤를 돌아보며 "우리는 딱 20분 정도 나갔다 올 거예요. 뭐 필요한 거 있어요?"라고 늘 하던 일인 듯이 소리치곤 했다.

노르망디에서는 또 다른 문제가 있었다. 찾아온 이들은 그저 앉아 있는 일 외에는 할 일이 없었다. 우리가 살던 마을에는 가게가 전혀 없었고, 가장 가까운 마을로 걸어가는 길은 전혀 유쾌하지 않았다. 물론 손님들이 즐기지 못했다는 뜻은 아니지만, 야외 활동을 좋아하고 스스로 찾아 움직이는 유형이어야 했다. 지금 우리가 살고 있는 웨스트 서식스에서는 손님을 받는 일이 한결 수월하다. 우리 집에서 반경 16킬로미터 이내에 성채가 남아 있는 진귀한 작은 타운이 있고, 또 다른 매력적인 타운에는 골동품 가게가 서른일곱 개나 있다. 분필로 얼룩덜룩 칠을 한 듯한 언덕이 있는데, 걸어서 올라갈 수 있고, 자전거 길도 있다. 해변까지는 차로 15분 정도 걸리고, 가장 가까운 술집은 걸어서 금방 갈 수 있다.

손님들은 대개 런던에서 기차를 타고 오는데, 그들을 데리러 가기 전이면 나는 휴에게, 그들이 머물 동안은 그와 내가 완벽한 커플 역할을 해야 한다는 점을 상기시킨다. 서로 어떠한 말다툼도 하지 말자는 뜻이다. 내가 부엌의 식탁에 앉아 있고 그가 내 뒤에 서 있다면, 그는 내 어깨에 손을 얹되, 내가 이상적인 남자 친구가 아니라 해적이었다면 앵무새가 앉을 법한 정확한 지점에 손을 얹어야 한다는 말이다. 만약 이미 여러 번 들어서 립싱크로 따라 할 수 있을 법한 이야기를 내가 또 한다 해도, 그는 처음 듣는 듯한 표정을 지으면서 손님들만큼이나 더 자주 반응을 보여야 한다는 말이다. 만약 내가 싫어하는 일, 예를 들어 뼈가 들어 있는 생선을 요리로 받았을 때 나 역시 똑같이 처신하면서 기뻐하는 척을 해야 한다는 뜻이다. 몇 년 전에 그의 친구 수가 밤에 찾아온 날, 그가 무슨 머리빗 같은 생선을 조려서 내놓았을 때 내가 큰 실수를 저지른 적이 있다. 너무 큰 실수였기에 수가 돌아가고 나서, 나는 수를 죽여 버릴까 생각할 정도였다. 나는 휴에게 말했다. "수는 너무 많은 걸 알고 있어. 골칫거리이니 입을 막아야 해."

휴의 친구 제인도 흉한 꼴을 봤는데, 물론 나는 제인과 수를 모두 좋아하고 20년 가까이 알고 지내는 사이이긴 하지만, 그들은 "휴의 손님" 범주에 든다. 내가 해야 하는 역할은 충실히 하지만, 그들을 즐겁게 해주는 것은 내 책임이 아니라는 뜻이다. 아, 물론 나는 때로 마실 것을 갖다주기는 한다. 식사 시간에는 같이 먹어 주기는 하지만, 그 외에는 내가 하고 싶은 대로 왔다 갔다 하고, 때로는 누군가 말을 하는 중간에 나가기도 한다. 내 아버지는 평생 이런 식으로 행동하셨다. 아버지에게 말을 하고 있는데 불쑥 나가 버리곤 하셨다. 화가 나신 것은 아니었지만 볼일 다 봤다는 식이었다. 이걸 나는 여섯 살 때 처음으로 겪었다. 여러분은 아마 내가 상처받았다고 생각하겠지만, 나는 그저 아버지의 멀어지는 등을 쳐다보면서 '이런 식으로 가도 되는 거야? 정말? 와!'라고 생각했다.

2012년 크리스마스에 내 누이 세 명이 서식스에 있는 우리 집에 왔는데, 그레천과 에이미는 손님방을 각각 하나씩 차지했다. 리사 누나에게는 큰방을 내주고, 휴와 나는 그 옆에 마구간을 개조한 방으로 옮겼는데, 거기는 내가 사무실로 쓰고 있는 곳이었다. 그들이 머무는 동안 휴는 우리 집 사람들이 에이미와 나를 제외하고는 잘 자란다는 말을 하지 않는 것을 발견했다. 그냥 그들은 방을 나가고, 때로는 저녁 식사 중간에도 나가서는 다음 날 아침에야 나타났다. 내 누이들은 내 손님이고, 함께 모여 있을 뿐 아니라 같이 재밌게 지낼 줄 알기에, 나는 다소 편안하게 내 일을 할 수 있었다. 그들과 시간을 보내지 않았다는 뜻이 아니다. 이렇게 저렇게 짝을 지어서 산책도 하고 자전거를 타기도 했고, 아니면 함께 거실에 앉아 이야기를 하거나 부엌에 모여서 난로 가에서 휴를 살펴보기도 했다. 나는 한동안 그들과 함께 있다가도 할 일이 있다고 말했다. 그러고 나서는 옆방인 마구간에 가서 컴퓨터를 켠 다음, '러셀 크로는 요즘 뭐 하며 살지?'라고 생각하며 구글 창을 열었다.

내가 이들 세 명을 초대한 이유 중 하나는 ─ 심지어 비행기 표까지 사줬다 ─ 어쩌면 이번이 함께 모이는 일로는 마지막이 될지도 모른다는 느낌 때문이었다. 여권을 만든 적이 없고 어느 구직 사이트에서 만난 전기 기사의 말만 믿고 공항에서 여권을 살 수 있다고 확신하는 동생 폴을 제외하면, 우리는 이제 모두 오십 대가 되었다. 건강과 관련해서 보자면 우리는 모두 지금껏 운이 좋았지만, 이건 그저 시간문제일 뿐이어서, 행운이 다하면 우리 중 하나는 암에 걸릴 것이다. 그때가 되면 사격 연습장의 인형처럼 그때까지의 수명을 누린 후에 픽픽 쓰러질 것이다.

*　　*　　*

누이들이 도착하기 전에는 날짜까지 꼽으며 기다렸는데, 왜 그때 나는 돌로 된 바닥과 나무 타는 소리가 들리는 난로가 있는 16세기형 부엌에 완벽한 커플로서 휴와 함께 앉아 있지 않았던가? 그건 아마 내가 다른 곳으로 가지 않으면 내 가족이 내 신경을 건드리거나 혹은 — 이게 더 가능성이 높지만 — 내가 그들의 신경을 건드리게 될 것이고, 우리가 함께 보낼 주말은 내가 기대했던 이상적인 모습으로 흘러가지 않으리라고 생각했던 탓이었다. 그래서 나는 내 사무실로 피했고, 빈둥거리며 시간을 보냈다. 그리고 나서는 다시 안으로 들어왔는데, 자리를 비우지 않았더라면 좋았겠다 싶은 이야기가 이어지고 있었다. 마치 영화가 시작한 지 한 시간이 지난 후에 영화관에 들어오면서 '저 갱서무는 어떻게 쌍껄곤을 저렇게 잘 다루게 된 거야?'라고 생각하는 듯한 느낌이었다.

나중에 나도 같이 듣게 된 이야기는 그레천이 1년 반 전부터 복용하기 시작한 알약에 관한 것이었다. 동생은 그게 무슨 약인지는 말하지 않았는데, 다만 그 약 때문에 잠결에 걸어 다니기도 하고 음식도 먹는다는 것이었다. 이건 우리가 하와이에서 집을 빌려서 함께 지낸 지난번 추수감사절 기간에 나도 목격했다. 7시에 저녁을 먹고, 자정 무렵 그러니까 동생이 자러 들어간 지 한 시간 정도 지났을 즈음에 다시 동생이 방에서 나왔다. 휴와 나는 책을 읽다가 동생이 부엌으로 들어가는 걸 지켜봤다. 동생은 냉장고에서 칠면조를 꺼내더니 손가락으로 살점을 뜯었다. 내가 "접시를 쓰지, 그래?"라고 말했더니, 동생은 경멸하는 눈빛이라기보다는 멍한 눈빛으로, 바람 소리를 듣는 듯이 나를 쳐다보았다. 그러고는 고깃덩어리 속에 손을 집어넣어 안에서 뜯어냈다. 기묘하게도 한 부위를 다른 부위보다 좋아하는 듯이 골라서 뜯어내더니, 이제는 충분히 먹었다 싶었는지 나머지는 그대로 두고 방으로 들어가 버렸다.

"그게 대체 뭐야?" 다음 날 아침에 내가 물었다.

그레천의 얼굴은 나쁜 뉴스를 각오한 듯 굳어졌다. "무슨 말이야?"

지난밤에 무슨 일이 있었는지 내가 말해 주자 동생이 말했다. "이런 염병할, 일어났을 때 뭐 때문에 베개에 갈색 얼룩이 잔뜩 묻어 있나 했지."

내가 나중에 듣게 된 이야기에 따르면, 그레천에게는 추수감사절 밤은 양호한 편에 속했다. 칠면조 에피소드가 있고 나서 몇 주가 지난 어느 날 아침에 동생이 노스캐롤라이나에 있는 자기 집 부엌에 들어가 보니, 조리대 위에 잼 항아리가 열려 있었고, 그 안에는 부스러기가 들어 있었다. 처음에 동생은 그게 쿠키라고 생각했다. 그리고 뒤집혀 있는 종이상자를 보고서야 자기가 기르는 비단거북 먹이를 먹었다는 걸 깨달았다. 그건 10센티미터 길이에, 죽은 파리로 만들어서, 듀라플레임 통나무* 스타일로 압착한, 일종의 뉴트리션 바 같은 것이었다. 동생은 이어서 말했다. "그게 전부가 아니야. 포인세티아 꽃잎도 다 뜯어 먹었어." 동생은 머리를 흔들었다. "조리대 위에 거북이 먹이 상자 옆에 놓여 있었는데, 앙상한 줄기만 남아 있더라."

나는 이번이 우리가 함께 보내는 마지막 크리스마스가 될 거라는 확신을 한층 굳히면서 다시 내 사무실로 돌아갔다. 세상에, 파리를! 잠결에 나와서 반려동물의 먹이를 먹는다면 왜 미리 거북이를 햄스터나 토끼처럼 좀 더 안전하고 풀을 먹는 동물로 바꿀 생각을 안 한 거지? 동생이 손을 대기 시작한다면 선인장부터 시작해서 집 안의 화초를 다 없애 버릴 것이다. 청소용품도 어디 잘 넣어 둬야겠다.

그날 저녁 늦게 나는 누이들이 장작 난로 앞에 고양이들처럼 늘어져 있는 걸 봤다. "예전에는 거울 앞을 지나갈 때면 얼굴을 봤지." 담배 연기를 한 모금 내뿜으면서 그레천이 말했다. "지금은 젖꼭지 선이 제대로 서 있는지를 봐."

'세상에, 언제부터 그런 거야?'라고 나는 생각했다. 우리가 마지막으로 모였던 크리스마스는 1994년이었다. 롤리에 있는 그레천의 집이었고, 동생은 자기가 키우는 황소개구리 한 마리에게 사료를 주는 일로 하루를 시작했는데, 그건 다리미 정도

---

* 듀라플레임(Duraflame): 캠프파이어에 쓰는 불이 잘 붙는 통나무 브랜드 — 옮긴이

크기에 이름은 파피였다. 거실 바닥에는 일본 영원* 세 마리가 미트로프 팬 속에 살고 있었고, 파피는 그 옆에 있는 어둑어둑하고 난방장치가 된 113리터들이 수족관에 들어 있었다. 정상적인 크리스마스와는 한참 거리가 있었지만, 엄마가 돌아가신 지 얼마 안 되었을 때였기에 늘 하던 데서 벗어나 새로운 시도를 할 필요가 있었다. 그래서 추억이 많이 담겨 있으면서 우리가 자랐던 집이 아닌 늪지에 가까운 동생 집에서 보냈던 것이다. 그 크리스마스 이후로 허리까지 내려오던 동생의 머리는 백발이 되었고, 잠결에 걸어 다닐 때 보니 다리도 약간 절었다. 그렇게 우리는 모두 나이가 들고 있었다.

서식스에서 같이 지낸 첫째 날에 우리는 볼보에 장작을 밀어 넣듯 다 함께 올라타고는 골동품 가게가 서른일곱 개가 있는 그 타운으로 갔다. 휴가 운전을 했고, 나는 뒷자리에 기어들어가서 '자, 그러고 보니 어릴 때 누이들과 함께 스테이션왜건에 올라탔을 때 같네.'라는 행복한 생각을 했다. 1966년에 그 누가 우리 모두 아무도 자신이 꿈꿨던 미래를 이루지 못한 채 이렇게 함께 차를 타고 영국 남부를 지나가게 될 거라고 상상이나 했을까? 에이미는 그렇게 원했던 경찰이 되지 못했다. 리사 누나는 간호사가 아니었다. 아무도 집 안 가득 하인을 두지도 않

---

* 일본 영원(Japanese newt): 도롱뇽목 영원과의 동물 — 옮긴이

앉고 길들인 긴코원숭이를 가지고 있지도 못했지만, 그래도 우리는 상관없었다. 그렇지 않은가?

그날 오후에 들어간 어느 골동품 가게에서 우리는 법정 변호사가 쓰는 가발을 하나 발견했다. 냄새가 났고 지저분한 팬티 색깔이었지만, 에이미는 전혀 상관하지 않고 그걸 썼고, 그다음은 그레천이었다.

"나는 괜찮아." 그걸 받아 든 리사 누나가 말했다. "내 머리에 세균을 덮어쓰고 싶지는 않아."

'세균이라.' 나는 생각했다.

오후 4시쯤 되자 해가 졌고, 우리가 집으로 출발할 때는 이미 어두워진 후였다. 돌아오는 길에 나는 잠시 졸았는데, 내가 다시 깼을 때는 리사 누나가 한참 자기 자궁에 대해, 특히 자궁 내벽이 너무 두꺼워진 것 같다는 걱정을 늘어놓고 있었다.

"도대체 왜 그런 생각을 하는 거야?" 에이미가 물었다.

그러자 리사 누나는 자기 친구를 거론했는데, 신시아에게 일어났다면 자기에게도 일어날 수 있다는 것이었다. "그리고 우리 중 누구에게도 일어날 수 있어." 그렇게 덧붙였다.

"일어나면 어떻게 되는 건데?" 그레천이 물었다.

"그러면 다 긁어내야지." 리사 누나가 대답했다.

나는 뒷자리에서 일어나 고개를 내밀었다. "그런데 자궁 내벽은 뭐로 되어 있는 거야?" 나는 뭔가 달콤하고 끈적끈적한 것을 상상했다. "포도 성분 비슷한 건가?"

"포도지." 에이미가 말했다. "포도를 만드는 건 포도야."

"뭐 아주 좋은 질문이야." 리사 누나가 말했다. "자궁 내벽은 뭐로 되어 있을까? 혈관? 신경?"

"당신 집안사람들." 휴가 말했다. "여러분이 함께 모여 있을 때면 도대체 무슨 말을 하는지 믿을 수가 없네요."

나는 나중에 휴에게 그의 누나 앤이 노르망디에 있던 우리 집을 방문했을 때의 이야기를 꺼냈다. 어느 날 오후에 나는 자전거를 타고 나갔다가 돌아왔는데, 그녀가 그때 우리와 함께 있던 어머니 조안에게 하는 말을 들었다. "엄마도 이구아나 만지는 느낌이 그렇게 좋아?"

'당신 집안사람들은 도대체.' 나는 그렇게 생각했었. 그날 밤에 목욕을 하고 나서 나는 앤이 이렇게 묻는 말을 들었다. "음, 낙타 버터로 만들 수는 없어요?"

"할 수는 있지." 햄리크 부인이 대답했다. "그런데 추천하지는 않아."

자세한 걸 물어볼까 싶었지만 — "낙타 버터로 '뭘' 만든다는 거예요?" — 그냥 미스터리로 남겨두기로 했다. 일행이 있을 때면 자주 그랬다. 어느 날 저녁에 나는 정원에 들어가다가 파리에서 온 손님이 하는 말을 들었다. "미니 염소가 좋아요." 휴의 아버지 샘이 국무부에 다닐 때 알았던 오랜 친구와 함께 오셨을 때는 더 이상했다. 두 분은 60년대 후반에 카메룬에서 같이 지냈을 때를 이야기하고 계셨는데, 나는 부엌에 들어가면서 햄리크 씨가 하는 말을 들었다. "그 친구가 피그미족이었나, '가짜' 피그미였나?"

돌아서서 내 사무실로 가면서 '나중에 물어봐야지.'라고 생각했다. 그 후에 휴의 아버지는 세상을 떠나셨고 국무부에서부터 알고 지냈던 친구분도 세상을 떠나셨다. 구글에 "가짜 피그미"를 검색해 볼 수도 있지만, 똑같은 게 아닐 수도 있다. 그게 무엇인지 물을 기회가 있었지만 날려 버린 셈이다.

휴가 가장 후회하는 일이 바로 자기 아버지께 서식스에 있는 집을 보여드리지 못한 것이다. 여기는 휴의 아버지가 살던 골목 위에 있던 곳과 비슷하다. 여전히 낡은 듯이 보이게 잘 변형된 폐허 같은 곳. 가장 큰 차이는, 배선이 잘 되어 있고 난방 시설도 있다는 것이다. 물론 햄리크 부인이 찾아오고, 때때로 부인과 휴는 함께 부엌에 앉아서 아버지에 대해 이야기를 나눈다. 대화에서 나오는 정보가 아니라 그들의 목소리를 통해서 아버지가 대화의 주제라는 걸 알 수 있는데, 그가 세상을 떠난 지 10년이 지났는데도 그들의 목소리는 떨리고 경의를 잃지 않으며 상실감과 그리움을 담고 있다. 내 누이들과 내가 우리 어머니에 대해 얘기할 때도 영락없이 그렇다. 이제는 27년이 지났는데도, 어머니에 대한 이야기는 거의 "엄마가 그렇게 젊었다는 거 믿을 수 있어?"라는 말로 끝나곤 한다. 머지않아 우리는 어머니가 암에 걸려서 세상을 떠났을 때의 나이가 된다. 심지어 우리는 그보다 더 나이가 들 것이다. 이건 뭔가 자연의 순리에 맞지 않는 일인 듯하다.

아주 오래전에 나는 이런 일이 일어나게 하지는 않겠노라고 다짐하면서 62세가 되면 죽으리라고 생각했다. 그러고는 50대 중반에 들어섰고, 내가 좀 과했구나 싶었다. 이제 나도 근사한 손님방이 두 개나 생겼는데, 이걸 좀 더 활용하지 않는 것도 미련한 짓이리라.

찾아왔던 이들이 떠날 때면 나는 극장을 나가는 관객들을 바라보는 배우가 된 느낌이 들곤 하는데, 내 누이들을 보면서도 다를 게 없었다. 쇼는 끝났고, 휴와 나는 쩨쩨한 우리 자신으로 돌아갔다. 우리는 참담한 커플은 아니지만, 멋대로 벗어둔 양말부터 시작해 별안간 모든 것으로 번지는 우리만의 싸움이 있다. "나는 너를 2002년부터 좋아하지 않았어." 그는 최근에 공항에서 어느 쪽 보안검색대 줄이 더 빨리 없어지는지에 관해 싸우다가 내게 씩씩거리면서 야유를 퍼부었다.

이건 내게 상처를 주지 않고 오히려 당황스럽게 만들었다. 내가 물었다. "2002년에 무슨 일이 있었는데?"

그는 비행기에서 사과를 했고, 몇 주가 지나서 저녁을 먹으면서 내가 그 얘기를 다시 꺼내자 기억이 없다고 대답했다. 이게 휴가 가진 놀라운 장점 중 하나이다. 연연하지 않는 자질 말이다. 또 다른 장점은 나이 많은 사람에게 매우 친절하다는 것인데, 가까운 장래에 내가 그 나이대에 들어선다. 내가 헤쳐

나가야 하는 빌어먹을 중년의 삶은 이런 것이다.

비결은 물론 바쁘게 지내는 것이다. 사람들이 가고 나면 나는 그들이 쓰던 화장실을 청소하고 침대 시트를 벗겨 낸다. 내 손님들인 경우 — 예를 들어 내 누이들 — 매트리스 가장자리에 앉아서 그들이 쓰던 시트를 가슴에 품고 냄새를 맡아 본 다음, 다시 일어나서 휘청거리는 발걸음으로 내가 늘 좋아하는 세탁실로 향한다.

2. 이제 우리는 다섯 명

2013년 5월 하순, 자신의 50번째 생일을 몇 주 앞두고 내 막내 여동생 티파니가 자살했다. 동생은 매사추세츠 서머빌 끄트머리의 다 낡은 집에 살았는데, 검시관의 추론으로는 방문을 부수고 들어갔을 때는 죽은 지 최소 5일이 지난 후였다. 나는 이 소식을 댈러스 공항에서 하얀색 무료 전화를 통해 들었다. 그때는 배턴루지로 가는 내 비행기 탑승이 진행 중이었고, 달리 뭘 해야 할지 판단이 안 섰기에 일단 비행기에 올랐다. 다음 날 아침, 이번에는 애틀랜타로 가는 다른 비행기를 탔고, 그다음 날은 내슈빌로 날아갔는데, 가는 내내 식구들 숫자가 줄고 있는 내 가족에 대해 생각했다. 누구나 자신의 부모님은 언젠가는 세상을 떠날 거라는 걸 안다. 그러나 동기는? 나는 남동생이 태어났던 1968년 이래로 내가 갖고 있었던 정체성을 상실한 듯한 느낌이 들었다.

"애가 여섯이라!" 사람들은 말하곤 했다. "도대체 어떻게 먹고사는 거죠?"

내가 자란 동네의 이웃 중에는 대가족이 많았다. 두 집에 한 집은 야단법석이었기에 나는 어른이 되고 친구들이 애가 생길 때까지 거기에 대해 별다른 생각을 하지 않았다. 한두 명은 적당했고, 그보다 많으면 터무니없게 된다. 노르망디에서 휴와 내가 알고 지내던 부부는 가끔 저녁을 먹으러 그 무참한 애들 세 명을 데리고 우리 집에 건너왔는데, 몇 시간 후에 그들이 돌아가고 나면 내 마음은 어느 구석 하나 남김없이 다 파헤쳐진 느낌이었다.

그 아이들을 배로 하고, 케이블 티브이는 없다고 생각해 보라! 그게 내 부모님이 감당해야 할 일이었다. 그러나 이제는 여섯이 아니라 달랑 다섯이다. "뭐 '예전엔 여섯이었어요.'라고 말하는 건 좀 그렇지." 내가 리사 누나에게 말했다. "사람들이 불편하게 생각할 거야."

몇 년 전 캘리포니아에서 만났던 아빠와 아들을 생각했다. "다른 아이들도 있나요?" 내가 물었다.

"있어요." 그 남자가 대답했다. "셋은 살아 있고, 클로이라는 딸 아이는 18년 전 태어나기 전에 죽었어요."

'이건 아니야.' 나는 생각했다. '다른 사람더러 도대체 뭘 어쩌

라는 거지?'

대다수의 49살에 비해, 심지어 49개월 된 아이와 비교해도 티파니는 가진 게 별로 없었다. 그런데 유언장은 남겼다. 거기에다 동생은 우리, 즉 가족이 자기 시신을 거둬선 안 되고 장례식에도 참석할 수 없다고 썼다.

"그럼 '그걸' 담배 파이프에 넣고 피워 버려." 어머니라면 그렇게 말씀하셨으리라.

그 소식을 듣고 며칠 지난 후에 에이미는 친구 한 명과 같이 서머빌까지 차를 타고 가서 티파니의 방에서 나온 물건을 박스 두 개에 담아 왔다. 대부분 죽죽 찢어 버린 가족사진, 근방의 식료품점에서 보낸 설문지들, 노트 몇 권, 영수증 같은 것들이었다. 침대라고는 마루에 놓인 매트리스가 전부였는데, 이미 없어졌고 그 대신에 큰 산업용 송풍기가 설치되어 있었다. 거기서 에이미가 사진을 몇 장 찍어 왔기에, 남아 있는 우리는 혼자서 혹은 같이 모여서 사진들을 보면서 실마리를 찾으려고 했다. 서랍 몇 개가 달아난 옷장 위에 종이 접시가 붙어 있었고, 벽에 쓰인 전화번호가 하나, 대걸레 손잡이도 여러 개 모아 뒀는데 각각 색깔이 달랐고 초록색으로 칠한 통 속에 담긴 부들처럼 보였다.

동생이 자살하기 6개월 전쯤 나는 노스캐롤라이나 해안 에메랄드 섬에 있는 바닷가 집에서 함께 모일 계획을 세웠다. 우리 가족은 매년 여름에 거기서 휴가를 보냈지만 어머니가 세상을 떠나시고 나서는 그만두었는데, 흥미가 없어져서 그런 것이 아니라 그 집의 예약을 잡고 무엇보다도 방값을 내는 일을 어머니가 줄곧 했기 때문이다. 제수씨인 캐시의 도움을 받아서 발견한 집은 침실이 여섯 개에 작은 수영장이 딸려 있었다. 일주일을 빌렸는데, 6월 8일 토요일부터 시작이었고, 우리가 도착했을 때 진입로에는 여자 배달부가 2.7킬로그램 정도 나가는 해산물을 들고 서 있었는데, 이는 친구들이 보낸 선물이었다. "안에 양배추샐러드도 있어요." 그녀가 가방을 건네며 말했다.

  예전에 우리가 작은 집을 빌렸을 때 내 누이들과 나는 먹을 것을 향해 달리는 강아지처럼 문을 향해 달려갔다. 아버지가 문을 열어 주면 우리는 방을 차지하려고 집 안을 누볐다. 나는 항상 바다가 보이는 가장 큰 방을 선택했는데, 내가 짐을 풀려고 하면 부모님이 들어와서는 이건 '자기들 방'이라고 말씀하셨다. "도대체 너는 네가 뭐라고 생각하는 거냐?" 아버지는 묻곤 하셨다. 아버지와 어머니가 방 안에 들어오면 나는 튕겨 나가서 "하녀 방"이라고 부르는 곳에 들어갔다. 그건 항상 1층에 있었고, 차고 옆의 눅눅한 헛간 같은 것이었다. 위층으로 올라가는 내부 계단 따위는 없었다. 바깥쪽 계단을 써야 했고, 자주 잠겨 있는 정문 앞에 서서 안으로 들어가고 싶어 하는 거지처럼 두드려야 했다.

"뭐 하려고?" 내 누이들이 물었다.

"안으로 들어가게."

"웃기시네." 가장 나이 많은 리사 누나가 제자들처럼 자기 주변에 모여 있는 다른 애들에게 말했다. "어디서 징징대는 소리 나는 거 들었어? 이런 소리는 누가 내는 거야? 소라게야? 콩알 만한 달팽이야?" 대체로 우리 집에서는 나이 많은 세 명과 어린 세 명 간에 파가 나뉘어 있었다. 리사 누나, 그레천, 나는 다른 애들을 하인처럼 다루었고, 우리는 잘 지냈다. 그러나 바닷가에 오면 모든 게 달라져서 이제는 위층과 아래층 간의 싸움이 되어 버렸는데, 그건 다른 모든 이가 뭉쳐서 나와 대립한다는 뜻이었다.

이번에는 내가 돈을 냈으니 내가 가장 좋은 방을 차지했다. 에이미가 그 옆 방, 남동생 폴과 그의 아내, 그리고 그들의 열 살짜리 딸 매디가 그다음 방을 잡았다. 바닷가를 향해 있는 방이었다. 다른 이들은 늦게 도착했기에 남아 있는 방을 택해야 했다. 리사 누나의 방은 도로 쪽이었고, 아버지의 방도 마찬가지였다. 그레천의 방도 도로 쪽이었는데, 몸이 불편한 이를 위해 만들어져 있었다. 천장에 전기 도르래가 달려 있어서 몸에 벨트를 채운 사람을 침대로 옮기거나 내릴 수 있게 되어 있었다.

우리가 어릴 때 빌린 작은 집과 달리 이번 것은 "하녀 방"이 없었다. 그러기에는 너무 새것에다 화려한 편이었고, 주변의 집들도 마찬가지였다. 전통적으로 섬에 있는 가옥은 기둥 위에 올려놓은 양식이지만, 요즈음은 지상층을 채운 집들도 점점 많아진다. 모두 해변에 어울리는 이름을 하고 있고 해변에 어울리는 색깔이 칠해져 있지만, 1996년에 허리케인 프란이 해안을 때린 이후에 지어진 집들은 대부분 삼 층에다 도시 근교 주택 스타일이다. 이곳은 넓고 바람이 잘 통했다. 부엌의 테이블은 12명이 앉을 수 있고, 식기 세척기는 한 개가 아니라 두 개였다. 걸려 있는 그림들은 바다와 관련된 것들이었다. 바다의 풍경이나 등대였고, 하나같이 갈매기를 간명하게 표시한 V자가 하늘에 표기되어 있었다. 거실 벽의 샘플러에는 "늙은 조개 껍데기 수집가는 죽지 않는다. 다만 껍질이 벗겨질 뿐이다."라는 글귀가 있었다. 그 옆의 동그란 시계에는 숫자들이 마치 떨어져 나온 듯이 읽을 수 없는 형태로 쌓여 있었다. 그 숫자 위에는 "무슨 상관이야?"라는 말이 인쇄되어 있었다.

그 바람에 누가 몇 시인지 물을 때면 우리는 이렇게 대답했다.

"무슨 상관이야?"

해변에 도착하기 하루 전에 티파니의 부고가 〈롤리 뉴스 앤드 옵저버〉 신문에 실렸다. 그레천이 낸 것인데, 동생은 우리 누이가 집에서 평온하게 세상을 떠났다고 썼다. 이건 마치 티파니가 매우 나이가 많이 들었고 집이 있었다는 소리로 들렸다. 그러나 달리 어떻게 말하겠는가? 사람들은 신문사 웹사이트에 댓글을 달았고 그중에 한 명은 서머빌에서 자신이 일하는 비디오 가게에 티파니가 들리곤 했다고 적었다. 자기 안경이 부러졌을 때는, 티파니가 미술용품이 있나 하고 누군가의 쓰레기통을 뒤지다가 찾아낸 안경을 줬다는 것이다. 그는 또한 티파니가 자신에게 1960년대에 나온 플레이보이 잡지도 줬는데, 거기엔 "엉덩이 동물원"이라는 이름의 사진도 들어 있었다고 했다.

  이건 퍽 흥미로웠는데, 우리는 실은 여동생에 대해 제대로 알지 못했기 때문이다. 우리는 모두 인생의 어느 순간부터 가족을 벗어나기 시작했다. 세다리스 집안사람부터 자기만의 고유한 세다리스가 되어 정체성을 찾기 위해서는 그렇게 할 수밖에 없는 노릇이긴 했다. 하지만 티파니는 멀찍이 떨어져 지냈다. 크리스마스에는 집에 오겠다고 약속을 했을 때도 막판에 와서는 어떤 변명이든 둘러댔다. 비행기를 놓쳤다거나 일을 해야 한다는 식이었다. 여름휴가 때도 마찬가지였다. "우린 다들 이건 지키려고 애썼어." 나는 그렇게 대답했는데, 이게 얼마나 구닥다리이고 죄의식을 갖게 하려고 애쓰는 말인지 나도 느꼈다.

  티파니가 없어서 우리 모두 상심했지만, 상심한 이유는 다들 달랐다. 티파니와 사이가 좋지 않았을지라도 동생이 했던 쇼는 부정할 수 없을 것이다. 드라마처럼 들어온다거나, 쉴 새 없이 걸쭉한 욕을 쏟아 낸다거나, 일어나서는 모든 걸 엉망진창으로 만들어 놓는 것 등. 어느 날은 얼굴을 향해 접시를 던지고, 다음 날은 그 파편으로 모자이크를 만들었다. 언니나 오빠 중 한 명과 잘 지내던 관계가 식으면 다른 누군가와 새로 시작했다. 모두와 잘 지냈던 때는 없었지만, 연락하고 지내는 이가 한 명은 있었다. 마지막에는 리사 누나였지만, 그전에는 우리 모두 각자 그렇게 잘 지냈던 때가 있었다.

에메랄드 섬에 티파니가 마지막으로 합류했던 때는 1986년이었다. "그때도 사흘 있다 갔지." 그레천이 상기시켜 줬다.

어릴 때 우리는 해변에서 수영을 하며 보냈다. 10대가 되었을 때는 태닝에 열중했다. 태양 아래에 누워 눈부신 상태로 가만히 있을 때면 하는 말이 있었고, 나는 그런 대화를 좋아했다. 최근에 함께 했던 여행 첫날 오후, 어릴 때 우리가 갖고 있던 침대보를 하나 펼친 뒤 그 위에 나란히 누워서 티파니에 대해 이야기했다.

"티파니가 에이미 집 지하실에서 지냈던 핼러윈 기억나니?"

"아빠 생일 파티에 눈에 멍이 들어서 나타났던 때도?"

"걔가 몇 년 전 파티에서 만났던 여자애가 기억나네." 내 차례가 왔을 때 나는 이렇게 말했다. "그 애는 얼굴에 있는 흉터에 대해 얘기하고 있었고, 그게 얼마나 심각한 문제인지 한

창 떠들고 있었는데, 그때 티파니가 말하기를, '나도 얼굴에 작은 흉터가 있는데 그게 그렇게 문제라곤 생각하지 않는데.'라고 했지."

"그런데 그 애가 이렇게 대답하지 뭐야. '뭐, 당신이 예쁘면 그게 문제가 돼요.'"

에이미는 웃으면서 배를 잡고 굴렀다. "오, 멋진 응수인데!"

나는 베개로 쓰고 있던 수건을 다시 고쳐 벴다. "그렇지?" 다른 사람이 했다면 그 얘기는 꽤 불쾌했겠지만, 예쁘지 않은 것은 티파니에게 전혀 문제가 되지 않았다. 특히 남자들이 티파니 앞에서 쩔쩔매던 20대 때나 30대 때는 더욱 그랬다.

"웃기네." 내가 말했다. "그런데 걔 얼굴에 흉터가 있었는지는 기억이 안 나."

그날 나는 햇볕 아래 너무 오래 있는 바람에 이마에 화상을 입었다. 바닷가에 침대보를 깔고 지내다 얻은 것이다. 일주일 중 남아 있던 며칠 동안 나는 잠시 모습을 드러낼 뿐, 수영 후에 몸을 말리는 것도 그만두고 주로 자전거를 타고 해안을 오르락내리락하면서 무슨 일이 있었는지 생각하며 보냈다. 우리 중 다른 이들은 다들 어울리기가 어렵지 않았지만 티파니는 늘 힘이 들었다. 티파니와 나는 말다툼을 하고 나면 화해를 했지만, 마지막으로 싸웠을 때는 내가 너무 화가 나서 동생이 죽을 때까지 8년간 말을 하지 않았다. 그 기간에 서머빌 근처에 갈 때가 몇 번 있었고, 연락을 할까 하는 생각도 했을 뿐 아니라, 아버지도 그러라고 하셨는데도, 결국 연락하지 않았다. 그사이에 나는 아버지와 리사 누나로부터 소식을 전해 들었다. 티파니가 살던 아파트에서 쫓겨났고, 장애를 얻었고, 한 사회 복지 단체에서 동생을 위해 마련한 방으로 옮겼다는 것이었다. 동생은 자기 친구들과는 좀 더 솔직하게 이야기를 하는 모양이었는데, 가족들은 늘 파편 같은 소식만 얻을 수 있었다. 티파니는 우리와 대화하기보다는 우리에게 빈정대는 편이었고, 우습기도 하고 영민할 때도 있고 앞뒤가 안 맞을 때도 있는 동생의 장광설은 앞에 했던 말과 뒷말을 서로 연결하기가 힘들었다. 티파니와 말하지 않고 지내기 전에는 동생이 전화를 걸어 온 때를 금방 알아차릴 수가 있었다. 집에 들어서는데 휴가 "으흠… 으흠… 으흠…"이라고 하는 게 들렸기 때문이다.

에이미는 서머빌에서 박스 두 개를 채워 왔을 뿐만 아니라, 동생이 1978년도 9학년 때 쓰던 노트도 내놓았다. 같은 반의 친구들이 쓴 글귀 중에는 누가 동생의 이름 옆에 마리화나 잎사귀를 그린 다음에 쓴 다음과 같은 글귀가 있었다.

> 티파니. 너는 정말 독특한 미친년으로 머물러 있는 그런 여자야. 나는 우리가 서로 더 많은 파티를 못 한 게 아쉬울 뿐이야. 학교는 정말 엿 같아.
> — 쿨하게

- 약에 취하고
- 술에 절어서
- 엉망인 채로 지내라.
엉덩이는 나중에 살펴보고.

그리고 다음처럼 이어졌다.

티파니,

이번 여름에 너랑 같이 취할 날을 기대하고 있어.

티파니,

이번 여름에 전화해. 같이 가서 취해 보자.

이런 글이 작성되고 몇 주 지나지 않아서 티파니는 가출을 했고, 나중에 메인주에 있는 일런이라는 청소년 교육 시설에 보내졌다. 그 후에 티파니가 한 말에 의하면 그곳은 무시무시한 곳이었다. 거기서 2년을 보내고 1980년에 집으로 돌아왔는데, 그때부터 우리는 티파니가 그곳에 대해 언급하지 않고 대화하는 걸 한 번도 본 적이 없었다. 티파니는 자기를 그곳에 보낸 것에 대해 가족에게 욕을 퍼부었지만, 동기인 우리는 그 일과 아무 상관이 없었다. 예를 들어 티파니가 거기 들어갈 때 폴은 10살이었다. 나는 21살이었고. 일 년 동안 나는 매달 티파니에게 편지를 보냈다. 그러자 티파니는 편지를 보내지 말라고 편지를 보내왔다. 부모님은 수도 없이 사과할 뿐이었다. "다른 자식도 있었잖니. 자식 중 한 명을 위해서 우리가 온 세상을 멈출 수 있다고 생각하는 거니?"

바닷가에서 지낸 지 사흘째 되는 날, 리사 누나와 그 당시 90살이던 아버지가 합류했다. 섬에 머물게 되면 아버지로서는 롤리에서 다니시는 스피닝 수업을 빠진다는 뜻이었기에, 나는 우리가 빌린 집에서 멀지 않은 곳에 있는 피트니스 센터를 찾아냈고, 매일 오후 아버지와 함께 거기서 시간을 보냈다. 가는 길에 서로 얘기를 나누기도 했지만, 운동용 실내 자전거에 올라타는 순간부터는 각자의 생각 속으로 빠져들었다. 그곳은 작고 그리 활기차지 않은 곳이었다. 소리를 죽인 티브이가 그 안을 내려다보듯 설치되어 있었고, 날씨 채널에 고정되어 있었기에, 항상 어딘가에서 일어난 재난이나, 홍수에 잠긴 집에서 도망쳐 나오는 사람들, 아니면 굴뚝처럼 생긴 구름을 피해서 도망치는 사람들을 보여 주었다. 그 주가 다 끝날 무렵, 나는 에이미의 방에서 티파니가 찢어 버린 사진들을 살펴보고 계시던 아버지를 보았다. 아버지 손에는 어머니 머리 부분이 쥐어져 있었는데, 푸른 하늘 배경이 뒤에 있었다. '이게 어떤 일로 이토록 갈기갈기 찢겨진 거지?' 나는 궁금했다. 마치 유리잔을 벽에 집어 던지듯 멜로드라마에 나올 법한 연기처럼 보였다. 영화에 나오는 사람이 이런 식으로 하기도 한다.

"끔찍하네." 아버지는 속삭였다. "한 사람의 인생이 그저 형편없는 상자 한 개로 남는구나."

나는 아버지 어깨에 손을 얹었다. "사실은 상자가 두 개예요."

아버지는 고쳐 말했다. "형편없는 상자 두 개."

에메랄드 섬에서의 어느 오후, 우리는 먹을 걸 사러 모두가 차에 올라타고 푸드 라이언*으로 향했다. 나는 농산물 코너에서 빨간 양파를 보고 있었는데, 남동생이 뒤에서 몰래 다가오더니 큰 소리로 "에취"라는 소리를 지르면서 젖은 파슬리 다발을 내리쳤다. 나는 내 목덜미 맨살에 침이 튀는 걸 느꼈고, 몸이 아주 안 좋은 낯선 사람이 내게 대고 재채기를 한 줄 알고 얼어붙었다. 기발한 장난이었지만, 그 바람에 내 왼쪽에 있던 인도 여자에게도 물이 튀었다. 그녀는 핏빛의 사리를 걸치고 있었는데, 팔과 목 그리고 등의 아래쪽 맨살에 튀었다.

"미안합니다, 아저씨." 그녀가 놀라서 돌아보자 폴이 말했다. "제 형에게 장난을 치고 있었어요."

---

* 푸드 라이언(Food Lion): 미국의 식료품 체인점 — 옮긴이

그녀는 얇은 팔찌도 여러 개 끼고 있었기에 머리 뒤를 손으로 매만질 동안 소리가 났다.

"너, 그 여자를 아저씨라고 불렀어." 그녀가 저만치 가고 나서 내가 그에게 말했다.

"정말?" 그가 물었다.

에이미가 그를 완벽하게 흉내 냈다. "정말?"

전화 통화를 하면 내 남동생은 나처럼 여자라는 오해를 자주 받는다. 쇼핑을 하면서, 그는 자기 밴이 최근에 망가져서 견인하는 트럭을 불렀는데 배차 담당자가 "자기, 곧 도착할게요."라는 말을 했다는 것이다. 그는 카트에 수박을 담으면서 딸에게 말했다. "매디는 레이디처럼 말하는 대디가 있지만, 별로 상관없지, 그렇지?"

조카는 킥킥거리면서 아빠 배를 주먹으로 때렸는데, 나는 이 둘이 이토록 서로 편하게 대하는 것에 충격을 받았다. 우리 아버지는 권위적이었는데 폴은 같이 노는 친구 같았다.

어릴 때 바닷가에 가면, 넷째 날쯤 되면 아버지가 "여기에 작은 집을 하나 사는 게 좋으려나?"라고 물었다. 우리가 희망에 부풀어 오르면 아버지는 현실적인 문제를 꺼내곤 하셨다. 사소한 문제는 아니었지만 — 허리케인이 불면 날아가 버릴 집을 사는 건 돈을 제대로 쓰는 게 아니다 — 그럼에도 우리는 간절히 원했다. 나는 어릴 때, 언젠가는 바닷가에 집을 하나 사고,

내가 정한 엄격한 규칙을 지키고 나에게 끊임없이 고맙다고 말해야 한다는 조건을 지키면 모두가 쓸 수 있게 해주겠노라고 다짐했다. 그래서 그때, 그러니까 휴가 중간쯤 되는 때인 수요일 아침에, 휴와 나는 필리스라는 부동산업자를 만났는데, 그녀는 우리를 데리고 다니면서 구입할 수 있는 곳을 몇 군데 보여 주었다. 금요일 오후에 우리는 우리가 빌린 집에서 그리 멀지 않은 곳에 바다를 향해 있는 작은 집을 사겠다고 제안했고, 해가 지기 전에 우리가 제시한 가격이 받아들여졌다. 저녁 식사 자리에서 구입 소식을 발표했더니 예상했던 반응들이 나왔다.

"잠깐만," 아버지가 말했다. "생각을 충분히 해야 한다."

"이미 했어요." 내가 대답했다.

"오케이. 그러면, 지붕은 얼마나 오래된 거야? 지난 10년 동안 몇 번 갈았다더냐?"

"언제 들어갈 수 있는데?" 그레천이 물었다.

리사 누나는 기르는 개를 데려와도 되느냐고 물었고, 에이미는 집의 이름은 뭐로 할 거냐고 물었다.

"지금은 판타스틱 플레이스야. 그런데 바꿀 생각이야." 나는 바닷가 집의 가장 멋진 이름으로는 쉽 셰이프(Ship Shape)를 생각해 두고 있었다. 그러나 더 좋은 생각이 났다. "시 섹션(Sea Section)이라고 부르자."

아버지는 햄버거를 손에서 내려놓으셨다. "아니야, 그건 아니야."

"하지만 완벽하잖아요." 내가 우겼다. "이름이 벌써 바닷가 같고, 말놀이 차원에서도 멋지고."*

내가 예전에 우리가 모두 봤던 듄 아워 씽(Dune Our Thing)이라는 이름의 작은 집을 들먹이자 아버지는 움찔했다. "티파니라고 짓는 건 어떠냐?" 아버지가 말했다.

우리가 다들 조용했던 것은 '못 들은 척하자.'라는 의미였다. 아버지는 햄버거를 다시 집어 들었다. "내가 보기에는 멋진 생각 같다. 존경하는 마음을 표현하는 의미에서 완벽하잖아."

"그럴 생각이면 엄마 이름으로 짓죠." 내가 대답했다. "혹은 절반은 티파니, 절반은 엄마 이름을 따거나. 하지만 이건 묘비가 아니라 집이니, 집의 이름으로는 들어맞지 않네요."

"야, 쓸데없는 소리 하지 마라." 아버지가 말했다. "들어맞는다는 말은 우리랑 관계가 없는 말이야. 우리는 전혀 그렇지 않아."

폴이 끼어들더니 소라고둥을 빠는 놈(Conch Sucker)은 어떠냐고 했다.

에이미가 내놓은 의견에는 "뱃사람"이라는 말이 들어 있었고, 그레천이 내놓은 것은 그보다 더 더러웠다.

"이미 있는 이름이 어때서 그러니?" 리사 누나가 물었다.

---

* 제왕절개를 뜻하는 C-Section과 같은 발음 — 옮긴이

"나쁠 게 없지, 없어." 아버지가 말씀하셨는데, 이건 아버지가 결정할 일이 아니라는 걸 잊어버리신 듯했다. 며칠이 지나고 나자, 물건을 사고 나면 밀려오는 후회가 밀려왔는데, 나는 그저 '뭐, 이렇게 간단한 거야. 우물쭈물할 것도 없어. 정화조를 보고 말고 할 것도 없고. 그냥 가족이 행복하면 되는 거고, 나머지 일은 차차 알아서 해결하는 거야'라는 느낌으로 산 게 아니었나 싶었다.

우리가 산 집은 이 층짜리이고 1978년에 지어졌다. 기둥 위에 세워졌고, 뒤쪽으로는 두 개의 데크가 있는데, 하나가 다른 하나 위에 올라와 있고, 바다를 향해 있었다. 9월 말까지 휴가 온 사람들에게 대여되었지만, 필리스는 다음 날 아침에 우리더러 와서 볼 수 있게 해주었기에, 우리가 머물고 있던 집에서 체크아웃을 하고 나서 보러 갔다.

집은 사기로 결정하고 나면 달라 보이기 마련이어서 ─ 더 안 좋게 보이는 경우가 많다 ─ 다른 식구들이 계단을 오르락내리락하면서 장래의 자기 방을 잡고 있을 즈음에, 나는 바람 부는 방향을 따라서 냄새를 맡다가 곰팡내가 나는 것 같은 느낌이 들었다. 집값에는 가구까지 포함되어 있었기에 나는 목록을 만들었는데, 결국은 다 내다 버리고 말았지만 바카로운저*와 큼지막한 티브이도 여러 대 있었고, 거기에다 조개껍데기 무

---

* 바카로운저(Barcalounger): 안락의자 상표 ─ 옮긴이

늬가 있는 침대보와 닻이 그려진 쿠션들도 있었다. "우리 바닷가 집은 기차를 테마로 꾸며 보고 싶어요." 내가 선언했다. "커튼에도 기차를, 수건에도 기차를. 우리는 모두 나갈 거니까."

"아, 그만." 아버지는 신음했다.

우리는 추수감사절에 다시 모이기로 하고, 작별한 뒤에 쪼개져서 각자의 집으로 향했다. 그 바닷가 집에 있을 때는 바람이 불었는데, 섬을 벗어나자 대기는 고요했다. 날이 더워지면서 침울한 느낌도 더해졌다. 60년대와 70년대에 롤리로 가는 길은 스미스필드를 지나고 마을 외곽에 있는 "클랜 컨트리에 오신 걸 환영합니다."라는 광고판도 지나야 했다. 이번에는 동생이 추천한 다른 길을 택했다. 휴가 운전을 했고 아버지가 그 옆자리에 앉았다. 나는 뒷좌석 에이미 옆에 푹 처박혀 앉았는데, 매번 고개를 들어서 보면 20분 전에 봤던 똑같은 콩밭이나 낮은 콘크리트 블록 건물이 보일 뿐이었다.

한 시간 남짓 달리다가 어느 농산물 마트에 들렀다. 열려 있는 가건물 안에서 한 여자가 옥수수와 검은콩 샐러드와 함께 후머스*를 공짜로 나눠 주고 있기에 우리는 각자 한 접시씩 받아 들고서 벤치에 앉았다. 20년 전이라면 이런 곳에서 나눠 주

---

* 후머스(hummus): 이집트콩을 익혀 으깬 후 참기름으로 조미한 것. 빵에 묻혀 먹음 — 편집자

던 것은 대개 튀긴 오크라*였다. 이제는 유기농 커피와 장인이 만든 염소 치즈가 있었다. 우리 머리 위에는 "속삭이는 비둘기 목장"이라는 표지가 걸려 있었고, 여기가 어디일까 생각하고 있을 때 스피커를 통해 기독교 관련 노래가 흘러나왔다. 새로운 노래였는데, 예수님은 끝내준다는 가사였다.

휴가 종이컵에 물을 담아와 아버지께 건넸다. "괜찮으세요, 아버지?"

"괜찮아." 아버지가 대답했다.

"티파니가 왜 그랬다고 생각하세요?" 다시 햇볕 속으로 들어서면서 내가 물었다. 그게 소식을 듣고 난 이후로 우리 모두 계속 생각해 오던 거였다. 티파니가 실은 자신이 먹은 약이 그리 강하지 않아서 자살이 실패해서 우리 품으로 돌아오는 그런 걸 기대했던 것은 아닐까? 어떻게 사람이 작정을 하고 우리를—우리 모두를—떠날 수 있다는 말인가? 이게 내가 생각했던 것인데, 나는 나에 대한 믿음을 잃어버렸던 적은 있었지만 우리 가족에 대한 믿음이나 우리가 다른 사람보다는 근본적으로 더 낫다는 확신을 잃어버린 적은 한 번도 없었던 탓이다. 그건 매우 오래된 믿음이고, 여기에 대해 10대 후반부터는 한 번도 다시 생각해 본 적이 없었으며, 지금도 그렇다. 우리

---

* 오크라(okra): 아욱과의 한해살이풀. 채소로 재배하고, 열매는 생식하거나 맛을 내는 데 쓴다. — 옮긴이

집은 내가 속하고 싶은 유일한 패거리였기에, 한두 해 정도는 멀리할 수 있지만 목숨을 끊으면서까지 벗어나고 싶었다는 게 말이 되는가?

"우리와 관련된 건 아니라고 본다." 아버지가 말했다. 그러나 어떻게 관련되지 않을 수 있을까. 자살한 이의 피는 우리 얼굴에 튀기 마련 아닌가.

주차장 맨 끝에는 파충류를 파는 매대가 하나 있었다. 거대한 탱크 안에 비단뱀 두 마리가 있었는데, 둘 다 소방용 호스처럼 컸다. 더위가 뱀에게 잘 어울리는 듯했고, 나는 그놈들이 대가리를 들어 올려서 막으로 덮인 천정을 살펴보는 꼴을 지켜봤다. 뱀 옆에는 낮은 우리가 있었는데 그 안에는 입이 봉해진 악어 한 마리가 들어 있었다. 다 자란 놈은 아니고 어린 놈이었는데, 크기는 대략 91센티미터 정도에 성질 안 좋게 생겼었다. 여자애 한 명이 철망 사이로 손을 집어넣어서 부글부글 끓고 있는 그놈 등을 쓰다듬고 있었다. "여기 있는 거 다 사서 다 죽여 버렸으면 좋겠어요." 내가 말했다.

아버지가 크리넥스로 이마를 닦았다. "야, 나도 같이하자."

우리가 어릴 때 바다로 갈 때면 나는 차창 밖으로 지나치는 모든 표지판을 바라보면서 — 롤리 남쪽에 있는 퓨리나 사의 곡물 저장고, 클랜 광고판 — 일주일 후에 여길 다시 지나갈 때는 내가 불쌍한 기분일 거라는 생각을 했다. 휴가가 끝났으니 이제 크리스마스까지 삶의 낙이 없어졌으니까. 지금 내 삶은 그때에 비해 한층 충실해졌지만, 이번에 집으로 돌아가는 길은 다를 게 없었다. "몇 시야?" 내가 에이미에게 물었다.

"무슨 상관이야?"라는 말 대신에 동생은 쏘아붙였다. "오빠가 말해 봐. 시계는 오빠가 차고 있잖아."

몇 시간 후 공항에서 나는 주머니 속에 있는 먼지를 손으로 집으면서, 내가 구입한 그 바닷가 집에서 보냈던 마지막 순간을 생각했다. 필리스가 문을 잠그고 나서 나는 그녀와 함께 현관 위에 있었는데, 우리 아래 진입로에서 우리 식구들이 보였다. "저분이 누이 중 한 분이세요?" 그녀는 그레천을 가리키며 물었다.

"네." 내가 대답했다. "그 옆의 두 사람도 제 누이예요."

"그리고 남동생이 있다고 했으니," 그녀가 말했다. "그럼 다섯 명이군요. 와, 대가족이네요."

나는 우리가 올라타야 할 햇볕에 구워지다시피 한 차들 — 전부 다 용광로가 된 상태였다 — 을 보면서 말했다. "네, 맞아요."

3. 키 작은 사람

어느 날 저녁에 집에 앉아 있다가 갑자기 록 허드슨(Rock Hudson)의 키가 얼마나 되는지 궁금해졌다. 그에 대해 자주 생각하는 건 아니지만 얼마 전에 영화 〈자이언트〉를 다시 봤기에 머릿속에 그가 남아 있었다.

내가 좀체 이해하지 못하는 일 중 하나는 내 컴퓨터로 검색해서 나오는 내용이 왜 다른 사람의 컴퓨터 — 예를 들어 에이미의 컴퓨터 — 로 검색한 것과 다르냐는 것이다. 에이미가 구글에 들어가서 "나이 오십 된 여자는 어떻게 생겼나?"라고 치면 인터넷에서 나올 거라고 생각지도 못했던 사진들이 검열도 없이 쏟아져 나온다. 〈플레이보이〉에 나올 법한 사진 말고 〈허슬러〉에서 볼 법한 사진들이다. 마치 동생이 "나이 오십 된 여자의 '속살'은 어떻게 생겼나?"라고 물어본 듯한 결과이다.

같은 검색을 내가 하면, 맥 라이언(Meg Ryan)이나 브룩 실즈(Brooke Shields)가 웃고 있는 사진이 나온다.

내가 휴에게 말했다. "내 컴퓨터는 상당히 … 건전해."

록 허드슨을 찾아보고 나서 나는 이 말을 한 번 더 했다. "얼마나 큰 거지…."라고 문장을 시작했는데, 끝마치기 전에 구글이 "예수님이? 예수님이 얼마나 키가 컸는지 알고 싶은가요?"라고 끼어들었다.

'뭐, 좋아.' 나는 생각했다. '그런데 내가 궁금한 건 록 허드슨이야.'

에이미가 노트북 컴퓨터를 꺼내어 "얼마나 큰 거지…."라고 입력하면 구글은 아마 "톰 하디의 물건이?"라고 문장을 완성할 것이다. 내 것으로 하면 물론 예수님이 나오는데, 사람들은 그의 키가 180센티미터 정도 된다고 추정한다는 것이고, 이건 내가 보기엔 웃기는 얘기였다. 예수님이 키도 크고 잘 생겼을 확률이 얼마나 되는가? 성경이 그를 그렇게 묘사하는가? 초기 북유럽의 회화에서 그리스도는 다리 밑에서 건져 낸 사람처럼 묘사되어 있지만, 교회학교 책이나 기독교 용품점에서 파는 그림에 나오는 그는 케니 로긴스(Kenny Loggins)와 자레드 레토(Jared Leto) 중간쯤에, 큰 갈색 눈을 하고 있으며, 물론 백인이고, 머리칼은 갈색 — 검은색이 아니다 — 에다 대체로 곱슬머리이다. 그리고 항상 멋진 몸매를 하고 있으며, 십자가상에서는 특히 그렇고, 이건 솔직히 말하면 인간의 배와 어깨를 멋지게 보이려는 실용적인 용도로 그린 것이다.

만약에 누군가 예수님을 병든 비만형 몸매에, 젖꼭지와 여드름 흉터가 드러나고, 머리가 벗어진 모습으로 만든다면 어떻게 될지 나는 궁금하다. 거기에다 키가 작아서 잘해야 158센티미터 정도라면 말이다. "신성모독이야!"라고 사람들은 고함칠 것이다. 그러나 왜? 착한 일을 한다고 항상 잘생겨 보이는 것은 아니다. 지미 카터(Jimmy Carter)를 보라. 해비타트 운동에 참여한다고 묘비만큼 큰 그의 치아가 달라지는 것은 없다. 적어도 내가 보기에 그의 치아는 정말 크다. 구글 이미지를 검색해 봐야 한다. 에이미의 컴퓨터로.

167센티미터인 내 키에 대해서는 깊이 생각하지 않지만 어쩌다 보면 하게 된다. 나와 비슷한 키를 가진 사람을 만날 때면 — 공항이나 호텔 로비 등에서 — 나는 한 살짜리가 자기랑 비슷한 아기를 봤을 때처럼 꺅하고 소리를 지른다. 그 사람에게 가서 껴안지 않으려면 이렇게 하는 수밖에 없다. 내가 예를 들어 "보세요, 우리는 키가 비슷해요!"라고 말한다면 분위기가 묘해지는데, 나도 왜 그런지 모르겠다. 포르셰 운전자들은 서로 아는 체를 하고, 같은 종의 개를 데리고 다니는 이들도 그렇게 하지 않는가. 키 작은 이들을 만나면 그들은 자신들의 키가 작다는 점을 지적당하고 싶어 하지 않는다는 느낌을 받는데, "저기요, 저도 머리가 벗어지고 있어요!"라고 말하는 것처럼 받아들이는 모양이다.

나는 나와 키가 비슷한 사람에게는 길 가다 보면 나처럼 돈 달라는 사람을 많이 만나는지 물어보고 싶다. 휴와 내가 여러 도시를 걸어 다니다 보면, 그는 별다른 방해 없이 인도로 쭉 걸어가지만 나는 계속해서 누가 붙잡는다. "1달러만 주세요. 담배 하나만. 들고 있는 그 가방에는 뭐가 있어요?"

내가 특별히 친절한 인상도 아니기에 나는 이게 내 키와 관련이 있다고 보는데, 특히 요청이 아니라 명령조로 변할 때는 더욱 그렇다. "내가 분명히 '1달러만 주세요.'라고 말했잖아요."

"내가 너보다 키가 컸다면 이런 식으로 말할 수 있겠니?" 내게 손을 벌리고 있는 열 살짜리에게 묻고 싶었다.

나도 키가 작은 이성애자는 여자 친구를 갖기 어렵다는 걸 알고 있지만, 나 같은 이들은 ─ 사람들은 "포켓 게이(pocket gay)"라고 부른다 ─ 전혀 어려운 게 없다. 돌아보면 나는 그리 신경을 쓰지 않았다. 〈워싱턴 포스트〉에는 두 명을 내보내어 데이트 상대를 구하게 한 뒤에 어떻게 일이 진행되었는지 알아보는 정기 기사가 있다. 근래에는 게이를 내보냈다. 둘 다 키가 180센티미터가 넘었고 원하는 상대를 표시하는 항목에서는 "키 작은 남자"에 표시를 했다. 내가 확인한 바로는 둘 다 백인 지상주의자나 총기 소유자를 배제하지 않았다.

'누가 너희랑 데이트하고 싶겠냐?' 나는 그들의 사진을 노려보면서 생각했다.

나는 부당한 대우를 받는다고 느끼는 키 작은 사람 축에는 들지 않는다. 물론 기성복을 사 입기는 어렵다. 하지만 그래서 재단사들이 있는 것이다. 나는 비행기 좌석에도 쏙 들어간다. 원한다면 많은 사람들 속으로 묻혀 들어갈 수도 있다. 키가 더 커 봐야 네모난 머리처럼 쓸모가 없는데 왜 필요하겠는가? 하지만 다른 사람의 키가 얼마인지는 궁금한데, 특히 유명인의 경우에는 더 그렇다. 그래서 구글로 찾아보니 록 허드슨은 키가 198센티미터였으니 〈자이언트〉에 나올 만하다. 그는 그 영화에 같이 나온 이들보다 높은데, 다른 배우들은 어떤지 모르겠다.

영화계에 종사하는 사람에게 폴 뉴먼(Paul Newman)의 키는 어느 정도인지 물어본 적이 있다. 그가 생존해 있을 때였고 인터넷을 쓰기 전이었다. "아," 영화 〈브릿지 부부〉에서 그와 함께 작업했던 그녀가 대답했다. "그는 아주 작아요."

"무슨 뜻이죠?"

"새우 만해요." 그녀가 말했다. "사진에서는 평균 키 정도로 나오는데, 실제로는 현미경을 써야 그를 찾아볼 수 있죠."

"독감 세균 만하다는 건가요?"

"그 정도죠." 그녀가 말했다. "179센티미터 정도라고 봐요."

"저는 그보다 10센티미터는 더 작은데," 내가 말했다. "그럼 저는 어떻게 되는 거죠?"

"뭐 … 아시잖아요." 그녀가 말했다.

무슨 일이 있어도 나에 대한 기사를 읽지 않는다는 원칙을 세우기 이전에 우연히 내가 했던 인터뷰 기사를 접했던 적이 있다. 그 기사를 쓴 기자가 누구였는지 떠올렸고, 그의 글이 어떤 것이었는지 궁금해졌다. 몇 년 전 호주에서 즐겁게 얘기를 나누었던 어떤 여자는 나를 "분재 만하다"라고 묘사하는 바람에 놀란 적이 있다. 불쾌했다는 뜻이 아니다. 놀랐다는 말이다. 그녀는 나보다 3~4센티미터 정도 더 큰 정도였지, 내가 그녀의 무릎 높이에 오는 정도가 아니었다. 나는 "꼬맹이"라고 불리기도 하고 혹은 찻잔 속에서 잠자는 인간인 듯 "요정"이라고 불리기도 한다.

몇 년 전에 나는 오타와에서 신문을 보다가 그 전날 얘기를 나누었던 기자가 나를 "가냘프고 여성스럽다"고 묘사한 것을 읽었다. '정말?' 나는 생각했다. 첫 번째 형용사는 제대로 된 것이라고 볼 수 있지만 두 번째는 충격이었다. 물론 내가 다리를 자주 꼰다는 것은 알고 있지만 내 걸음걸이가 특별히 여성스럽다고는 생각하지 않는다. 얘기하면서 손을 흔들지도 않고, 누군가를 "아무개 양"이라고 부르지도 않는다. 결국 나는 그 말은 나보다는 그 사람에게 더 어울리는 말이라고 생각하게 되었다. 뭐 종종 그런 식이지 않은가?

누군가 신문에서 당신을 묘사하기 위해 여러 차례 교정을 거듭하고 숙고한 끝에 "파인트 사이즈이다"라는 말 대신에 "릴리

퍼트인 같다"*라는 말을 선택하는 경우도 있다. 하지만 그걸 입 밖으로 내뱉는 것은 다른 문제이다. "이 형편없는 꼬맹이." 어느 영국 여자가 자신의 책에서 좋아하지 않는다고 말했던 뭔가에 대해 내가 글을 쓰자 내게 한 말이었다. 1987년에 내가 크리스마스를 보내기 위해 집에 있을 때 누이동생 티파니와 그레천이 싸움이 붙었다. 끝날 즈음, 둘이 완전히 갈라서려고 할 즈음에 내가 끼어들어서 무슨 일이냐고 물어보자 티파니가 이렇게 뱉었다. "그냥 방에 들어가서 호모로 살아가는 얘기나 더 쓰지, 그래?"

'얼마나 오래 그렇게 생각한 거야?' 나는 궁금했다. 누군가에게 화가 났을 때 튀어나오는 말은 겁난다. 몇 년 전 위스콘신의 작은 공항에서 교통보안청 직원이 내게 조끼를 벗으라고 말했다. "내가 이걸 3주째 입고 있는데요." 내가 대답했다. "매일 다른 도시로 여행 중이지만 벗으라는 말은 처음 듣네요."

그녀는 나보다 10살 정도 많아 보였으니까 대략 60대 초반이었을 것이다. 염색한 머리는 짧았고, 초콜릿케이크 크림을 연상시키는 느낌으로 잘 매만져져 있었다. "벗으세요, 지금!" 그녀가 소리를 질렀다.

"그렇게 대단한 지위에 있어서 좋겠어요." 단추를 풀면서 이렇게 말하고 싶었다. 그러다가 그게 얼마나 고상한 척하는 소

---

* 릴리퍼트(Lilliput): 스위프트가 쓴 《걸리버 여행기》 속의 소인국 — 옮긴이

리로 들릴까 싶어서 부끄러웠다. 일단 나는 화가 난 상태였으니 그녀의 직업 — 그러니까 그녀의 신분 — 을 공격하고 싶은 게 가장 먼저 올라오는 본능이었다. '내가 겨우 이 정도였던가?' 나는 양말을 신은 채 검색대를 지나가면서 생각했다. 두 번째 대안으로 생각했던 "당신이 내 할머니가 아니라 다행이에요."라는 말도 썩 더 나아 보이지는 않았다.

나중에 나는 그녀가 나를 어떻게 부를까 생각해 보다가 "조끼 입은 머저리"라고 부를 것이라고 깨달았다. 실제로 이 상황에서 "머저리"라는 말은 불필요하다. "흰 부츠 신은 그놈"이라는 표현처럼 이미 의미가 포함되어 있다. "조끼" 말이다. 나는 무슨 생각을 하고 있었던가? 그건 정장에 딸린 옷이 아니라 19세기 스타일에 주머니에는 온통 마부들이 쓰는 연장이 들어 있는 "작업자용 조끼"였다.

그녀는 나를 "게이 남자"라고 부를 수도 있었을 것이다. 이건 나를 불쾌하게 하지는 않지만, 그게 나를 규정하는 요체라고 생각하지는 않는다. 지금 내가 가진 모든 생각을 종합해 보면 나는 "키 작은 사람"이라고 불리는 편을 선호한다. 어느 누가 그런 사람을 괴롭히느라 시간 낭비를 하겠는가? 그렇게 사소한 사람, 하찮은 사람, 한 점 먼지 같은 사람을 말이다.

4. 바깥으로 나가기

　나는 멜버른에 있는 이탈리아 식당에 앉아서 레슬리라는 이름의 여성이 하는 말을 듣고 있었는데, 그날 아침에 호주 이민자인 자기 집 가정부가 아주 비싼 여드름 치료제 한 병을 부어서 화장실 세면대를 깨끗이 청소해 놨다는 것이다. "진공청소기를 무서워하고 영어를 한마디도 읽거나 쓰지 못하지만, 그 외에는 놀라워요."
　레슬리는 개도국에 들어가서 백내장을 치료하는 의사들을 교육하는 기업에서 일하고 있다. "정말 보람찬 일이에요." 전채 요리가 나올 즈음에 그녀가 말했다. "여러 해 동안 앞을 못 보고 살던 사람들이 갑자기 기적적으로 다시 보게 된 거죠." 그녀는 중국의 어느 벽촌에서 수술을 받은 남자 이야기를 꺼냈다.

"붕대를 풀자 20년 만에 처음으로 자기 아내를 본 거예요. 입을 떼고 이렇게 말하더군요. '당신 많이 … 늙었네.'"

레슬리가 셔츠 소매를 걷어 올리면서 올리브를 집으려고 손을 뻗었을 때 그녀 왼쪽 팔목에 고무 팔찌 같은 게 보였다. "시계예요?" 내가 물었다.

"아니에요." 그녀가 대답했다. "핏빗(Fitbit)이에요. 컴퓨터랑 동기화하면, 신체 활동을 트래킹해요."

나는 앞으로 몸을 내밀었는데, 그녀가 그 기계의 가장 두꺼운 부분을 두드리자 빛나는 점들이 나타나더니 춤을 췄다. "만보기 같은 건데," 그녀가 이어서 말했다. "업데이트되었고, 더 나아요. 하루에 만 보를 걷는 게 목표이고, 거기에 이르면 진동이 와요."

살라미 한 조각을 입에 넣으면서 내가 말했다. "세게?"

"아니요." 그녀가 말했다. "약간 느껴질 정도로."

몇 주 후에 나도 핏빗을 구입했고 그녀가 말하던 게 무엇인지 알게 되었다. 내가 알아본 바로는 만 보는 내 키 정도 되는 사람이 6,400미터 이상 걸어야 하는 거리이다. 꽤 되는 거리 같지만 그 정도는 하루에 걸을 수 있는 거리이며, 특히 내가 사는 웨스트 서식스의 집이 그렇듯, 집에 계단이 있고 문을 두드리는 사람이 있어서 나가 보면 물건 배송하는 사람이어서 물건을 받고 때로 길을 알려 주기도 하고, 그 사람이 새 떼에 대해 이야기하는 걸 참고 듣다 보면 충분히 걸을 수 있다. 4월 어느 오후에 문에 나가 보니 나무로 만든 벤치를 팔려고 하는 사람이 서 있었다. 자기 말로는 자신이 설계를 담당하는 고객의 정원에 놓으려고 샀다는 것이었다. "지난주에는 좋아하더니, 지금은 다른 걸로 하겠다고 하네요." 밝은 햇빛 아래에서 보니 그 친구의 머리는 팝시클 아이스크림 같은 오렌지색이었다. "제가 이걸 주문했던 그 회사에는 반품 정책이 없다고 하는데, 당신이 사줄 수 있을까 해서요." 그는 집 앞에 서 있는 아무런 마크도 없는 밴을 가리켰고, 내가 관심이 없다고 하자 화가 난 듯했다. "결정하기 전에 적어도 한번 보셔야 하지 않을까요." 그가 말했다.

나는 문을 조금 닫으면서 "괜찮아요."라고 말했다. 그러다가 이건 둘러댈 때면 누구나 쓰는 말 같아서 한마디 덧붙였다. "나는 미국인이에요."

"무슨 말이죠?" 그가 말했다.

"우리는 … 줄곧 서 있어요." 내가 말했다.

"고전적인 사기 수법이죠." 있었던 일에 대해 내가 말하니까 이웃에 사는 텔마가 말했다. "그 벤치는 아마 다른 사람의 정원에서 훔친 걸 거예요. 확실해요."

우리 집 정화조를 비우러 온 사람도 그렇게 말했다. "양아치들이에요."

"그게 뭐죠?"

"땜장이 양아치들." 그가 말했다.

"집시라는 말이에요." 텔마가 설명하면서, 정치적으로 정확한 말은 "유랑자"라는 것도 알려 주었다.

핏빗을 산 뒤에는 나도 유랑자처럼 떠돌았는데, 진동이 오는 느낌이 좋았고 느낌만이 아니라 성취감도 줬던 까닭이었다. 공항에서도 예전처럼 대합실에 가만히 앉아 있기보다는 걸어 다니기 시작했고, 걸어 다니면서 이 많은 사람 중에 누가 먼저, 무슨 이유로 죽을지를 생각했다. 그리고 에스컬레이터보다는 계단을 이용하기 시작했고, 움직이는 보도도 피했다.

"조금씩 하는 게 다 도움이 돼." 내 오랜 친구 돈은 훌라후프를 하면서 점심을 먹고, 하루에 세 번 근처의 YWCA를 방문한다. 그녀도 핏빗을 하고 있고, 효과를 깊이 확신하고 있다. 내가 만난 다른 이들은 그렇게까지 빠져 있지는 않다. 그들은 배터리가 나갈 때까지는 차고 있다. 그다음에는 간단하게 배터리를 갈아 끼우기보다는, 그냥 서랍 속에 예전에 그들이 흥미를 잃어버렸던 기구들과 함께 넣어 둔다. 돈이나 나처럼 환장한 이들에게 핏빗은 디지털 트레이너 역할을 할 뿐 아니라 계속해서 우리를 부추긴다. 나는 그걸 차고 있던 처음 몇 주 동안, 매일 호텔에 돌아왔을 때, 예를 들어 총 12,000보를 걸은 것으로 나오면 다시 밖에 나가서 3,000보를 더 걸었다.

"왜?" 내가 그런 얘기를 하자 휴가 내게 물었다. "왜 12,000보는 충분하지 않은 거지?"

"왜냐하면," 내가 대답했다. "핏빗은 내가 더 잘할 수 있다고 생각하니까."

그때를 되돌아보면 나는 웃음이 난다. 15,000보라. 하! 겨우 11킬로미터 정도밖에 안 된다! 일 때문에 여행하고 있거나 의족에 익숙해지는 시기에 그 정도는 나쁘지 않다. 그러나 서식스에서 그건 아무것도 아니다. 우리 집은 굽이쳐 내려가는 경사지의 끄트머리에 있는데, 영국인들이 "긴 산책"이라고 부르는 것을 좋아하는 이들에게 최적의 장소라 하겠다. 나는 종종 오솔길도 택하지만 대개는 도로를 따라 걷는데, 도로에서는 길을 쉽게 잃지 않을 뿐 아니라 무엇보다 내가 뱀을 무서워하는 까닭이다. 영국 내의 유일한 독사는 살무사인데, 지천으로 깔려 있는 건 아니면서도 차에 깔려 죽어 있는 걸 벌써 세 번이나 봤다. 그리고 내가 만난 재닌이라는 여자는 뱀에게 물려서 병원에서 일주일을 보내야 했다. "순전히 내 잘못이었어요." 그녀가 말했다. "샌들을 신고 나가서는 안 되는 건데."

"뱀이 당신을 물어서는 안 되는 거였죠." 내가 그녀에게 상기시켰다. "그저 미끄러지듯 도망갔으면 되는 건데."

재닌은 강도를 당해도 자신을 탓하는 타입이었다. "뺏어갈 만한 걸 내가 갖고 있었으니까!" 그녀는 아마 이렇게 말할 것이다. 처음에 나는 그녀의 태도가 매력적으로 보였다. 그 이후에는 그녀를 대신해 복수할 작정으로 스네이크 킬러나 아니면 뱀 목을 잡아서 길 쪽으로 집어 던져 달려오는 차에 깔려 죽게 할 도구라도 갖고 나갔다. 이건 막대기에 손바닥 만한 집게가 달려 있는 건데, 원래는 쓰레기 집는 용도로 나온 것이다. 그걸 갖고 있으면 뱀이 덜 무섭고, 청소를 하고자 하는 내 지나친 욕구도 충족시킬 수 있다. 나는 서식스의 사는 지역을 3년째 청소하고 있었는데, 핏빗을 사기 전에는 자전거를 타고 다니면서 맨손으로 쓰레기를 주웠다. 그건 효과적이긴 했지만 놓치는 것도 많았다. 하지만 걸으면 놓치는 것이 없다. 나무의 빈틈에 쑤셔 박은 포테이토칩 봉투, 블랙베리 덤불 속에 걸려 있는 노인용 손모아장갑, 도랑 바닥에 진흙으로 덮여 있는 종이 성냥 등이 나온다. 눈에 확 띄는 것들도 있다. 캔과 병 그리고 피시앤드칩스를 담았던 기름기 많은 종이가 말려서 나온다. 그러면 내가 관리하는 영토가 어디서 끝나고 영국의 나머지 지역이 어디서 시작하는지 뚜렷이 알 수 있다. 이것은 마치 시싱허스트의 장미 정원에서 쓰나미 직후의 후쿠시마로 옮겨가는 것과 같다. 너무나 큰 차이가 있다.

핏빗을 장만한 이후로는 그전까지 좀체 볼 수 없었던 일들을 볼 수 있었다. 한번은 토피 사탕 색깔의 암소가 있었는데, 송아지의 두 발이 그 암소의 몸 밖으로 나와 있었다. 그날 오후에 나는 친구 마야와 함께 긴 산책 중이었는데, 마야가 농부에게 알리려고 뛰어가자 나는 그녀가 있던 자리로 몇 걸음 더 나갔다. 내가 시골에서 지냈던 세월을 생각한다면 당신은 내가 송아지가 태어나는 광경을 본 적이 있으리라 생각하겠지만 실은 그때가 처음이었다. 가장 놀라웠던 점은 새끼를 낳는 어미가 갈팡질팡하는 모습이었다. 그 소는 잠깐 숨을 헐떡이면서 풀밭 위에 앉아 있었다. 그러더니 일어서서 두 발이 여전히 밖으로 나와 있는데도 풀을 뜯기 시작했다.

"야, 정말 그럴 거야?" 내가 소에게 말했다. "먹는 걸 단 5분도 못 참는 거야?"

그 암소 주위에는 다른 소들도 있었는데 다들 그 암소가 어떤 상태인지 전혀 모르는 듯했다.

"이 산통 끝에 새끼가 나온다는 걸 저 암소가 알고 있다고 생각하니?" 마야가 돌아왔을 때 내가 물었다. "분만실에 들어간 여자는 어떻게 되어 가는지 전해 듣지만, 동물들은 산통을 어떻게 받아들일까?"

나는 처음 신장 결석이 생겼을 때를 생각했다. 1991년 뉴욕에서였는데, 그때 나는 돈도 없었고 의료 보험도 없었다. 내가 확실히 알고 있던 것은, 지금 내가 아프다는 것과 내가 할 수 있는 게 아무것도 없다는 것이었다. 그날 밤은 신음하면서 지샜다. 그러고는 피오줌을 쌌는데, 수족관에 깔려 있는 자갈 같은 게 하나 따라 나왔다. 무슨 일인지 나는 이해했다.

일곱 시간 동안 좀체 가라앉지 않는 고통에 시달린 끝에 내 페니스 끄트머리에 있는 구멍에서 다 자란 퓨마 만한 동물이 조금씩 빠져나와서 먹을 걸 달라고 나를 들볶는다면 나는 어떤 생각이 들까? 그게 그 암소가 겪던 일이 아닐까? 그 암소는 자기가 죽어 간다고 생각했을까, 아니면 본능에 따라서 이 사태를 준비하고 있었을까?

마야와 나는 한 시간을 지켜봤다. 그러나 해가 지기 시작했기에, 우리는 실망해서 다시 걸었다. 그다음 날 나는 런던으로 갈 일이 있었고, 몇 주 후에 돌아와서 다시 그 들판까지 걸어갔다가 어미 소와 새끼가 나란히 서 있는 걸 봤는데, 내가 상상했던 사랑스러운 모습이 아니라 서로 모르는 사람들이 우체국이 열리기를 기다리며 서 있는 느낌이었다.

걸으면서 봤던 다른 동물로는 여우와 토끼도 있다. 사슴, 담비, 고슴도치, 그리고 셀 수 없이 많은 꿩도 마주쳤다. 내가 본 오소리는 모두 차에 치여서 죽어 있었는데, 나중에는 썩은 고기를 먹는 민달팽이들이 와서 포식을 하곤 했고, 그 달팽이들도 언젠가는 차에 깔려 납작해지면 다른 달팽이들이 와서 먹었다.

마야와 내가 암소를 지켜보던 때로 돌아가서 얘기하자면, 그 당시에 나는 평균 25,000보, 그러니까 16킬로미터 정도를 하루에 걸었다. 몸에 꼭 들어맞던 바지가 어느 날 갑자기 헐렁해졌고, 얼굴도 상당히 갸름해졌다. 그래서 나는 30,000보 수준으로 올려서 더 멀리 나갔다. "데이비드가 애런델* 근방에서 죽은 다람쥐를 집게로 집고 있는 걸 봤어요." 이웃들이 휴에게 말을 전했다. "그가 스테이닝 외곽에서 도로 밖으로 타이어를 굴리고 있는 걸 봤어요." "풀버로 인근에서 나뭇가지에 걸린 남자 팬티를 걷어 내고 있더군요." 핏빗이 생기기 전에는 같이 저녁을 먹고 나서 집에서 지냈다. 지금은 설거지를 하고 나면 펍까지 걸어갔다 오는데, 왕복 3,895걸음이다. 우리가 사는 지역에는 가로등이 없어서 밤 11시에 내가 지나가는 집들은 불이 꺼져 있거나 희미한 불만 켜져 있기 마련이다. 올빼미 우는 소리가 들리기도 하고, 누른도요새가 파닥거리다가 내 플래시 불빛에 놀라기도 한다. 어느 날 밤에는 삐걱거리는 소리가 들려서 보니 열 몇 걸음 정도 내 앞쪽에 세워져 있는 미니밴이 앞뒤로 흔들리고 있었다. 우리가 사는 지역에서는 꽤 많은 사람이 차에서 섹스를 하는 듯하다. 이걸 어떻게 알게 되었냐면, 그들이 쓰고 버린 콘돔이 때로는 도로에 버려져 있거나 아니면 거기서 조금 벗어나 있는 작은 주차 공간에 떨어져 있기 때문이다. 쓰고 버린 콘돔만 아니라, 내가 돌아보는 지역 한 곳에서는 정기적으로 빈 KFC 포장지나 흙이 묻은 물티슈를 잔뜩 줍는다. '이 양반들은 프라이드 치킨을 먹고 나서 섹스를 하는 거야, 아니면 반대로 하는 거야?' 나는 궁금하다.

---

* 애런델(Arundel): 서식스 남부의 소도시 이름 — 옮긴이

*   *   *

내가 하루에 평균 13,000보 정도 걸었을 때를 돌아보면 '솔직히 얼마나 게을렀던 거야?'라고 생각하게 된다. 하루에 35,000보를 넘어서자 핏빗이 e-배지를 줬고, 40,000보를 넘어설 때, 그리고 45,000보 넘어설 때도 그랬다. 지금 나는 60,000보를 넘어섰는데, 거리로는 41킬로미터이다. 57살의 나이에 쓰레기를 잔뜩 담은 무거운 가방을 끌고 평발로 그 거리를 걸으려면 9시간 정도 걸리는데, 상당히 길지만 낭비하는 시간은 아니다. 나는 오디오북이나 팟캐스트를 듣는다. 사람들과 얘기도 나눈다. 이것저것 배우기도 하는데, 예를 들면 옛날에는 말린 후추를 하나씩 팔았는데, 가격이 너무 비싸서 사람들이 훔쳐 가지 못하도록 그걸 포장하는 사람은 주머니를 실로 꿰맸다고 한다.

60,000보를 돌파하던 저녁에는 플래시를 비추면서 집으로 비틀거리며 돌아와서 이제는 65,000보에 도전할 수 있겠다는 생각이 들었고, 이런 식으로 끝없이, 발목이 부러지더라도 계속할 작정이었다. 그때가 되면 부러진 뼈가 부드러운 땅바닥에 쑤셔 박힐 것이다. 핏빗 같은 걸 잘 다루는 이가 있는가 하면, 어째서 다른 이들은 도를 넘어서서 거기에 지배당하고 심지어 인생을 망치기도 하는 것일까? 도로를 걸으면서 나는 종종 몇 년 전에 봤던 〈Obsessed〉라는 티브이 프로그램을 생각한다. 그 에피소드 중의 하나는 러닝 머신을 두 대나 집에 가져

다 놓고 일어나서부터 자러 갈 때까지 그 위에서 햄스터처럼 걷는 어느 여성의 이야기였다. 가족이 저녁을 먹고 있는 동안 그녀는 식탁 옆에 있는 거기에 서서 지켜보기도 하고, 숨을 헐떡이면서 아이들에게 그날은 어땠는지 묻기도 했다. 나는 그 여자를 적어도 내가 〈Hoarders〉*라는 프로그램에 나오는 사람들을 볼 때처럼 즐겁게 비웃어 줘야 한다고 생각했지만, 의외로 나는 그녀에게서 나의 모습을 보았다. 물론 그녀는 러닝 머신 위에서 걷기만 했고, 그 외의 다른 목적은 없었다. 그러니까 우리는 그렇게 서로 닮은 것은 아니긴 하다. 그렇지 않은가?

핏빗을 장만한 후로 내가 모은 쓰레기가 얼마나 많은지 알고서 구청에서는 쓰레기 청소차 중 한 대에 내 이름을 붙였다. 담당자가 내게 이메일을 보내와서는 내 이름이 어떤 폰트로 나왔으면 좋겠느냐고 묻기에 나는 "로만(Roman) 폰트"라고 내납했다.

"뭔 말인지 알겠지?" 내가 휴에게 말했다. "로밍(Roamin')하는 것처럼 돌아다닌다는 말이야."

휴는 내가 35,000보를 넘어설 즈음에 인내심을 잃고 그저 깊은 한숨을 쉬었다.

글자체를 결정한 직후에, 알 수 없는 이유로 내가 차고 있던

---

* 집 안에 물건을 계속 쌓아 모으는 병적인 증상이 있는 이들을 다룬 프로그램 — 옮긴이

핏빗이 죽었다. 가장 넓은 부분을 두드렸는데 작은 점들이 사라지는 바람에 나는 크게 당황했다. 그리고 나자 큰 해방감이 몰려왔다. 이제 내 인생이 다시 내 것이 된 듯했다. 그런데 정말 그랬던가? 40킬로미터를 걷거나 심지어 계단을 뛰어서 오르락내리락하는 게 갑자기 아무런 의미가 없게 변해 버렸다. 발걸음 수가 계측되지 않으면 그게 다 무슨 소용이란 말인가? 다섯 시간쯤 버티다가 결국 새로 하나 속달로 주문했다. 다음날 오후에 도착했는데, 상자를 열면서 손이 떨릴 지경이었다. 10분 후에 새로운 내 지배자가 왼쪽 손목에 안전하게 채워졌고, 나는 거의 뛰다시피 밖으로 나갔다. 잃어버린 시간을 보충하기 위해서 말이다.

5. 나누어진 집

　마일리지를 꽤 많이 모았기에 애틀랜타에서 롤리까지 가는 비행기에서는 일등석 자리를 배정받았다. 내가 타고 가는 비행기가 그리 크지 않을 줄 알았는데, 추수감사절에다 여행객이 많아서 그런지 대형이었다. 내 자리는 두 번째 줄이었고, 붉게 염색한 머리가 회색으로 변하고 있는 60대 초반쯤 보이는 여자의 앞자리였다. 그녀는 자리에 앉자마자 옆자리 사람과 이야기를 시작했다. 그래서 나는 그녀가 코스타리카에 살고 있다는 걸 알게 되었다. "남편 때문에요." 그녀가 말했다. "군인, 그러니까 은퇴한 군인인데, 한 번 해병은 영원한 해병이라면서요?"
　그러고 나서 그녀는 어쩌다가 노스캐롤라이나에서 중미로 갔는지 설명하기 시작했는데, 그때 승무원이 와서 내 옆자리에 있는 사람에게 음료 주문을 받아 가는 통에 그 얘기를 놓쳤다. 내가 다시 귀를 기울이고 있을 때 통로 건너편에 있는 남자가 머리 위의 짐칸을 열려고 하고 있었다. 무슨 이유인지 열리지 않자 그가 그걸 두드리면서 아무나 들으라는 식으로 말했다. "이건 오바마 케어 같네, 망가졌어."

내 주변에 있는 승객 중 몇 명이 웃었고, 나는 그들의 얼굴을 보면서, 위기가 닥치면 절대 그들을 비상구 쪽으로 인도하지 않으리라고 맹세했다. '당신들은 각자 알아서 해!'라고 생각했는데, 그러나 정말로 안 좋은 일이 생기면 그들 중 누군가가 나를 구해 줄 것이다. 그게 운인 것이다. 이미 판단을 내렸지만, 운명은 내게 그 말을 취소하게 했다.

애틀랜타에서 이륙한 후에 나는 노트북을 꺼내서 추수감사절에 필요한 물건 리스트를 정리하기도 하고 내 뒤의 그 여자가 하는 말을 듣기도 했는데, 그녀는 비행 내내 이야기를 이어 갔다. 술을 마시고 있는 듯했는데, 내가 틀렸을 수도 있다. 아마 그녀는 언제나 이렇게 시끄럽고 단호할 것이리라. "나는 절대로 내 남은 인생을 거기서 보내지 않을 거예요. 내가 원했던 건 이런 게 아니에요."

롤리에 도착했을 때는 어두워졌는데, 게이트까지 천천히 움직이는 동안 승무원이 안내방송을 했다. "좌석 벨트를 매고 계세요, 라는 표시등이 꺼질 때까지 자리에 앉아 주세요."라는 방송이 나올 마디였는데, 그 대신에 지금 특별한 승객이 탑승해 있다는 말이 흘러나왔다.

'아 제발,' 나는 생각했다. '나를 귀찮게 하지 말아 줘.' 그러나 "오늘 우리와 함께 탑승한 이 중에는 탁월한 축구팀…"이라고 말을 하자 그때야 나는 내가 아닌 그 중요한 사람이 누구인지 궁금해졌다. 승무원은 트라이앵글 지구에 있는 고등학교 이름을 언급한 뒤에 "큰 박수로 환영해 주세요."라는 말로 마무리했다.

내 뒤에 앉아 있던 그녀는 함성을 지르면서 환호했다가, 아무도 동조해 주지 않자 목소리를 높여서 외쳤다. "당신들은 모두 … 쓰레기야! 아니, 우리 '애들에게 갈채를 보내는 것도 못한다는 거야?"

나는 그러고 싶었지만, 그러나 그 팀은 저 뒤 이등석 쪽에 있다는 걸 알았다. 내가 뭐라고 하든 간에 그들에게 들리지 않는데 뭘 어쩌라는 말인가?

"서글프네요." 그녀가 내뱉었다. "다들 그저 스마트폰과 아이패드에 빠져 있느라 고등학교 선수들에게 박수도 못 보내고."

그녀가 우리를 뜨끔하게 하지 않았다고 말하기는 어렵다. 하지만 나는 웃지 않으려고 내 손을 물어야 했다. 나를 전혀 모르던 사람, 그런데 단박에 나를 파악한 사람에게 쓰레기라는 소리를 듣는 것은 매우 웃긴 일이다.

"그 여자 봤어?" 몇 분 후에 수화물 찾는 곳에서 휴를 만났을 때 내가 물었다.

그에게 비행기에서 있었던 일을 얘기해 줬는데, 그는 내게 훈계하려고 할 때면 늘 하던 식으로 가슴팍에 팔짱을 꼈다. "그 여자가 옳은 소리를 했네. 손뼉을 쳤어야지."

"우리는 두 달 동안 떨어져 있었어." 내가 그에게 상기시켰다. "내 편을 들어주면 누가 당신을 죽일 것 같은 거야?"

수화물 컨베이어 벨트에서 짐을 찾아 주차장으로 걸어가면서 그는 겨우 사과를 했지만, 그러면서도 조용하게 한마디를 덧붙였는데, 내가 못 들을 만큼 작은 목소리는 아니었다. "그래도 손뼉을 치긴 해야 했어."

공항에서부터 차를 타고 폴의 집으로 갔다. 거기서 그레천을 만났는데, 동생은 오른쪽 팔에 깁스를 한 채 영원히 맹세를 하는 사람처럼 높이 들고 있었다. "이러면 덜 아파." 동생이 말했다.

나는 그레천을 지난봄에 보고 이번에 처음 보는 셈이었는데, 동생의 모습을 보고 조금 놀랐다. 내가 기억하는 한 동생은 긴 머리를 하고 있었는데, 이번에 보니 길이는 어깨 아래쪽까지 내려오기는 했지만 위쪽은 짧게 잘랐고 정수리 부근에는 늙은 셰퍼드 털같이 세워져 있었다. 게다가 더 이상하게도 선바이저를 쓰고 있었다. "언제부터 그런 머리를 한 거야?" 내가 물었다.

동생이 그걸 벗고 나서야 나는 동생이 장난감 가게에서 파는 모자를 쓰고 있었다는 걸 알았다. "머리카락이 여기 끝에 붙어 있네. 보이지? 지난달에 바닷가에서 샀어."

다섯 달 전에 에메랄드 섬에 있는 우리 집 — 시섹션 — 을 사들인 이후로 그때까지 나는 한 번도 가지 못했는데, 휴는 다녀왔다. 그가 지난 9월에 거기 가서 여기저기 수리를 했다. 핼러윈 직전에 그레천이 거기에 가서 며칠 동안 같이 있었는데, 그때 바닷가를 걷다가 바퀴 자국에 걸려 넘어졌다. 그때 팔이 부러졌다는 것이다. "믿을 수 있어?" 동생이 물었다. "나보다 운 나쁜 인간은 없어."

차가 막히지 않을 때면 롤리에서 에메랄드 섬까지는 2시간 반이면 간다. 저녁 8시경에 출발해서 가는 길에 그레천에게 하는 일은 어떤가 물어봤다. 동생은 롤리시의 원예사로 일하고 있는데 최근에 시의 가장 큰 공원에서 캠프장을 하나 발견했다고 한다. 공원은 공유지였는데, 이곳만 유독 누군가의 소유였고, 그는 우리가 아는 사람이었다. 그의 이름은 귀에 익었지만 그레천이 자세히 설명해 주기 전까지 나는 그의 얼굴을 떠올리지 못했다. "그 양반은 예전에 우리 집에 와서 엄마랑 같이 있었던 사람이야."

"아, 누군지 알겠어." 내가 말했다.

아이들은 대개 자기들이 집을 떠나고 나면 부모가 외롭게 지낼 거로 생각하고 싶어 하는데, 우리 어머니는 실제로 그랬다.

어머니는 자식들을 좋아했고, 우리가 같이 몰려다니는 친구들이나 사람들과 얘기하는 것도 좋아했다. "너 왜 저녁 먹으러 오라고 제프를 초대하지 않니?" 70년대 후반 어느 날 밤에 어머니가 그레천에게 이렇게 물어보던 때를 기억한다.

"한 달 전에 우리가 헤어졌고, 그때 이후로 내가 줄곧 방에서 우는 걸 보셨잖아요?"

"그래도, 걔도 먹긴 먹어야 하지 않니?" 어머니가 대답했다.

시의 공원에서 살게 된 그 사람 — 케빈이라고 부르겠다 — 은 80년대 후반부터 우리 집에 들르기 시작했다. 그의 부모님과 우리 부모님은 공동으로 임대한 부동산이 있었고, 몇 년 동안 그와 나는 거기서 잡무를 처리하곤 했다. 내 기억에 그는 좀체 삶의 방향을 잡지 못하고 살았는데, 동생의 말을 들어 보니 아직도 그런 듯했다. 그러나 그럴 수 있다는 게 나로서는 이해가 안 되었는데, 우리는 중산층에 속해 있기에 나는 우리의 사회적 지위가 아주 심각한 불행은 예방해 준다고 믿으면서 자랐기 때문이다. 살다 보면 누구나 파산할 때도 있지만 — 그렇지 않은 이가 어디 있으랴? — 그러나 정말로 가난한 사람들처럼, 그러니까 몸에 이가 득실거리고 치아는 빠져 있는 식으로 가난해질 수는 없는 것이다. 유전자 때문에라도 그렇게 살지 못한다. 일정 수준 이하로 너무 깊이 추락할 때면 가족이 나서서 돈을 빌려주거나 재활원에 보내거나 재기할 수 있는 발판을 마련해 주는 것이 아니던가? 아니면 친구들이 있고, 친구들 중에는 대학을 나온 이도 있어서, 적어도 자기 집 부엌을 고치고 나면 너도 좀 고쳐야겠다는 식으로 접근하기 마련이다.

사회적 계급이 우리를 구원할 수 없으며, 피아노 레슨을 받았든 유럽에서 여름을 보냈든 간에 중독이나 정신 질환에는 아무런 소용이 없다는 걸 나는 언제 깨달았던가? 이걸 깨닫게 되기까지 나는 길에서 주정뱅이나 약쟁이나 약을 먹지 않은 조현병 환자를 피한 적이 있었던가? 나는 케빈이 무슨 일을 겪었는지 알지 못한다. 우리 둘은 유리한 점이 많이 있었음에도 불구하고, 이제 그는 자기가 자랐던 집에서 겨우 5킬로미터 정도 떨어진 풀숲에서 살고 있다.

예전에 내 동기들과 나는 아버지가 세상을 떠나고 나면 우리 누이동생 티파니도 그와 비슷하게 되지 않을까 걱정하곤 했는데, 티파니는 6개월 전에 자살했다. 우리와 마찬가지로 티파니도 어머니가 세상을 떠나시고 나서 몇 년 후에 유산을 나누어 받았다. 큰 재산은 아니었지만, 내가 그때까지 살면서 본 액수 중에 가장 컸다. 나는 그 돈을 내가 정말 필요했던 시점 직후에 받았는데, 그때 비로소 나는 어른이 되고 나서 처음으로 자립할 수 있었다. 그 돈 중 일부를 떼어 내어 학자금 대출을 갚았다. 아버지는 내게 나머지는 투자하라고 말씀하셨지만 나는 돈이라는 개념 자체가 싫었고, 실물을 갖고 싶었기에, 내 계좌에 다 입금해 놓고 하루에 두 번 ATM 기계에 가서 화면에 나타나는 계좌 잔고를 확인하곤 했다. 1년 전만 해도 내 수중에 가장 돈이 많이 있을 때라고 해봐야 100달러가 전부였는데, 이제는 돈이 있었다.

유산을 받아서 우리가 했던 일은 흥미로웠다. 현실적인 리사 누나는 은행에 넣어 뒀다. 그레천은 남쪽으로 이사를 하고 갚아야 할 것을 갚았고, 에이미와 폴은 사탕을 사 먹는 데 그 돈을 다 썼다. 하던 일을 그만둔 건 티파니가 유일했는데, 내 생각에는 이걸로 충분하다고 생각한 듯하다. 2년 만에 티파니는 파산했는데, 다시 일을 시작하기보다는, 돈은 사악하며 돈을 가진 사람들도 마찬가지라고 작심했던 듯하다. 자신의 은행 계좌를 닫았고, 하루 일하면 담배 한 상자나 식료품 한 꾸러미를 받는 식으로 물물교환을 하기 시작했다. 밤에는 팔 만한 물건을 찾느라 사람들의 쓰레기통을 뒤졌다. 가난을 일종의 성취로 여겼지 않았던가 싶다. "밤 한 시쯤에 나가는데, 무릎 높이까지 오는 큰 쓰레기통 속에 들어가서, 좋은 걸 차지하려면 아이티에서 이민 온 여자와 서로 밀치기도 해야 해." 내가 서머빌에 있는 티파니의 집에 찾아갔을 때 이렇게 자랑스럽게 말했다.

"아이티 여자는 그 일을 할 수밖에 없을지도 몰라." 내가 말했다. "그녀는 아무것도 가진 게 없으니까. 하지만 너는 교육을 받았잖아. 치아 교정도 했고, 영어도 능숙하게 말하고." 내 말은 낡고 따분한 것이었으리라. 가난한 사람들을 위해 네가 할 수 있는 최선은 그들 가난한 계층에 들어가서 얼마 되지 않는 생필품과 서비스를 놓고 그들과 다투지 않는 것이라는 말.

내가 방문했을 때 티파니는 가난한 사람들은 인구조사에 응하지 않는 이유를 설명해 주었다. "인구 조사원이 집에 찾아오면 우리는 그냥 무시해." 티파니는 마치 찾아온 인류학자를 대하는 부족의 추장처럼 말했다. "우리 포니족*은 옥수수를 갈 때 돌을 사용하오!"

내가 찾아갔을 때마다 티파니의 아파트는 항상 엉망이었는데, 단순히 지저분한 정도가 아니라 지독히 더러웠다. "이렇게 해놓고 어떻게 사니?" 마지막으로 찾아갔을 때 물었다.

"우리 가난한 사람들은 정리하고 살 여력이 없어." 티파니가 대답했다.

살던 집에서 쫓겨난 후로는 단칸방이 쭉 붙어 있는 곳에서 살았는데, 그곳의 사람들도 티파니처럼 엉망이었다. 티파니가 한 말에 따르면, 티파니에게 유일한 문제는 허리였는데 그것 때문에 43살에 장애인이 되었다는 것이다. 언제부터 허리가 아픈 사람에게 리튬과 클로노핀을 처방해 줬다는 것인지. 티파니가 좀 더 솔직했더라면 우리는 티파니의 행동을 한결 잘 이해했을 것이고, 티파니가 우리의 인내심의 한계를 시험할 때도 "쟤가 지금 아파서 하는 말이야."라고 할 수 있었을 것이다. 그러나 실은 그러지 않았기에, 하는 말이 앞뒤가 맞지 않았다.

---

* 포니족(Pawnees): 아메리카 북부 인디언 부족 — 옮긴이

"어째서 성인 여자는 직업을 가지면 안 된다는 거야?" 우리는 이해할 수 없었다. "걔는 왜 그리 사람들에게 하지 말라는 게 많은 거지?"

티파니는 아버지의 유산을 받을 수도 있었지만, 그랬더라도 아마 모두 다 태워 없앴을 것이다. "차가 필요해요?" 티파니는 주차장에서 만난 아무에게나 이렇게 말했을 것이다. "내가 브롱코* 한 대 뽑아 줄게요. 원하는 건 그게 다예요?"

그 즉시로 어떤 여자가 사람들에게 브롱코를 사준다는 소문이 날 것이고, 티파니는 또다시 빈털터리가 될 것이고, 거기에 대해 아무렇지 않게 생각할 것이다.

바닷가에 도착하기 한 시간 전에 휴는 하디스라는 패스트푸드점에 잠시 들렀고 나는 커피를 마셨다. 그 타운은 작고 음침했고, 식당에는 우리 외에는 아무도 없었다. 정문 안쪽에는 빨간색과 금색으로 과하게 장식된 거창한 크리스마스트리가 있었다.

"이게 언제부터 여기 세워져 있는 거죠?" 카운터에 있는 흑인 여성에게 내가 물었다.

그녀는 자기 왼쪽 팔뚝의 문신을 긁고 있었는데, 집에서 재봉틀로 박아 넣은 게 분명한 이니셜이었다.

---

* 브롱코(Bronco): 포드 사의 SUV 브랜드 — 옮긴이

"지난 화요일부터일 거예요." 그녀는 그릴을 청소하고 있는 동료를 보면서 말했다. "맞지?"

"그 정도일 거야." 그가 말했다.

"집에 트리가 있어요?" 내가 물었다. "집에도 벌써 세워 뒀어요?"

휴는 이런 거에 질색을 하는데 — '도대체 그 사람이 자기 집에 크리스마스트리를 세워 두는지 아닌지가 왜 중요해?' — 내 뒤에 줄 서 있는 사람도 없었고, 나는 정말로 궁금했을 뿐이다.

"지금은 너무 이르죠." 그녀가 대답했다. "우리 집 애들은 모두 트리를 좋아하지만 아직 추수감사절도 지나지 않았으니."

그레천은 온전한 쪽 손으로 자기 머리 위의 가짜 머리칼을 쓸어 넘겼다. "목요일에는 칠면조 요리를 하세요, 아니면 다른 걸 하세요?"

"두 분께서는 이제 행복하세요?" 차에 오를 때 휴가 우리에게 물었다. "다시 들어가서 새해 첫날에는 뭐 하는지도 알아볼까요, 아니면 이제 출발해도 되나요?"

그레천은 좁은 창틀에 부러진 팔을 올려놓았다. "휴는 우리가 마음에 안 든다고 하니 리사 언니랑 좀 더 많은 시간을 보내게 해야겠어."

"좋네." 내가 동의했다. "리사 누나는 달인이지. 내가 스타벅스에 딱 90초 정도 리사 누나를 혼자 두었는데, 내가 다시 돌아오니까 카운터에 있던 여자가 누나에게 '내가 다니는 산부인과 의사도 그렇게 말했어요.'라고 말하고 있더라고."

나는 차 안에서 커피 마시는 건 그다지 좋아하지 않는다. 대체로 마시는 양보다 흘리는 쪽이 많은 까닭인데, 하지만 마시지 않으면 잠이 들 것이고 집에 도착했을 때는 다시 깨야 한다. 우리가 도착했을 때는 11시가 넘었을 무렵인데, 나는 집이 확 바뀐 것에 놀랐고 즐거웠다. 우리가 산 집은 이 층짜리에, 가운데가 칸막이가 되어 있어서 반반 나누어진다. 호텔에서 볼 수 있는 연결문이 거실에 설치되어 있어서 그걸 통해 이쪽에서 저쪽으로 건너갈 수 있지만 위층에 있을 때는 불편하다. 부엌이 두 개인 것은 또 다른 문제인데, 우리는 하나만 있으면 충분하기 때문이다. 애초에는 벽을 헐어서 방이 여섯 개인 집 하나로 만들까 싶었다. 그러나 지난번 바닷가 여행에서 내 남동생이 신발을 신고 소파에 누워 있는 꼴을 여러 번 봤던 기억이 있어서, 그냥 분리된 반반으로 두는 게 더 좋다는 결론에 이르렀다. 은은한 조명에 신경을 써서 선택한 고풍스러운 가구를 배치한 왼쪽 절반은 휴와 내가 쓰고, 싸구려 같은 오른쪽은 다른 사람들에게 주기로 했다. 물론 다른 사람들도 이쪽 절반 쪽에서 지낼 수 있지만, 그건 우리가 같이 있으면서 감시하고 잔소리를 할 수 있을 때라야 했다.

추수감사절에는 다들 모이기 때문에 집은 가득 찼다. 몇 명씩 따로 도착했기에 첫날 밤에는 세 명뿐이었다. 둘째 날 오후 늦게 리사 누나가 왔다. 나는 누나가 짐 내리는 걸 도왔고, 같이 바닷가를 걸었다. 입김이 하얗게 보일 정도로 추웠고 바람이 강했다. "티파니의 독성 보고서가 나왔다고 말했었니?" 집에서 나온 지 얼마 안 되었을 때 누나가 말했다. "사망 확인서도 보내왔던데, 그리고…."

그때 래브라도 리트리버 한 마리가 꼬리를 흔들면서 다가왔고, 그 뒤에는 중년의 여자가 야구모자를 쓰고 따라오고 있었다. "브랜디, 안 돼." 그녀가 소리쳤고 끈을 올리면서 덧붙였다. "죄송합니다."

"뭐가요?" 리사 누나는 개의 머리를 양손에 움켜쥐었다.

"어휴, 예쁘다." 누나는 꼬리 가진 동물을 보면 내는 노랫가락 같은 목소리로 흥분했다. "정말 예뻐. 너도 알고 있구나." 누나는 주인에게 고개를 돌렸다. "몇 살이죠?"

"이번 2월에 두 살이 되었어요." 그녀가 말했다.

"우리 집 개도 두 살이에요." 누나가 말했다. "걔는 진짜 손바닥 만해요."

나는 이런 대화는 좀체 견디지 못하는 성격이라 바다 쪽으로 돌아서서 대화가 끝날 때까지 기다렸다. 그때는 내 여동생이 뭐로 자살을 했는지 알고 싶었다. 약 — 아마 클로노핀 — 을 먹었다고 알고 있었는데, 다른 것과 섞어 먹었는지 어떤지 좌우지간 알고 싶었다.

내 뒤에서 리사 누나는 그녀에게 자기가 지금 데리고 있는 개 이전에 길렀던 뉴펀들랜드 워터독은 남편 보브의 고혈압 약을 몽땅 삼키는 바람에 죽었다고 말하고 있었다.

"세상에." 그녀가 말했다. "끔찍했겠어요."

"그렇죠." 리사 누나가 말했다. "우리는 죄책감에 시달렸어요."

래브라도 견주가 추수감사절을 잘 보내라는 말을 건네고 바닷가 쪽으로 내려가자, 리사 누나는 이야기를 계속했다. "아 그래, 사망 확인서를 보내왔는데, 원인은 약물 과다가 아니라 질식사래."

"무슨 말인지 모르겠네." 내가 말했다.

누나는 개를 만졌던 양손의 냄새를 맡아 보더니 코트 주머니에 찔러 넣었다. "클로노핀을 삼키고 나서 머리에 비닐봉지를 뒤집어썼어." 리사 누나는 감정을 삼키느라 잠시 멈췄다. "시신을 발견한 주 경찰관에게 편지를 써서 보내면서 개가 20대일 때 찍은 사진, 신문 부고란에 사용했던 그 예쁜 사진을 보내 줬다. 그 양반이 거기 들어가서 발견했던 것보다 훨씬 예뻤다는 걸 알려 주고 싶었어."

나는 만약 내가 자살할 때면 그전에 사람들과 진정으로 관계를 맺는 데 사용할 시간을 상상하는 걸 좋아했다. 이게 무슨 말이냐 하면, 사람들에게 줄 물건을 남기고, 편지를 멋지게 써서 내가 했던 행동 중에 사과할 것은 사과하고, 그들이 무슨 말을 하고 뭘 하든 간에 내 마음을 바꿀 수는 없다는 점을 확인시켜 주는 것이다. 그런 상상 속에서 나는 전혀 예상하지 못할 사람에게 돈을 보내기도 했다. "누구지?" 그들은 봉투를 열어 보면서 놀랄 것이다. 그런 사람은 내가 런던에 있을 때 가곤 했던 수영장의 인명구조 요원이던 폴란드인도 있고, 내가 몰래 좋아했던 은행 출납원도 있다. 그러나 나중에야 이게 얼마나 웃긴 소리인지 깨달았다. 내 동생이 처해 있던 그런 상태, 그러니까 자기 목숨을 끊으려고 할 때는 자신의 고통 외에 다른 생각을 할 수가 없는 것이다. 약을 잔뜩 먹었는데 실패하는 바람에 다음날 괴로운 상태로 깨어나서 '자살도 제대로 못 하는군.'이라고 생각하면서 비닐봉지 — 고통을 극대화하는 — 에 손을 뻗는다는 말이다.

 문구가 없는 봉투는 거의 없었고, 대개 가게 이름이 적혀 있었다. LOWE'S 같은 이름 말이다. SAFEWAY. TRUE VALUE. 여러 개 중에서 고르는 것일까, 아니면 내가 추측하듯 어떤 아이러니한 문구가 적혀 있든 상관없이 아무거나 쓰는 것일까? 이런 생각을 하고 있을 때 리사 누나가 멈춰 서더니 내게 돌아서면서 "부탁 하나 해도 되니?"라고 물었다.

 "뭐든지." 내가 말했다. 누나가 아직 살아 있고 내 옆에 있다는 것에 감사하면서.

 누나는 한쪽 발을 앞으로 내밀었다. "신발 끈 좀 묶어 줘."

 "응." 내가 말했다. "그런데 왜?"

 누나는 한숨을 내쉬었다. "바지가 너무 끼어서 몸을 굽힐 수가 없어."

젖은 모래 속에서 무릎을 꿇고 누나가 해달라는 대로 해줬다. 어두워지고 있었고, 나는 다시 일어서면서 부두까지 쭉 늘어서 있는 집들을 바라보았다. 그중 하나가 우리 집이지만, 어느 것인지 알 수가 없었다. 거리로 가늠해 봐도 소용이 없었는데, 우리가 얼마나 멀리 걸어왔는지 알 수 없었기 때문이었다. 리사 누나는 시섹션에서 머문 시간이 나보다 짧아서 도움이 되지 않았다. "데크가 하나야 두 개야?" 누나가 물었다.

"두 개였나?" 내가 대답했다. "한 개가 아니라면?"

눈앞에 있는 집들은 서로 완전히 달랐다. 우리가 알고 있는 모든 색깔을 동원해서 페인트칠 되어 있었는데, 그러나 어둑한 빛에서는 모두 그 기본적인 형체로만 보였고, 놀랄 만큼 똑같아 보였다. 다들 나무로 지어졌고, 눈에 확 들어오는 그림이 그려진 창이 달려 있었다. 하나같이 해변에 이르는 계단이 있었고, 생활의 투쟁보다는 여가를 위해 장만한 두 번째 집 느낌이었다. 서류 캐비닛은 많지 않고, 퍼즐이나 골프 클럽 혹은 보드게임을 찾는다면 어울리는 곳이었다. 집 안에 있는 사람들도 비슷해 보였다. 다들 부엌이나 거실에 있었고, 티브이를 보거나 열려 있는 냉장고 문 앞에 서 있었다. 대부분 백인에 보수주의자이며, 컨트리클럽에서 우리와 함께 자랐을 법한 유형이다, 비행기에서는 앞쪽 좌석을 차지하고 앉아서 복도 건너편의 남자가 머리 위의 부서진 짐칸을 오바마 케어에 비유하면 웃어 줄 그런 사람들. 그러고 보면, 이들 중에 한 집의 문을 두드리고, 우리 상황을 설명하고, 도움을 요청할 수도 있었다. "이분들이 여기에 집이 있는데 어느 게 자기 집인지 모르겠다네요!" 나는 집주인이 고개를 돌리고 건넛방에 있는 사람에게 외치는 장면을 상상할 수 있었다. "우리도 그런 적이 있었지?"

웃긴 얘기지만, 얼마 지나지 않아서 나는 당황하기 시작했는데, 여기 바깥에서 죽을 수도 있다고 생각했기 때문이었다. 그 추위 속에서 말이다. 내 집이 어딘지 찾아 헤매면서. 나는 리사 누나가 휴대폰을 안 들고나온 것에 짜증을 내며 걷고 있었는데, 우리 집 철책에 매여 있던 부러진 낚싯대가 보였다. 아침에 그걸 보고 나중에 버려야겠다고 생각했었다. "폴이 놔둔 거야. 어느 게 우리 집인지 알아볼 수 있게 하겠다고." 그레천이 그때 말했었다.

그때 내가 말했었다. "그래, 언젠가 보겠지."
그런데 이렇게 그걸 보고 있었다.
우리가 들어설 때 휴는 부엌에서 수프를 만들고 있었다. "우리는 길을 잃었어요." 리사 누나가 그에게 말했다. "우리 걱정을 했어요?"

휴는 앞치마에 손을 닦으면서 우리가 나간 걸 알고 있었다는 척을 했다. "걱정했어요!" 닭고기 육수와 양파 냄새가 공기 중에 기분 좋게 배어 있었다. 라디오에서는 대통령이 칠면조를 사면하고, 그 칠면조 이름은 팝콘이라는 이야기가 흘러나오고 있었다.*

"다행이군요." 리사 누나가 말했다.

누나가 옷을 갈아입으러 방으로 들어간 뒤에 나는 연결문을 통해 두 번째 부엌으로 갔다. 그레천이 탁자 위에 사과를 잘라서 담은 그릇 앞에 서 있었다.

"리사 누나가 티파니에 대해 하는 말 들은 거 있어?" 내가 물었다.

"비닐봉지 얘기 말이야?" 그레천이 고개를 끄덕였다. "지난주에 전화로 들었어. 거기에 대해서는 생각을 안 하려고 애쓰는데, 계속 그것만 생각하고 있어. 우리 동생이 모든 걸 그냥 그렇게 끝냈다는 거."

나는 창문 쪽으로 가서 시퍼런 멍 같은 색깔에서 이제는 완전히 까맣게 변해 버린 하늘을 올려다봤다. "누군가 해준 말인데," 내가 말했다. "일본에서는 누가 기차에 뛰어들어 자살을 하면 그 사람이 초래한 불편 때문에 그 사람 가족이 8천 달러 정도의 벌금을 물어야 한대."

뒤에서 그레천이 사과를 더 자르고 있는 소리를 들었다.

"물론," 내가 계속해서 말했다. "가족 때문에 자살하는 거라

---

* 미국에서는 추수감사절에 대통령이 칠면조 한 마리를 사면하여 살려 주는 전통이 있다. — 옮긴이

면 추가로 더 물게 되겠지."

저쪽 바닷가 백사장 쪽에서 플래시 불빛이 뛰어다니는 게 보였다. 누군가 어느 집을 지나쳐서 아마 일주일 휴가를 위해 빌린 집이겠지만 자기 집 쪽으로 걸어가고 있었다. 그 집이 만약 시섹션보다 작거나 위치가 안 좋다면, 밝은 조명이 빛나는 우리 집 창문 쪽을 보면서, 예전에 우리가 그랬듯이, 무슨 돈이 있어서 저런 집을 샀는가 하는 생각으로 우리를 향해 분을 품을 것이다.

6. 완벽한 조합

식구가 얼마 없는 집에서는 어떤지 잘 모르지만 식구가 많은 집에서는 시간이 지나면서 관계도 변한다. 남자 형제나 여자 형제 한 명과 잘 지내다가도 2년쯤 지나면 다른 동기와 어울리게 된다. 그리고 다시 바뀌고, 또다시 변한다. 가장 친하게 지내던 형제와 틀어졌다는 의미가 아니라, 또 다른 형제의 레인에 들어가서 하나가 되거나 아니면 나의 레인에 다른 형제가 들어와서 합쳐졌다는 뜻이다. 삼인조가 만들어지기도 하고, 사인조가 되기도 하다가, 다시 두 명씩 쪼개진다. 이렇듯 언제나 그 관계가 변한다는 데 묘미가 있다.

2014년에 내 여동생 에이미와 함께 두 번 도쿄에 갔다. 그 전에 나는 이미 일곱 번을 다녀온 적이 있기에 최고의 장소들에 동생을 데리고 갈 수 있었는데, 내가 말하는 최고의 장소는 물건 사는 곳을 뜻한다. 2016년 1월에 다시 갔는데, 이번에는 그레천도 같이 데리고 가는 것이 좋을 듯했다. 휴도 함께 갔다. 그는 존재감이 확연히 있는 편인데도 가족의 역학 관계 속으로는 들어가지 못했다. 같이 사는 사람이란, 내 누이들과 내 눈에 보기에는, 관계가 있는 사람들의 그림자로 보이는 듯하다. 그도 움직인다. 햇빛 아래에서는 보인다. 그러나 우리의 감정을 자극하는 버튼을 누르지 못하기에 — 우리를 12살 때나 5살 때로 돌려보내 소리 지르지 못하게 하기에 — 실제로 같이 노는 사람 축에 끼지 못한다.

도쿄에 가면 보통 아파트를 빌려서 일주일을 지내곤 한다. 이번에는 집을 한 채 통으로 빌렸다. 그 근방 — 에비스 지구 — 은 우리가 아주 좋아하는 매장인 캐피탈의 본거지이다. 거기서 파는 옷들은 새것이긴 하지만 마치 누가 입던 옷 같을 뿐 아니라, 보트에서 총에 맞거나 칼에 찔려서 물속에 던져진 사람이 입었던 옷 같은 것도 있다. 모든 게 살인 사건 재판의 증거물 보관함에서 꺼내 온 듯하다. 이런 걸 어떻게 만드는지 나는 잘 모른다. 낡아 보이게 만든 옷은 대부분 흉내 낸 것 같이 보이기 마련인데, 무슨 이유인지는 몰라도 이곳에서 파는 것들은 그렇지 않다. 옷을 건조기 속에 집어넣을 때 깨진 유리 조각이나 녹슨 스테이크 나이프를 같이 집어넣는 것일까? 옷을 탱크 뒤에 묶어서 아직 검은 연기가 자욱한 전쟁터에서 끌고 다니는 걸까? 어떻게 하면 저런 식으로 찢어진 부위와 얼룩을 만들어 내는 걸까? 저렇게 적절한 자리에?

캐피탈에서 파는 옷을 한마디로 표현하라고 하면, 나는 "잘못된"과 "비극적인" 사이에서 갈등할 듯하다. 셔츠는 멀쩡해 보이지만 입어 보면 팔이 나오는 구멍이 다른 곳에 나 있어서 어깨와 수평이 맞지 않는데, 마치 대문자 T가 좀 더 몸통 쪽으로 내려와서 소문자처럼 되어 있는 형상이다.

조각들이 덧대어진 재킷은 왼쪽 엉덩이 부분에서는 센스 없게 단단한데다가 허리의 잘록한 부분에 오면 불룩 튀어나오고, 호주머니가 거기에 아무런 이유도 없이 달려 있다. 다리 나오는 구멍이 하나뿐인 캐피탈 바지도 있었는데, 디자이너가 작업을 하다 만 것이 아니었다. 그들의 모토는 "왜 안 돼?"가 아닐까 싶다.

대부분의 사람은 "왜 안 되는지 내가 말하마!"라고 대답할 것이다. 하지만 나는 캐피탈의 철학을 좋아한다. 그들이 만든 옷도 좋아하지만, 그들도 나를 좋아하지는 모르겠다. 그곳에 있는 재킷은 대부분 내 가슴팍에 들어가지 않지만, 그렇다고 그 여행에서 발견한 마치 서로 다른 패턴의 플란넬 셔츠 다섯 벌을 뜯어서 하나로 합쳐 꿰맨 듯한 애처로운 프랑켄톱 스타일의 플란넬 셔츠를 사지 않을 이유가 무엇이랴? 모자도 세 개나 샀다. 나는 늘 이걸 겹쳐서 쓰길 좋아하는데, 그렇게 하고 싶어서 그런 것도 있지만, 그런 식으로 탑처럼 쌓아서 쓰면 좋아 보이기 때문이다.

나는 글씨가 쓰여 있는 옷은 좋아하지 않지만, 숫자는 신경 쓰지 않기에, 하얀 천으로 "99"를 만들어서 옷 앞에 같이 꿰맨 후에 반은 불에 태워 떨어져 나가게 한 듯한 누더기 같은 긴 소매 티셔츠도 하나 샀다. 마치 축구팀이 탄 비행기가 추락해서 이것만 남은 듯한 느낌이다. 마지막으로, 데님으로 만들고 코르덴 조각들로 목을 댄 튜닉 같은 옷을 하나 샀다. 단추를 채워 입으면 앞쪽이 퍼지면서 배가 불룩 튀어나오게 보인다. 입어 보면 멋지게 보이는 것과는 거리가 멀 뿐 아니라 심지어 입는 사람을 모독할 정도인데도, 내 누이들과 나는 이런 옷에 정신을 못 차린다.

에비스에는 캐피탈 매장이 세 개 있는데, 매장 내부 디자인은 상품만큼이나 정이 안 가게 생겼다. 물론 낡은 선반도 있고 평상에 옷들이 널려 있기도 하지만, 대부분의 옷은 천장 쪽에 걸려 있었다. 그 매장 한 곳에는 깎아 만든 세 개의 페니스가 작은 것에서부터 큰 것까지 크기에 맞춰 윈도에 진열되어 있었다. 가장 작은 게 콜먼 사에서 나온 보온병만 하고, 가장 큰 것은 레슬링 선수 팔뚝 정도의 길이와 두께였다. 에이미는 눈이 반짝였고, 내가 말리기도 전에 가운데 크기의 것을 꺼내 들어 올리더니 "세상에, 티크로 만들었어! 밖에서 볼 때는 마호가니인 줄 알았는데!"라고 소리쳤다. 마치 목재 전문가라서 촉감만 본다는 식으로 말이다.

에이미가 위아래를 뒤집어서 그 딜도를 제자리에 세워 두자 판매하는 남자가 눈을 깜빡였다. 동생은 고환 아래쪽에 오른손을 갖다 대더니 웨이트리스 흉내를 냈다. "새로 간 후추가 필요하세요?"

도쿄에는 다른 캐피탈 매장이 세 개 더 있는데, 우리는 거기도 방문했고, 세 군데 모두 그 안에 있는 모든 상품에 우리 지문이 남을 때까지 머물렀다. "세상에," 다 쓴 화장실 솔처럼 생긴 모자를 써본 후에 담으면서 그레천이 말했다. "여기는 놀라워. 정신이 하나도 없네!"

그레천에게 같이 가자고 했던 이유는 동생이 쇼핑을 할 줄 알기 때문이다. 말하자면 동생은 쇼핑 말고는 할 게 없다는 걸 잘 알고 있다. 내 동생 폴이나 쇼핑에 무심한 남자 같은 리사 누나와는 다르다. 누나와 누나의 남편인 보브는 크리스마스에 선물도 교환하지 않지만, 뭔가에 몰입하는 편이다. 세탁실에 놓을 새로운 선반이나 제습기 같은 것 말이다. 그들은 한여름에 사서 12월에는 잊어버리는 물건을 구입한다. 결혼기념일이나 생일도 마찬가지이다. 아무것도 없이 지나간다. "그런 태도는 바꿀 수 있어." 내가 누나에게 자주 하는 말이다.

"그렇지." 누나의 대답은 내게 운전은 배울 수 있다고 말하는 누군가에게 내가 대답할 때의 그 느낌이다.

비싼 물건에만 해당되는 얘기가 아니다. 어느 오후에 누나와 내가 오헤어 공항에서 견과류를 파는 가게를 지나칠 때의 일이다. "매형에게 갖다줄 선물 좀 사지 그래?" 내가 물었다. "주기에 좋은 것 같아."

누나는 매대와 카트를 쳐다보더니 인상을 찌푸렸다. "하고 싶은데 치과 의사가 그 사람 이빨이 흔들린대."

"입에 넣고 깨 먹어야 하는 건 아니야." 내가 말했다. "여기서 껍질은 다 까서 줘."

"됐어."

나는 집을 떠났다가 돌아오면서 휴에게 선물을 하지 않은 적이 한 번도 없다. 그도 마찬가지인데, 실은 내가 교육을 시켰다. 원래는 쇼핑을 좋아하지 않는 편인데, 도쿄는 그의 안에 있는 뭔가를 건드린 모양이다. 아마 아주 먼 곳이기 때문일지도 모른다. 다만 그는 그걸 부끄러워한다는 게 차이점이다. 이건 그의 어머니에게 물려받은 듯한데, 어머니에게 쇼핑은 낭비이고 자신의 책에서 쓴 표현으로는 "쓸데없는" 짓이다.

"박물관에 가야지 매장에 왜 가지?" 어머니는 이렇게 물을 것이다.

"음, 박물관에는 개똥도 안 파니까?" 내 누이들과 나는 쇼핑에 반감이 없다. 왜 반감을 가져야 하는가?

분명히 우리 안에는 메워야 할 구멍이 있는 듯한데, 다들 그렇지 않은가? 그 구멍을 화장실 변기 뚜껑 만한 베레모로 채우는 쪽이, 생크림이나 헤로인 혹은 처음 보는 사람과 섹스를 해서 채우는 쪽보다 실용적이지는 않더라도 한층 "건전한" 것 아닌가?

"게다가," 여행 첫날 저녁을 먹으면서 에이미가 말했다. "우리가 사는 거 전부 우리가 쓰려고 사는 것도 아니잖아. 친구들 생일 선물로 주기도 하고 내 대자*에게 줄 것들도 있어."

"굳이 설득하지 않아도 알아." 내가 대답했다. 우리는 같은 피붙이인데. 쇼핑은 돈과 아무런 상관이 없다. 돈이 있으면 매장이나 갤러리에 가고, 없으면 벼룩시장이나 굿윌 스토어에 가면 된다. 그러나 쇼핑을 하지 않고 그 대신에 아무것도 팔지 않는 공원이나 신전 혹은 문화 기관에 가는 짓은 하지 마라. 내 제수씨 캐시는 이베이에 푹 빠져 있지만, 나는 쇼핑의 사회적 차원, 즉 밖에 나가는 것을 중시한다. 물건을 만지고 사람들과 얘기하는 것 말이다. 나는 집에서 일을 하기 때문에 대부분 일상에서 만나는 사람이라고는 휴 아니면 물건 파는 사람이나 점원뿐이다.

내가 가진 문제가 뭐냐 하면, 누군가 정말 나를 사로잡고서 약간만 정도를 넘어서면 그 사람이 파는 걸 사버린다는 것이다. 사다리나 열쇠 세트 같은 경우에는 더 심하다. 여행 넷째 날 내가 좋아하는 온 선데이즈라는 곳에서 남루한 판잣집을 그

---

* 대자(代子): 대부나 대모가 세례식 때 입회하여 종교적 가르침을 주기로 약속하는 남자아이 — 옮긴이

린 작은 그림을 산 것도 그런 이유였다. 그 그림은 이상하게 생긴 합판 조각 위에 놓여 있는데다 내가 언제나 매료되는 현대 작가 ─ 배리 맥기(Barry McGee)라는 이름의 미국인 ─ 의 작품으로 가격도 꽤 괜찮았지만, 그걸 산 가장 큰 이유는 그 매장 관리인이 그 그림이 들어 있는 케이스를 열어 줬기 때문이다.

"오빠가 안 샀으면 내가 샀을 거야." 조금 전에 산 비싼 토트백 ─ 카우보이가 그려져 있는 ─ 에 그 그림을 집어넣고 나올 때, 내게 늘 자극을 주는 에이미가 말했다.

그리고 우리가 좋아하는 곳 중 하나인 도버 스트리트 마켓의 도쿄 지점에서 있었던 일이다. 런던 본점에서는 옷과 함께 자연사 박물관에 가야 볼 수 있는 물건을 판다. 나는 몇 년 전에 거기서 고래의 내이(內耳)와 1890년에 인도에서 발견한 뿔 네 개 달린 영양의 머리뼈를 샀다.

긴자 지점은 옷과 액세서리에만 집중한다. 나는 거기에 2014년에 에이미와 함께 간 첫 여행 중에 들렀다가 내 젖꼭지 높이까지 올라오는 통 넓은 폴 하든 바지를 사서 나왔다. 단추를 채우는 식의 바지 앞부분은 30센티미터 정도 길이에, 주머니 속에 손을 집어넣어 동전을 찾으려고 하면 발꿈치까지 쑥 들어간다. 가슴팍까지 올라오는 바지를 벨트를 써서 입을 수는 없으니, 바지에 따라오는 멜빵이 예쁘긴 했지만, 그래도 멜빵일 뿐이다! 광대가 입는 바지는 예술적으로 바느질되어 있고 발목까지 주름이 잡혀 있더라도 여전히 광대 바지일 뿐이다. 이 바지는 맥북 에어 가격인데, 만약에 에이미가 "장난해? 이건 꼭 사야 해!"라고 부추기지 않았더라면 내버려 뒀을 것이다.

이번에는 파란색과 흰색의 물방울무늬가 있는 퀼로트를 샀다. 휴는 이런 걸 매우 싫어해서, 나더러 여자로 변해 간다며 욕을 했다.

"이건 바지일 뿐이야." 내가 말했다. "나팔바지지만 그래도 바지라고. 이게 왜 여자 같다는 거야?"

일 년 반 전에는 이곳의 똑같은 도버 스트리트 마켓에서 무거운 검은색 퀼로트를 샀다. 꼼데가르송에서 만든 일종의 정장 퀼로트라고 할 수 있는데, 아름답게 주름져 있다. 이 옷을 입고 성인 남자에게 어울리는 신발이 있을까 싶어서 헛수고인 줄 알면서도 찾아보려고 집에서 계단을 올라갈라치면 사각거리는 소리가 기분 좋게 난다. 휴는 탐탁지 않아 하지만, 나는 보통 바지를 입고 있을 때보다 한결 멋져 보인다. "내 종아리는 예뻐." 내가 기억을 되살려 주자 휴는 이를 악물었다. "왜 가끔 이걸 드러내지도 못한다는 거야?"

정장 퀼로트는 젖꼭지까지 올라오는 바지만큼 비싸지는 않지만 여전히 비싸긴 했다. 나는 "집에서 입는" 용도로, 그러니까 책상에 앉아 일하거나 밤에 목욕 후에 누워 있을 때 입기 위해 많이 사지만, 밖에 나갈 때는 입지 않는다. 일본에서 내가 좋아하는 또 다른 매장인 45rpm에서 산 약간 처치 곤란한 지미니 크리켓* 스타일의 바지도 그런 것이다. 이건 가로줄이 몇 개 있고, 내 그곳이 마치 예전의 죄수복으로 만든 부댓자루에 쌓아 올린 동전처럼 보인다.

돈을 몽땅 털어서 사놓고는 젖꼭지까지 오는 바지와 검은 정장 퀼로트를 집에서만 입는다는 게 바보처럼 느껴져서 무대에서도 입기 시작했는데, 이것도 역시 바보 같다는 느낌이 들었지만, 느낌의 질감은 약간 달랐다.

"이런 말 하기 싫지만," 쇼가 끝나고 어느 날 밤에 어떤 여자가 말했다. "그 퀼로트는 당신이 입으니까 아주 처참해요."

나는 충격을 받았다. "그래요?"

"너무 길어요." 그녀가 말했다.

그래서 줄였다. 그리고 한 번 더 줄였더니, 이제 더 이상 사각거리는 소리가 안 들리고 완전히 망가져 버렸다.

"이게 내게 좀 긴가요?" 최근에 갔던 여행에서 판매원에게 물었다.

"전혀요." 그녀가 분명히 그렇게 말했다.

며칠 후 오모테산도에 있는 큰 꼼데가르송 매장에서 퀼로트를 한 벌 더 샀는데, 이번 것은 짙은 파란색의 보다 화려한 것이었다.

---

* 지미니 크리켓(Jiminy Cricket): 애니메이션 〈피노키오〉에 나오는 귀뚜라미 — 옮긴이

"뭐 하는 거야?" 드레싱룸에서 내가 걸어 나오자 휴는 신음을 했다. "이렇게 되면 퀼로트가 세 벌이나 되는 거야."

"나는 바쁘잖아." 변명 삼아 내가 할 수 있는 말은 이게 전부였다.

그러고 나서 단추로 채우는 셔츠를 하나 입어 봤는데, 뒤에서부터 입는 방식이었다. 앞쪽은 평이했고 구속복같이 생겼다. 옷 입을 때 다른 사람이 잠가 줘야 하고, 보다 공식적인 자리에서는 넥타이를 매야 하는 것이었다. 목이 너무 빡빡하지만 않았어도 샀을 것이다.

"목젖을 잘라 내면 맞을 거야." 휴가 말했다.

에이미는 꼼데가르송에서도 잔뜩 사들였는데, 그중에는 양복 주머니 안쪽 재질로 만든 듯한 치마도 있었다.

"도대체 뭘 한 거지?" 완전히 빈털터리가 되어 매장을 나서면서 에이미가 물었지만, 몇 집 건너에 있는 요지 야마모토에 들어가서 나는 헐렁한 원피스 같은 걸 하나 더 샀는데, 휴는 드레스라고 불렀다. 양옆에 주머니가 달린 데님 소재. 앞쪽은 똑딱이로 잠그는 방식이고, 어떤 이유인지는 몰라도 뒤쪽도 마찬가지였다.

빌린 집에 저녁에 돌아올 때는 우리가 구입한 물건들의 무게에 눌려서 신음하면서 들어서는 날이 대부분이었지만, 쇼핑백에서 꺼내는 순간 후회가 밀려오는 경우가 많았다. 예를 들면

두 치수 큰 사이즈의 졸라매는 청바지나 — 졸라매는 청바지라니! — 비교적 멀쩡하게 보일 뿐 아니라 내가 모직 옷을 입을 수 있다면 너무나 멋질 것 같은 모직 셔츠가 그런 것이다. 실은 나는 모직 옷을 입으면 가려움증이 생기고 땀이 솟는다. "아니 그런데 왜 산 거야?" 휴가 물었다.

"다들 뭔가를 사고 있었으니까." 나는 이렇게 대답하면서, 세일 중이었으며, 아버지께 드리면 된다는 점도 언급했다. 물론 아버지는 그런 옷을 안 입으시지만 내가 선물을 하는 것은 고맙게 여기시니까.

일본에서 누이들과 쇼핑하는 일은 파이 먹기 시합 비슷한데, 파이 대신 다른 걸 갖고 할 뿐이다. 우리는 현기증이 날 때도 있다. 멍해지기도 한다. 배는 터질 듯 부풀어 오른다. 저속해지는 것이다. 하지만 부끄러웠던 적은 한 번도 없다. "나는 좀 누워야겠어." 어느 날 저녁 내가 말했다. "새로 산 80달러짜리 저 수건을 이마에 대고 누워야지."

낭비한 것은 아무것도 없다고 나는 생각한다. 물건 사느라 돈을 내면서 일본어를 연습할 수 있었으니까.

"뭔가를 사려고 해요." 계산대로 가면서 이렇게 말한다. "나는 돈이 있어요. 동전도 있어요!"

미리 건네받은 대본이라도 있는 듯이 판매원은 내게 어디서 왔는지, 도쿄에서는 뭘 하는지 묻는다.

"나는 미국인이에요." 내가 대답한다. "하지만 지금은 영국에 살아요. 내 여동생들과 휴가를 보내러 왔어요."

"아, 여동생들과!"

그러면 내가 말을 이어간다. "저는 의사예요."

"어떤 의사세요?" 과일이 그려져 있고 섹스하고 있는 사람들도 그려져 있는 반다나 스카프를 팔던 여자가 물었다.

"소 … 소아과 의사예요." 내가 대답했다.

속일 생각이 있었던 게 아니고, "작가"나 "쓰레기 수거인"이라는 단어를 몰랐던 까닭이다. 그나마 "의사"라는 말은 내가 영국에서 오기 전에 익힌 90강짜리 《독학 일본어》 교재에 나오는 단어였다.

나는 일본에서 의사로 지내면 받게 되는 존경을 상당히 즐겼는데, 작업복을 입고 있거나 머리에 탑처럼 모자 세 개를 쌓아 올려 쓰고 있어도 존경은 여전했다. 사람들의 얼굴에서 볼 수 있었다. 그들 앞에서 나는 존재감이 커졌다.

"저 아가씨에게 의사라고 했어?" 에이미가 물었다.

"살짝." 내가 말했다.

도쿄를 떠난 후 일주일 지나서, 나는 태즈메이니아*의 호바트에서 멜버른으로 가는 비행기를 탔는데 승객 중 한 명이 상태가 안 좋아졌고, 승무원이 승객 중에 의사가 있는지 물었을 때, 나는 손을 반쯤 들어서 호출 버튼을 누르려 했다가 내가

---

* 태즈메이니아(Tasmania): 오스트레일리아의 섬 — 옮긴이

의사가 아니라는 사실을 깨닫고 멈추었다. 일본에서 의사인 척하고 지냈을 뿐이었다.

쇼핑할 시간을 잡아먹긴 했지만, 그래도 도쿄에서 우리가 고대했던 것 중 하나는 점심시간이었는데, 언제나 밖에서, 우연히 마주친 곳에서 해결했다. 휴가가 끝나갈 무렵 어느 오후에 나는 시부야에 있는 튀김 전문 식당에 앉아 있었는데, 내 맞은편에는 에이미가 캐피탈에서 구입한, 핏자국도 있고 뇌 조각도 몇 개 붙어 있는, 대학교 이름이 적힌 스웨터를 입고 있었고, 그레천은 화장실 솔 같은 모자를 쓰고 있었다. 나는 무릎 아래로 7~8센티미터까지 내려오는 셔츠를 처음으로 입고 있었다. 검은색에, 나를 손가락 인형처럼 보이게 하는 옷이었다. 내 누이들과 나는 똑같은 눈과 코를 하고 있지는 않다. 헤어 라인도 다르고, 얼굴 형태도 다른데, 이 특별한 오후에는 피붙이가 가지고 있는 공통점이 사정없이 두드러졌다. 우리가 같은 집안사람이라는 건 누가 봐도 알 수 있었고, 심지어 인간들은 도토리처럼 좀체 구별이 안 된다고 생각하는 외계인이라도 알 수 있을 것이었다. 우리 삶의 이 소중한 순간에, 우리보다 더 깊게 연결된 이는 아무도 없었다.

우리가 어릴 때, 우리 셋이서, 무수히 많은 나라 중에서도 여기 일본에 와서, 정신병 환자들처럼 이렇게 비싼 옷을 걸치고 즐거운 한때를 보내리라고 생각이라도 했을까. 우리 모두 하루

에도 몇 번씩 생각했다. '야, 우리 인생이 이렇게 변했구나! 진짜 놀랄 일이야!'

메뉴판이 왔을 때 그레천은 위아래를 뒤집어 보고 있었다. 동생은 도쿄에 오기 전에는 젓가락을 사용해 본 적이 없었기에 처음 며칠은 한 손에 하나씩 들고 무슨 단검 쓰듯 사용했다. 에이미는 그거보다는 낫지만, 밥 같은 걸 먹을 때는 아예 포기하고 밥공기를 망연자실하게 쳐다본다. 음식이 나올 때마다 우리는 뭐든지 이토록 아름답게 차려져 있다는 것에 잠시 경탄했다. 작은 상자 안에 동그란 게 들어 있다. 잘게 썬 것도 조금. 펴져 있는 부분도 있다. 지금 생각해 보면 분명히 누군가의 차고인 듯한 곳에서도 밥을 먹은 적이 한 번 있다. 메뉴는 딱 하나였고, 우리는 접히는 식탁에 둘러앉아서 먹었다. 우리들과 난방기 한 대가 전부였다. 그 음식도 아주 맛있었는데, 점심을 먹는 게 그렇게 즐거운 까닭은 기대감, 즉 앞으로 오후 내내 즐길 수 있으며, 무슨 일이든 할 수 있다는 생각 때문이었다. 스티로폼으로 만든 부츠, 테이프로 만든 옷 등 우리가 상상할 수 있는 모든 게 거기 있어서, 발견하기만 하면 되는 거였다. 세다리스 집안사람들은 그저 돌진하여 움켜쥐면 되는 것이고.

7. 리바이어던

나이가 들면서 내가 아는 사람들은 두 가지 중 하나에 미쳐 있다는 걸 깨닫는다. 하나는 동물에 미쳐 있는 유형인데, 특히 개에 환장한다. 애들이 있냐고 누가 물으면 "까만 래브라도랑 셸티-비글 잡종이 하나 있는데 이름은 타카호예요."라고 대답한다. 그리고 나서는 덧붙인다 — 항상 그렇다 — "구조견이에요!"

두 번째는 다이어트에 미쳐 있는 사람들이다. 내 동생 폴은 딱딱한 음식은 먹지 않는데, 46살짜리가 아홉 달 된 애처럼 먹는다. 예전에 개 별명은 "수탉"이었다. 지금은 "주스 빠는 애"이다. 걔가 먹는 오메가 J8006에는 온갖 것 — 케일, 당근, 셀러리, 벌의 관절에서 긁어냈다는 무슨 가루 — 이 들어가는데,

나올 때는 똥 색깔에 사과 소스처럼 나온다. 걔는 또 거꾸로 매달려서 코에 네티팟(neti pot)을 사용하는 데 중독되어 있다. "부비강(副鼻腔)을 위해서야." 동생은 그렇게 말한다.

그리고 내 동생은 질병 예방 차원에서 하는 것들이 있는데, 병을 예방하면서도 제약 회사들은 우리가 모르기를 바라는 것들이라고 한다. 이런 얘기는 오래전부터 여러 사람에게 들었다. "채식주의 식단을 유지하면 암은 반드시 치료할 수 있어." 한 친구는 이렇게 주장한다. "단지 그 사람들은 그걸 비밀로 하고 싶을 뿐이야." 여기서 우리가 그 사실을 모르기를 바라는 "그 사람들"은 육류 제조 기업, 즉 "거대 육가공업계"이다.

"채식주의 식단이 진짜 암을 고칠 수 있다면 적어도 〈뉴욕 타임스〉 과학 섹션 맨 앞에는 나와야 하는 거 아니야?" 내가 묻는다. "그 사람들이 우리가 모르기를 바라는 내용을 알려주는 게 언론의 역할 아니야?"

폴은 살구씨가 암을 예방할 수 있으며, 암 산업 — 거대 암 업계 — 는 이러한 정보를 막고 있을 뿐 아니라, 그걸 알리려는 사람을 조용히 감옥에 처넣고 있다고 주장한다. 그는 대량으로 주문해서 늦은 5월 어느 오후에 바닷가에 있는 우리 집에 오면서 한 항아리를 가져왔다. 몹시 썼고, 결정적으로 뒷맛이 지독했다. "세상에, 너무 맛이 없다." 아버지는 아몬드인 줄 알고 드시다가 말했다. "이걸 하루에 몇 번 먹는다는 거야?"

폴은 네 번 먹는다고 했다. 더 많이 먹는 건 위험한데, 청산

가리 성분이 들어 있기 때문이란다. 그리고 걔는 내가 보기에 테니스공을 사탕무와 네 잎 클로버랑 같이 넣고 간 듯한 주스도 만들었다.

"딸기를 좀 넣으면 나도 한잔할게." 리사 누나가 말했다. 누나는 암 예방 효과에 대해서는 믿지 않았지만 동생이 체중을 확 뺀 것에는 자극을 받았다. 2001년에 결혼할 때만 해도 내 동생은 90킬로그램 가까웠는데, 160센티미터가 안 되는 키로는 꽤 나가는 편이었다. 지금은 60킬로그램이 채 안 된다. 오랜 세월이 흐른 뒤에 다시 그렇게 호리호리하게 변한 동생을 보는 건 낯설었다. 나는 동생의 몸이 부풀어 오르기 전인 스무 살 때처럼 보이길 기대했는데, 몸은 그때로 돌아갔지만 얼굴은 나이가 들어서 그때의 우리 아버지처럼 보인다. 걔 인생의 한 세대가 없어져 버린 듯하다.

폴의 체중 감량에는 새로운 유동식도 기여를 했지만, 운동이 더 큰 영향을 끼쳤을 것이다. 동생은 복잡하게 생긴 경주용 바이크도 한 대 구입해서 스파이더맨 같은 복장에 클릿이 달린 자전거용 신발을 신고 타고 다닌다. 그 5월 어느 날 내가 우체국에 걸어가고 있을 때, 동생은 나를 알아보지 못하고 자전거로 내 옆을 지나쳐 갔다. 동생의 얼굴에는 아무것도 덮여 있지 않았기에 나는 적어도 표면상으로는 다른 사람들처럼 걔를 쳐다보고 있었다. 코에서 콧물이 고드름처럼 흘러나와 있는 소년 같은 작은 사내 말이다. "안녕하세요." 동생은 옆을 지나가면서 노래하듯 말했다.

에메랄드 섬에서는 인사를 얼마나 많이 해야 하는지 우스울 지경이다. 길에서 누군가를 지나치는 경우는 물론이고, 가게에서도 인사를 해야 하는데, 문에 서 있는 직원에게만 하는 게 아니라 3번 통로에서 쇼핑하고 있는 사람들에게도 해야 한다. 바다를 보고 있는 집은 대부분 성수기에 빌려주는 곳인데, 매주 미국 전역에서 사람들이 찾아온다. 하구 근방의 집들은 대부분 집주인이 살고 있다. 거기엔 조경이 잘 되어 있는 마당이 있고, 앞쪽에는 기발하게 생긴 우편함 있다. 어떤 것은 물고기처럼 생겼고, 또 어떤 것에는 다양한 메시지 ― "당신의 심장에 축복을" 혹은 "모래 묻은 발 환영" ― 가 예쁘게 새겨져 있다.

하구 근방에 사는 이웃들은 남부 사람들답게 심지어 집 안에 있으면서도 손을 흔든다. 인부들은 망치를 손에 쥐고 사다리 위에서 혹은 널빤지를 반만 깐 지붕 위에서 인사를 한다. 나는 이 지역 병원의 수술실은 창문이 없어야 하고 문은 단단한 나무로 만들어져야 한다고 확신한다. 그렇지 않으면 의사와 간호사들은 복도를 지나가는 사람들에게 일일이 인사를 해야 하기에 환자가 죽을 수도 있으니까.

섬의 하구 쪽에 거주하는 사람들이 전통적인 느낌의 이웃 같다면, 바다 쪽에 있는 사람들은 은퇴한 상류층 커뮤니티 느낌이 난다. 아침에 길 쪽으로 나 있는 창문을 통해 내다보면 센트룸 광고를 찍고 있는 걸 구경하는 듯하다. 은빛 머리칼의 건강한 노인들이 걷거나 조깅을 하거나 자전거를 탄 채로 집 앞을 지나간다. 오후에 날이 더워지면 차양을 쓰고 선블록 크림으로 코를 하얗게 덮은 채 골프 카트를 몰고 지나간다. 당신이 만약 10대라면 깊이 생각은 안 하겠지만, 내 누이들과 나처럼 50대 중후반에 들어선 이들에게는 오싹할 정도이다. '저게 한 8년 후에는 우리 모습이겠지.' 우리는 이렇게 생각한다. '어릴 때 이 바닷가에 놀러 왔던 게 엊그제 같은데.'

그러나 다른 선택지는 더 비참하다. 어머니가 지금의 내 나이였을 때 어머니는 열 걸음만 걸으면 멈춰 서서 숨을 골라야 했다. 계단은 아예 엄두를 못 냈다. 그런 점에서 아버지는 어머니와 정반대이다. 91세의 연세에 이상이 있는 곳은 발가락뿐이다. "의사는 하나를 잘라 내야 한다고 하는데, 내가 보기에는 오버하는 것 같아." 휴가 이틀째 되는 날 아버지가 말했다. 바닥에서 천장까지 이르는 창을 통해 햇빛은 밝게 비춰 들어왔고 아버지는 위에는 옷도 입지 않고 검은 스판덱스 반바지만 입은 채로 집에서 휴와 내가 쓰는 쪽 부엌 테이블에 앉아 계셨다.

내가 살펴본 아버지의 발가락은 피아노 칠 때의 손가락처럼 다들 길고 굽었고 벌어져 있었다. "이게 다 어떻게 신발 속에 들어가요?" 움찔하면서 내가 물었다. "하워드 휴 거리로 가서 그냥 종이상자만 신는 게 더 쉽지 않겠어요?"

그때 고장 난 식기 세척기를 살피러 배관공이 왔다. 랜디는 뭐든 다 큼지막한 편인데, 악수를 하면서 그의 손안에 있는 내 손이 얼마나 작은가 생각했다. 거의 동물의 발만 했다. "그래 뭐가 고장 난 거예요?" 그가 물었다.

매번 같은 식이다. 휴가 전화를 해서 나는 모르는 일을 위해 약속을 잡는다. 그러고 나서 그는 무슨 일이 있어서 밖에 나가 버리고 나는 혼자 남아서 제대로 알지도 못하는 일을 설명한다. "아마 식기 세척이 제대로 안 되거나, 뭐 그런 거 아니에요?" 내가 대답했다.

랜디는 공구 벨트에서 스크루 드라이버를 꺼내 세척기 쪽으로 몸을 숙였다. "좀 더 일찍 올 수도 있었는데 겨울에 받은 일을 지금도 처리하고 있어서요. 동파된 수도관이나, 그 외 온갖 난리들 말이에요."

"그렇게 추웠어요?" 내가 물었다.

"그런 적이 없었죠." 그가 말했다.

아버지가 커피 잔을 들어 올리면서 말했다. "그런데도 다들 지구 온난화 얘기를 하고 있다니, 하!"

20분쯤 지났을까, 랜디는 식기 세척기를 새로 사는 편이 좋다며, 이왕이면 키친에이드 제품을 사라고 말했다. "그렇게 비싸지도 않고, 이거 고치는 것보다 싸게 들 거예요." 나는 문까지 그를 배웅했는데, 그가 계단을 내려가고 있을 때 아버지는 내게 전립선 검사를 했는지 물었다. "하루라도 빨리 검사를 받아 봐. 검사를 받아 보면 튼튼한 몸을 갖고 싶게 될 거야. 멋진 몸 말이야."

'그게 식기 세척기랑 무슨 관계예요?' 나는 궁금했다.

휴가 돌아왔을 때, 키친에이드에 관해 랜디에게 들었던 말을 전달했더니 그는 고개를 끄덕였다. "그가 여기 왔을 때 싱크대 아래쪽에 물 새는 부분에 대해서도 물어봤어?"

"나야 그걸 몰랐지."

"아 진짜, 내가 어젯밤에 말했잖아."

아버지는 내 어깨를 툭툭 치면서 말했다. "병원 예약 잡고, 검사를 받아 봐."

이번이 에메랄드 섬에 있는 우리 집으로 온 두 번째 여행이자 온 가족이 함께, 그러니까 살아남은 모든 가족이 함께 모인 두 번째 여행이었다. 여름이 오려면 아직 한 달 넘게 남아 있었지만 기온은 벌써 30도가 넘었다. 습도는 높았고, 바닷가만 벗어나면 바람이 사라지고, 그 빈 자리를 흡혈 파리떼가 채우는 듯했다. 그럼에도 매일 오후 나는 억지로라도 밖으로 나갔다. 어느 날 걸어 다니다가 내 남동생과 남동생의 딸인 마델린이 우리 집에서 몇 블록 안쪽으로 들어온 곳에 있는 육교 위에서 염분이 섞인 물이 흐르는 운하 쪽으로 빵을 떨어뜨리고 있는 걸 봤다. 물고기에게 먹이를 주고 있는가 보다 했는데, 거북이들이었고 열 마리가 넘었다. 등껍질 길이가 15센티미터에서 20

센티미터 정도였고, 파충류를 잔뜩 갖고 있는 그레천에 의하면 담수거북이었다. 그리고 악어거북도 있었다. 가장 큰 놈은 코에서 꼬리까지 길이가 1미터 정도였다. 왼쪽 앞발 일부가 없었고, 머리에는 내 조카 주먹 만한 종양이 나 있었다.

"걔들한테 '빵'을 주는 거야?" 내가 폴에게 말했다. 문득 워싱턴 스포케인에 처음 방문했을 때가 생각났다. 앞쪽에 강이 흐르는 공원을 걷고 있었는데, 마멋을 닮은 동물 몇 마리에게 먹을 걸 주고 있는 사람들을 만났다.

"얘들은 뭐예요?" 무릎 꿇고 앉아서 팔을 뻗어 먹이를 주고 있는 사람에게 내가 물었다.

"마멋이에요." 그가 내게 말했다.

"얘들은 뭘 먹어요?"

그는 자기 발치에 있던 가방 속에 손을 집어넣었다. "마시멜로죠."

나는 사람들이 에메랄드 섬 운하 속 거북이들에게 별의별 걸 먹이로 주는 걸 지켜봤다. 건조한 개 사료, 치리오스*, 팝타르트**, 포테이토칩 등.

"전부 다 걔들에게는 안 좋아." 그레천이 말했다. 동생네 거북이들은 주로 벌레와 민달팽이를 먹는다. 과일도 좋아하고 채

---

* 치리오스(Cheerios): 오트밀 상표 — 옮긴이

** 팝타르트(Pop-Tarts): 시리얼 상표 — 옮긴이

소류도 먹는다. "정말이지 포테이토칩은 안 돼."

"바비큐 맛 포테이토칩은 어때?" 내가 물었다.

바닷가에서 지냈던 한 주 동안 나는 그 운하에 오후마다 찾아갔는데, 핫도그나 생선 대가리, 아니면 닭의 모래주머니 같은 것을 들고 갔다. 담수거북이 물에서 머리를 내밀고 달라고 하고 있었지만, 나는 악어거북을 보고 싶어서 갔다. 걔들은 공룡 같은 느낌이었는데 실제로도 공룡 아닌가? 먹이를 사정없이 찢어 먹는 걸 보고 있자면 두렵고 역겨워서 몸이 떨렸는데, 내 남동생이 먹는 걸 보는 기분이었다. 유튜브에 있는 영상 중에는 악어거북이 사람의 손가락을 물어서 뜯어내는 장면은 물론이고 그 거북이에게 손가락을 물어뜯긴 사람이 놀라는 모습이 담긴 영상이 하나 있는데, 곰에게 샌드위치를 건네던 사람이나 안전 펜스를 뛰어넘어서 호랑이들 옆에서 포즈를 취하던 사람이 결국 겪게 되는 운명 같았다. 악어거북이 쥐나 비둘기나 개구리를 산 채로 잡아먹는 영상도 있는데, 자기를 방어하려는 그 불쌍한 동물들의 슬픈 몸짓은 전부 무위로 돌아간다. 이런 영상은 일종의 포르노그래피 같은 것인데, 나는 동물 내장이 다 파먹히고 다음 동물도 그렇게 되는 모습을 20분가량 지켜본 후에는 내 인터넷 검색 기록을 다 지워 버린다. 이런 종류의 영상을 즐기는 사람으로 알려지기를 원치 않기 때문이지만, 실은 나는 '분명히' 그런 인간인 것이다.

내가 좋아하는 거북이가 머리에 큼지막한 종양이 있고 앞발의 절반은 날아가 버렸다는 점이 도움이 되는 것인지 나는 궁금하다. 이런 사실이 나를 병들고 아픈 사람들의 친구로 만들어 주는가 아니면 나는 그저 아이스크림을 먹고 싶어 하면서도 동시에 파이에 크림을 문지르는 인간일 뿐인가? 악어거북은 충분히 무섭지 않은가? 암 종양처럼 무섭게 자라는 악어거북을 한 마리 키워야 하는가?

에메랄드 섬의 그 집을 산 가장 큰 이유는 우리 가족이, 특히 아버지가 아직 살아 계실 때 함께 보내기 위해서였다. 그런데 나는 그 대신에 거북이들과 종일 보내고 있었다. 함께 모여서 뭘 하지 않았던 것은 아니다. 어느 날 오후에는 어머니 유골 가루를 집 뒤쪽 바다 파도에 뿌렸다. 그리고 나서 나는 빈 봉지를 손에 쥐고 바닷가에 서 있었는데, 지평선 쪽으로 트롤선 한 척이 지나가는 게 보였다. 새우나 뭐 다른 어종을 쫓아가고 있을 것인데, 그 위로 마치 쓰레기통 주변의 파리떼처럼 바닷새들이 울어 대면서 날고 있었다. 그걸 보고 있으니 엄마가 생각났고, 우리가 화장실까지 엄마를 따라다녔던 것도 생각이 났다. "5분 만이라도 엄마를 좀 내버려 둘 수 없어?" 엄마는 우리가 화장실의 잠긴 문을 비틀어 대자 하소연을 했는데, 우리는 그때 호랑이에 관한 끔찍한 이야기나 임시로 온 선생님, 우리 중 누군가 꿨던 말하는 장갑 꿈에 관해 엄마에게 이야기를 늘어놓았다. 엄마는 1991년에 세상을 떠났는데도 봉지 속에 손을 집어넣어 유골을 집어서 뿌리는 일은 충격이었다. 그렇게 오랜 시간이 지났는데도 말이다.

한참 후에 우리는 진이 빠져서 차에 올라타고 버포트라는 작은 마을로 갔다. 거기서 커피숍에 갔다가 총을 찬 젊은 사내 뒤에 줄을 섰다. 허리께에 벨트처럼 찬 권총집 속에 꽂혀 있었는데, 그는 주문을 한 뒤에 자기 부모로 보이는 두 명과 함께 자리를 잡았다. 우리가 그를 쳐다보는 모습은 말하자면 애꾸눈을 한 것처럼 보였을 것이다. 심지어 자동차 뒤에 붙어 있는 "저를 비난하지 마세요. 저는 미국에 투표했어요."라는 스티커를 보면서 웃곤 하는 아버지조차도 카페라테를 파는 곳에 권총을 차고 오는 것에 대해서는 선을 그었다. "쟤는 뭘 증명하고 싶은 거야?" 아버지가 의아해했다.

그 사람은 내 키 정도이거나 더 작았고 다림질한 청바지를 입고 있었다. "일종의 콤플렉스가 있는 것 같아요." 제수씨인 캐시가 말했다.

"공화당 지지자라서 그래." 리사 누나가 거들었다.

아버지는 인상을 찌푸리면서 주문한 디카페인 커피를 들여다봤다. "아이고, 그만해라 좀."

나는 거북이가 있던 곳에서 멀지 않은 부두에서 내가 본 사람들이 입고 있던 티셔츠 두 벌에 관해 이야기했다. "헤비메탈에 투자하라." 한쪽에는 그렇게 글이 쓰여 있는데다가 총알이 세 개 그려져 있었는데, 각각에는 '황동', '구리', '납'이라는 이름이 붙어 있었다. 다른 한쪽에는 "내 걸 보고 싶다면 당신 것도 가져와."라는 글이 있었고, 그 위에 총이 그려져 있었다.

"이 나라에서 언제부터 정부가 모든 이에게 총기를 구입할 수 있게 했지?" 내가 물었다. "이젠 누구든지 월마트에 가서 사이드와인더 미사일을 갖고 나올 수 있는 거 아니야?"

이때가 우리 모두 하나의 주제에 집중할 수 있는 좋은 기회였다. 그런데 아버지가 내게 마지막으로 병원에 간 게 언제냐고 물어서 망쳐 버렸다.

"최근이에요." 내가 대답했다.

"최근에 언제?"

"1987년요." 내가 대답했더니 아버지가 신음을 냈다. 그래서 나는 이렇게 덧붙였다. "이게 오늘 네 번째로 물어보시는 거예요, 아세요? 이제 아버지 나이가 91살이라서 그러세요?"

"아니야." 아버지가 대답했다. "나는 내가 무슨 말을 하는지 정확히 알아."

"그럼 이제 좀 그만하세요."

"나는 네가 병원에 갔으면 싶어."

"이런 식으로 아버지가 기억되었으면 좋겠어요?" 내가 물었다. "잔소리꾼에다가 … 발가락은 갈고리 모양으로 갈라져 있는?"

"나는 걱정해서 하는 말이지." 아버지가 말했다. "네 생각을 해서 그러는 거잖아? 세상에, 아들. 나는 네가 오래오래 건강

7. 리바이어던

하게 살았으면 좋겠다. 그게 그리 잘못된 거니?"

시섹션은 모든 게 완전히 갖춰져 있었고, 열쇠를 받고서 우리가 처음 한 일은 티브이를 다 실어 내 중고품 할인매장에 기증한 것이었다. 밤에는 퍼즐을 풀거나 보드게임을 하거나 그냥 밖에 나가거나 아니면 음악을 들으면 그만이다. 이게 어려운 건 아버지뿐이다. 롤리에서도 아버지는 티브이 두세 대를 동시에 틀어 놓는데, 전부 다 보수 성향 케이블 방송 채널에 맞춰져 있어서 다 쓰러져 가는 아버지 집은 분노로 가득한 듯하게 된다. 안 그런 때는 아버지가 매일 체육관에 가서 스피닝 교실에 참여할 때가 유일하다. 에이미와 나는 아버지가 타는 실내용 자전거가 앞바퀴는 사람 키 만한데 뒷바퀴는 파이 굽는 프라이팬 만하다는 것으로 농담을 주고받는 걸 좋아하는데, 그건 1880년대에 사람들이 타고 다녔던 페니파딩(penny-farthing) 같은 거였다. 핸들 손잡이에는 트럼펫 호른이 달려 있고 그 끝에는 커다란 고무 경적기가 달려 있다고 우리는 상상하곤 한다.

아버지에게 바닷가에서 지내는 것은 지겨운 일이다. 그런데도 전혀 불평하지 않으시는데, 그 나이 대의 사람들이 갖고 있는 여기저기 아프고 결리는 통증에 대해서도 한마디도 하지 않으신다. "나는 밖에 나가는 게 좋아. 같이 있을 수 있다면 더 바랄 게 없어." 아버지는 더 이상 수영이나 골프를 하지 않고 부두에서 낚시도 하지 않는다. 우리는 아버지가 우파 라디오 쇼를 듣지 못하게 했기 때문에 아버지가 할 수 있는 거라고는 집의 이쪽에서 저쪽으로 걸어 다니시는 것뿐이었는데, 때로는 맨발로, 때로는 새 야구 미트 같은 색깔의 가죽 슬리퍼를 신고 다니셨다.

"그거 멋진데요." 처음 봤을 때 내가 말했다. "어디서 사셨어요?"

아버지는 발을 내려다보시더니 목을 가다듬고 말했다. "카탈로그 보고 샀다. 80년대 초반에 받은 건데 최근에 와서야 신기 시작했다."

"아버지에게 … 무슨 일이 생기면, 그거 제가 가져도 돼요?" 내가 물었다.

"나한테 무슨 일이 생긴다는 거냐?"

그날 오후 바다에서 내 동생이 자기 딸이랑 놀고 있는 걸 지켜봤다. 파도는 높았고 마델린이 폴의 어깨에 매달려 웃고 있는 걸 보니 우리가 아버지와 함께 그렇게 지내던 때가 생각났다. 그때가 우리가 아버지 몸에 손을 댈 수 있는 유일한 때였다. 그렇기에 지금도 나는 아버지 피부의 느낌을 기억하고 있는데, 선탠오일로 미끈거렸고, 내가 생각했던 것보다 훨씬 부드러웠다. 어머니 몸에서는 우리가 손을 뗀 적이 없었다. 우리 손에 잉크가 묻어 있으면, 그날 저녁쯤에는 우리가 마구 잡아 뜯고 찌르고 만진 대로 어머니는 언제나 까맣게 변했다. 그러나 아버지에게는 가까이 다가가지 못했다. 바다에서도 아버지는 사전 예고도 없이 별안간 한계에 달해서 우리를 흔들어 털어 내면서 으르렁거렸다. "아 제발, 나를 가만히 놔두지 않을래?"

그때는 아버지가 꽤 체중이 나가는 편이었고, 늘 10킬로그램을 감량하려고 애썼다. 50년이 지난 지금은 10킬로그램을 더 찌우는 게 나을 듯하다. 여동생 티파니가 죽었을 때 폴이 아버지를 안아 보고 와서는 무슨 옷걸이를 안는 듯했다고 했다. "나는," 매일 밤 휴가 저녁을 차려 내면 아버지는 이렇게 말했다. "닭가슴살을 엑스트라 버진 올리브유를 약간 넣어 구워서 렌틸콩을 곁들여 먹어. '환'타스틱하지." 아버지는 거창하게 말했지만, 아버지가 하는 식사라는 게 실은 우리가 기프트 카드를 드리는 홀푸드 마켓에서 받은 공짜 샘플이 아닌가 싶다. 그렇지 않고서야 우리가 다 함께 모여 먹는 자리에서 마치 금식 기간을 준비하는 사람처럼 그렇게 많이 드시는 이유가 무엇이 겠는가?

"아주 맛있다." 음식을 드시면서 아버지가 말했다. 얼룩덜룩한 피부 아래의 턱뼈 근육이 실룩거렸다. "요리사에게 칭찬해 줘야겠어!"

어느 날 밤 아버지가 누군가 추수감사절에 그 집에 갖다 놓은 체로키 인디언 두건을 하고 있는 걸 봤다. 폴이 아버지 머리에 해드렸는데, 몇 년 전만 해도 그러면 머리를 흔들어서 털어 내시던 분이 그냥 받아들이고 계셨다. 디저트가 나오기 전에 에이미와 나는 아버지가 울고 있는 걸 알아차렸다. 아버지는 "아메리카를 아름답게"라는 오래된 광고 캠페인에 나오는 인디언을 닮았다. 눈물 한 방울이 아버지 볼에서 흘렀다. 아버지는 흐느끼지도 않았고 다들 자기를 쳐다보게 하지도 않았기에 우리는 무슨 일이 있느냐고 묻지 않았다. "우리가 다 함께 있는 게 행복하신 모양이야." 우리가 그 일을 알려 주자 리사 누나가 말했다. 그레천은 아버지가 어머니나 티파니 생각을 하시는 게 아닌가 추측했고, 폴은 털에 알레르기가 있으셔서 그런 게 아닌가 생각했다.

아버지가 우리의 마음을 얻기 위해서 이렇게 오랫동안 참고 기다렸을 리는 없다. 그러나 아버지는 그렇게 성공하고 계셨다.

"아버지는 지금처럼 친절하고 상냥했던 적이 없어." 내가 휴에게 불만을 털어놓았다.

"하지만 지금은 그러시잖아." 그가 대답했다. "당신은 왜 사람이 변하는 걸 인정하지 않는 거야?"

이건 그가 자주 제기하는 질문과 비슷하다. "당신은 왜 긍정적인 부분보다 부정적인 부분만 선택해서 기억하는 거야?"

"안 그래." 나는 항변했다. '아버지가 나를 힘들게 했던 건 못 잊어.'라고 생각하면서.

솔직히 말해서, 그게 선택한다고 되는 일인가? 좋은 시절은 흔적도 없이 사라지지만 나빴을 때는 영원히 밝게 불타오르며 남아 있는 게 내 잘못인가? 기억은 둘째치더라도, 부정적인 일이 더 근사한 스토리를 만들어 낸다. 비행기는 연착하고, 전염병이 번지고, 무법자가 나타나서 학교 건물이 재가 되는 것 말이다. 행복은 말로 표현하기가 더 어렵다. 내가 불러내면 즉시 찾아오고 내가 떠나라고 하면 오래 머무는 분노와 슬픔보다도 행복은 한층 더 신비로워서 찾아내기가 훨씬 어렵다.

어떤 이유인지는 명확하지 않지만 나는 악어거북과 함께 있는 게 행복했다. 야생이라면 그들은 30년 정도 살 수 있지만, 내가 좋아하고 머리에 끔찍한 종양이 있는 그 거북이는 그렇게 오래 살지 못할 듯하다. 숨을 쉬는 데도 문제가 있는 듯했는데, 물론 암컷을 보기만 하면 올라타려 했지만 말이다.

"와, 저거 봐." 휴가 마지막 날, 지나가던 사람이 물살이 휘몰아치는 곳을 보면서 말했다. "모여서 장난치고 있구나!"

나는 분노에 가까운 불신에 찬 표정으로 그 사람을 쳐다봤다. "악어거북은 장난치지 않아요." 내가 말했다. "새끼일 때도 장난 같은 건 안 쳐요. 쟤들은 파충류라고요."

"이걸 믿을 수 있으세요?" 그날 저녁 바닷가 집에 돌아와서 아버지에게 내가 말했다. 아버지는 내가 1990년 여름에 분명히 쓰레기통에 버렸던 그 셔츠를 입고, 물을 약간 탄 보드카 한 잔을 즐기면서 소파 옆에 서 계셨다. 아버지 주변에서는 다들 저녁을 준비하고 있었다. 리사 누나와 에이미는 테이블을 준비하고, 그레천은 샐러드를 만들고 있었고, 폴은 무슨 흙탕물 같은 걸 믹서기에 돌리고 있었다. 휴는 그릴에서 생선을 꺼냈고,

캐시와 마델린은 의자를 정돈하고, 나는 음악을 틀었다. "잘했어." 아버지가 말했다. "지금 필요한 게 그거야. 행크 모블리(Hank Mobley) 맞지?"

"맞아요." 내가 말했다.

"그럴 줄 알았어. 예전에 테이프로 가지고 있었는데."

내가 조절할 수야 없겠지만, 나중에 아버지의 모습을 회상할 때면 아버지의 잔소리나 발가락이 아니라 재즈를 듣고 계실 때 손가락으로 딱딱 소리 내시는 그 모습이 떠오르기를 바란다. 사람이 다가가면 고양이가 그르렁거리듯, 아버지는 손가락으로 딱딱 소리를 내셨다. 온 세상이 평화롭다는 뜻이기도 했다. "음, 좋아." 내 기억 속의 아버지는 우리가 모두 담기도록 잔을 들어 올리면서 "정말 '환'타스틱하지 않니?"라고 말하실 것이다.

8. 당신의 영어는 훌륭해요

내가 자주 강의를 듣는 언어 교육 과정이 있다. 핌슬러(Pimsleur)라고 하는데, 나는 일본 여행을 준비하던 2006년에 처음 이용했다. 제1강의 시작에서 "나는 미국인입니다."라고 약간 수줍게 말하도록 배웠다. 30분쯤 후에는 日本語がお上級ですね로 진급했는데, "당신의 일본어는 훌륭해요."라는 의미였다.

칭찬을 듣기에는 조금 이른 시점이지만, 나는 그 문구를 알아듣고 거기에 대해 ありがとうございます, ですが私はまだそんなに上手ではまりません("대단히 감사합니다만, 저는 아직 그렇게 능숙하지 않아요.")라고 답하는 법을 익혔다. 이건 매우 유용해서, 도쿄에 도착한 이후로 내가 입을 열 때마다 칭찬이 쏟아졌

는데, 심지어 내가 "응?" 이런 단순한 말을 할 때도 그랬다.

그 외에도 내가 생각하기에 불필요하다 싶은데도 계속해서 귀에 들리던 다른 문구들도 마찬가지였다. 사실 우리도 친구나 가족이 아니라면 다들 말하는 인형같이 진부하고 지겨운 똑같은 말을 끊임없이 반복한다. "안녕하세요, 잘 지내시죠?", "밖이 너무 더운가요?", "쉬엄쉬엄하세요." 이런 말.

서식스에서는 슈퍼마켓에 가면 나는 오해를 자주 받는데, 억양 때문이 아니라 내가 관례에서 벗어나는 말을 자주 하기 때문이다.

점원 : 안녕하세요, 오늘 저녁 안녕하시죠?
나 : 당신 집에 도둑이 들었나요?
점원 : 뭐라고요?
나 : 당신 집에 누군가 침입해서 뭘 훔쳐 갔어요?

사람들은 내가 하는 말에 대해 '뭐라고 했죠?'라기보다는 '왜 저런 말을 하는 거야?'라고 생각한다.

나는 핌슬러가 스페인어를 모국어로 하는 사람들을 위한 과정이라는 것을 알고 있지만, 그게 영국 영어에 맞춰져 있는지 미국 회화에 맞춰져 있는지는 명확하게 알지 못한다. 전자라면 분명히 "하루의 끝에…(At the end of the day…)"가 포함되어 있을 것이다. 영국 티브이를 틀고, 이안(Ian)이라는 이름을 한

이를 지켜보고 있으면 몇 분 지나지 않아서 저 말을 듣기 마련이다. 프랑스에서 가장 많이 사용되는 말은 "지랄 같다"는 의미인 "코너리(connerie)"이고, 미국에서는 걸핏하면 두 손을 내리고 "어썸(awesome)"이라고 하는데, "놀라운", "좋은", 그리고 심지어 "괜찮은"이라는 의미까지 커버한다. 미국에서는 끔찍하지만 않으면 모든 게 어썸하다.

핌슬러 때문에 나는 일상생활에서 자주 듣는 어구에 한층 예민해졌는데, 내가 나중에 만들 영어 프로그램을 대비해서 기록할 정도로, 미국에 사업차 방문한 사람들을 위한 프로그램을 생각 중이다. 공항 신문판매대부터 시작해 볼까? 당신이 잡지를 하나 카운터에 올려놓으면 점원이 "그것과 같이 가져갈 물도 필요하세요?"라고 묻는다. 마치 그 두 개는 따로 팔아서는 안 된다는 듯이, 〈유에스 위클리〉를 읽으려면 우선 4달러짜리 에비앙 생수로 눈을 씻어야 한다는 듯이 말이다.

더 많은 걸 사도록 고객을 밀어붙이는 걸 "연쇄 판매"라고 하는데, 이게 무엇인지 알고 나면 언제나 눈에 보이게 된다. 몇 년 전 배턴루지 공항에서 커피를 주문한 적이 있다.

"같이 드실 패스트리도 필요하세요?" 카운터에 있던 젊은 남자가 물었다.

"나는 부끄러워서 커피를 주문하지 못하는 사람이 아니잖아요." 내가 말했다. "내가 패스트리가 먹고 싶은데 주문하지 못하고 있을 거라고 생각하는 이유가 뭐예요?"

그 친구는 어깨를 으쓱했다. "대니시 패스트리도 있어요."

이 말에 나는 열을 받았다. "다시 생각해 보니 아무것도 먹고 싶지 않네요." 내가 말했다. 그리고 몇 개의 가게를 지나서 던킨도너츠에 들어가서 "커피만 주세요. 딱 커피만. 끝."이라고 했다.

카운터에 있던 여자가 팔짱을 끼더니 말했다. "컵은 없어도 된다는 말씀이세요?"

"아, 컵은 필요해요."

"우유나 다른 것은 필요 없으세요?"

뭔가를 강조할 때면 언제나 이렇게 된다. "우유도 주세요." 내가 말했다. "컵에 커피를 담고 우유도 약간 넣어 주시되 다른 건 필요 없어요." 그러고 나서, 늘 그렇듯 비행기가 두 시간 지연되는 바람에 다시 거기에 가서 먼치킨을 몇 개 주문했다. "같이 드실 커피나 소다수 필요하세요?" 내가 아까 얘기했던 여자와 교대한 여자가 물었다.

남부의 공항에서는 점원들이 "굿바이"나 "땡큐" 대신에 "복된 하루 되세요(Have a blessed day)"라고 말하는 경우가 잦아졌다. 원하지도 않는데 하느님이 향수를 뿌려 주는 느낌을 받게 한다. 나는 소리를 치고 싶을 지경이 된다. "꺼져 버려, 반소매 셔츠에 넥타이를 매기 전에 얼른!"

비즈니스 때문에 여행하는 사람은 도착지에 가면 "여행은 어떠셨어요?"라고 묻는 이를 만나기 마련이다. 재미있는 사건이 있어서 "오케스트라 공연은 멋지고 감동적이었어요."라고 대답해 주기를 기대하거나 "반 정도 지날 때까지는 괜찮았는데 갑자기 아기가 울어서 되게 불편했어요."라는 대답을 기대하는 듯하다. 하지만 비행기 여행에는 단 두 종류만 있을 뿐이다. 죽는 여행과 죽지 않는 여행.

그다음에는 호텔의 데스크 직원을 만나는데, 대개 30대 중후반의 여자일 것이다. 그녀는 당신이 그 도시에 차로 왔는지 비행기로 왔는지 알지 못하며, 당신의 신용 카드를 받아 든 뒤에는 "여행은 어떠셨어요?"라고 묻는다.
여기에 대해서는 "좋았어요." 외의 다른 답은 없다. 다른 답은 없지만 그녀가 그런 대답을 듣고 싶은지는 모르겠다. 아니면

직원: 여행은 어떠셨어요?
나: 음, 처음에는 비행기로 오려 했는데 호랑이 한 마리가 자기 입으로 부드럽게 나를 물어 옮겨 주겠다고 했어요. 나는 좋다고 했는데, 어땠는지 알아요? 전혀 부드럽지 않았어요. 호랑이 이빨 하나가 내 소장을 뚫어 버려서 이제 나는 앞으로 평생 매일 봉지에 똥을 싸야 해요.
직원: 음, 어쩜하네요. 그렇게 된 것 축하드려요.

데스크의 직원이 키를 건네주고 나면 벨맨이 당신의 짐가방을 잡고 묻는다. "오늘 어디서 오시는 거예요?" 호텔에 있는 모든 이들처럼 그 역시 당신의 대답을 귀담아듣지 않는다. 그저 팁을 얻으려고 던지는 말일 뿐이다. 이 도시에서 불과 십여 킬로미터 정도 떨어진 곳에서 왔다고 하거나 다른 차원에서 왔다고 말할 수도 있다. 어느 쪽이든 같은 대답을 들을 것이다. "멀리 오셨네요, 그죠?"

나는 이런 질문을 좋아하지 않는데, 친밀하기 때문이 아니라 도리어 친밀하지 않기 때문이다. "여행이 어떠했는지 묻기보다는 … 뭐 어떤 게 있을까 … 대자(代子)가 있는지 물어보는 게 어때요?" 조금 전의 그 직원에게 내가 물었다.

그녀는 안경을 벗더니 콧등을 만지작거렸다. "좋아요, 대자가 있으세요?"

"있어요." 내가 대답했다. "여덟 살이고 토미라고 해요. 당신은 어때요? 대자가 있어요?"

"아니요." 그녀가 대답했다. "그런 기쁨은 없네요."

그녀는 책에서 배운 듯한 미소를 지었고, 나는 그녀와 접촉점을 만들려면 좀 더 깊이 파고들어야 한다는 걸 깨달았다. "걔는 암에 걸렸어요." 내가 대답했다.

데스크의 그 직원이 가슴에 손을 얹으며 말했다. "아, 세상에나!"

"괜찮아요." 내가 한숨을 쉬었다. "1~2년 이내에 다른 소년이 또 내게 대부가 되어 달라고 할 거예요."

 토미가 암에 걸렸다는 건 사실이 아니다. 나는 그저 그녀의 속에서 뭔가가 일어나서 맥박치는 걸 느끼고 싶었다. 그 젊은 여자도 생명이 있다. 어딘가에 있는 학교에 다녔을 것이다. 친구도 있을 것이다. 나는 15분짜리 대화를 원했던 게 아니라 인간 대 인간의 관계를 원했다. 그건 얼마든지 가능하다. 제스처, 가벼운 농담, 혹은 "나도 이 세상에 살고 있어요." 같은 말이면 된다. 그런 것이 누군가를 직업인에서 사람으로 변모하게 하는 스위치 역할을 하며, 반대 방향으로도 작동한다. "나는 지갑에 돈 넣는 기계가 아녜요!" 나는 가끔 이렇게 소리치고 싶다.

 미국에서는 어느 식당에 들어가도 음식이 나오고 3분만 지나면 서빙하는 사람이 테이블에 다시 와서 묻는다. "그 사우스이스턴 라드 포켓 어때요?" 캔자스시티에서는 약간 변형되어 "그 사우스이스턴 라드 포켓이 당신을 맛나게 하는 게 어때요?"라는 질문이 들어왔다. 내가 아니라 라드 포켓에 혀라도 달려 있듯이 말이다.

 "음." 나는 서빙하는 사람이 올 때면 언제나 그렇듯 입 안에 잔뜩 음식을 물고 대답했다.

 "어썸, 디저트 들어갈 배는 남겨 두세요."라는 말이 돌아왔다. 빙그레 웃으며 하는 이 말은 "내가 한 말이 재밌죠?"라는 의미이다.

다음 날 아침에는 호텔의 아침 먹는 식당에 내려가서 여주인에게 밥 먹을 사람이 한 명이라고 말한다. 그녀는 메뉴판을 들고 테이블로 안내한 다음에 "지금까지 어땠어요?"라고 묻는다. "지금까지 20분간 말이에요? 뭐, 좋아요." 이렇게 대답하게 될 것이다.

그러면 그녀가 대답한다. "어썸."

그곳으로 바로 내려갔다면 지난 밤부터 그때까지 통틀어 이 말을 처음 듣게 되는 것이다. 상쾌하지는 않다. 그보다는 알래스카에서 그날 처음으로 흑파리에게 물리는 일과 비슷하다. '해질 즈음에는 피를 흘리겠구먼.'이라고 생각하게 된다.

아침 먹는 식당에는 티브이가 한 대만 켜져 있는 경우가 많은데, 24시간 나오는 케이블 뉴스 채널에 맞춰져 있기 마련이다. 때로는 두 대 이상이 켜져 있기도 하다. 켄터키에서 일 년 정도 지냈던 곳에서는 여덟 대가 있었다. 내가 주문하고 나자 종업원은 리모컨을 가지고 다니면서 하나씩 켜기 시작하는 바람에 등을 켜는 인부가 생각났는데, 이때의 등불은 당신이 얼마나 늙고 피곤해 보이는지 볼 수 있게 하는 것이 아니라 어쩌면 고문 도구에 가깝다고 하겠다. "사람들이 이걸 좋아해요." 아침 6시에 그렇게 하는 게 필요하냐고 내가 묻자 그녀가 대답했다.

이 말은 미국에서 많이 듣게 되는데, 티브이나 시끄러운 음악 소리에 대해, 더 흔하게는 한 방 안에 티브이와 시끄러운 음악 소리가 같이 있어서 항의를 해도 그렇다. "사람들이 이걸 좋아해요."

"물론이죠." 나는 이렇게 대답하고 싶다. "하지만 그들은 '문제가 있는' 사람들이에요."

호텔을 떠날 때면 차를 불러 준 친구가 급하게 물 한 병을 건넬 것이다. "공항까지 가는 동안 필요할 거예요."

"거기까지 걸어가는 게 아닌데요." 나는 늘 대답한다. "차로 갈 거라서 금방 도착해요."

미국에서는 누구나 수분 섭취에 상당히 신경 쓴다. 물을 안 마시고 5분 이상 지나면 도망쳤다가 화분 식물 뒤에서 바짝 마른 채 발견되는 소라게라도 되는 모양이다. 내가 어릴 때는 교실에 물병을 들고 오는 친구는 없었다. 병에 든 물을 팔지도 않았다. 물이 없어도 쇼핑 여행을 다녔고, 장례식도 치렀다. 지금은 만화 속에 나오는 여러 마리의 세인트버나드*의 목에 걸려 있는 배럴처럼 쇼핑몰이나 영화관에서 다들 물병을 가지고 다니며, 다시 채운답시고 식수대를 차지하고 있다. '저렇게까지 해야 하나?' 나는 입 안에 있는 아스피린이 녹는 동안 열 받는 걸 참으면서 그들 뒤에 줄을 서서 기다린다.

미국에 방문해서 가게에 들어가면 점원이 이렇게 말한다.

---

* 세인트버나드(Saint Bernard): 개 품종 이름 ― 옮긴이

"이제 오늘 우리가 뭘 해야 하죠?" 마치 당신이 잊어버리고 있던 그와 당신의 계획이 있는 것처럼 "우리"라고 한다.

"아." 나는 들어온 걸 후회하면서 말한다. "그냥 둘러보는 거예요."

"어썸."

물건을 사게 되어 계산대에 가면 오후에 뭘 할 거냐는 질문을 받는다.

"음, 잘 모르겠어요. 쓰레기를 더 살까요?"

내 친구 로니는 구두 가게를 운영하기에 이런 대화에 능숙하다. 우리가 같이 외출할 때면 그녀는 힘들이지 않고도 주도적으로 나서고 나는 놀라서 지켜볼 뿐이다. "해줘야 하는 건 다 하고 있죠." 전혀 신경 써주지 않을 사람이 건강은 어떠냐고 물어오자 그녀가 하는 말이다. 캘리포니아에 살고 있기에 그녀는 이런 면에서 첨단을 달린다.

"방금 들었어?" 어느 날 오후 샌프란시스코에서 그녀가 내게 속삭였다. "저 판매원이 '웰컴 인(Welcome in)'이라고 했어."

"그게 뭐?" 내가 물었다.

"최근에 나온 말이야." 그녀가 말했다. "요즘 어디에서나 들려."

"리스트에 추가할까?"

"당연하지."

"리스트"라는 건 만약 우리에게 그럴 권한이 있으면 법으로 금지시키고자 하는 용어와 표현 모음인데, 점점 늘어나고 있다. 거기에는 물론 "어썸"도 포함되어 있고, 요즈음 어디에서나 들리고 우리가 아는 한 의미는 전혀 없는 "있는 그대로 있다."라는 말도 포함된다.

"이게 사우스다코타주의 모토인가?" 두세 번인가 들었을 때 내가 말했다.

리스트에 추가한 말 중에는 로니가 잘 모르는 말도 있다. 예를 들면 "우리는 모두 같은 곳으로 가고 있어요."라는 말이다. 이 말은 5그룹 자리를 가지고 비행기를 처음 타는 사람들이 2그룹 사람들과 함께 탑승하다가 붙잡히면 하는 말이다. 물론 우리는 모두 세인트루이스로 간다. 차이가 있다면 어떤 사람들(나)은 짐칸에 짐을 집어넣어야 하고, 다른 이들(당신)은 그렇지 않다는 데 있다.

이 사람들은 이동식 탑승교 뒤로 사람들이 길게 늘어서면 신음하면서 "서둘러 가서 기다리자."라고 말해서 내 눈길을 사로잡는 사람들이기도 하다.

나는 머리를 곧추세우고 '얼굴의 그 구멍에서 왜 그런 게 흘러나오는 거지?'라는 표정을 담아서 그들을 쳐다본다.

내가 "리스트"에 추가한 또 다른 말은 "대화"인데, "우리는 _____에 관해 전국적인 대화를 할 필요가 있습니다."라는 표현에서 사용된다. 이는 진보 진영에서 사용하는 말로 "내가

'다양성'이라는 말을 사용해서 한 시간 동안 얘기할 테니 당신은 경청해야 해."라는 뜻이다. 보수 진영은 "등신 같은 진보주의자(libtard)" 혹은 "눈꽃(snowflake)"* 같은 기분 나쁜 용어를 사용하는데, 이런 표현은 내게도 적용될 수 있으니 이런 말을 사용하는 것을 금지하는 것은 유치하게 보일 수 있다.

나는 이미 "제약(meds)", "절친(bestie)", "버킷 리스트(bucket list)", "기능장애(dysfunctional)", "국외거주자(expat)", "캅사브(cab-sav)", 그리고 레스토랑에서 "시나몬 토스트에 달팽이를 얹을게요(I'll do the snails on cinnamon toast)."라고 할 때 쓰는 동사 "do"를 금지시켰다.

"으, do! 그건 정말 최악이야." 로미도 동의했다.

"새로 추가한 거로는, 메뉴판을 보면서 '송아지 갈비(veal chop)를 살게요.'도 있어." 내가 말했다.

우리가 사용 금지시킨 용어 중에는 흑인들이 만든 뒤에 백인들이 사용하는 게 많은데, 백인들은 유통 기한이 지난 후에도 계속 사용한다. 예를 들면 "내 잘못이야(My bad).", "내가 밀어줄게(I've got your back)." 그리고 "유 고, 걸프렌드(You go, girlfriend)." 같은 말이다. 이런 말은 시트콤에 나오는 할머니들이 서로 하이파이브 하면서 주고받는 말인데, 이런 말을 들으면 나는 움찔하면서 내가 속한 인종 전체가 부끄러울 지경

---

* 눈꽃(snowflake): 앞선 세대보다 유약한 청년 세대를 뜻하는 말 — 옮긴이

이다.

내가 만든 비즈니스 여행자들을 위한 미국 영어 프로그램에서 취약한 부분은 "비즈니스" 파트이다. 예전에는 옆 테이블에 앉아 있는 두 사람이 하는 말을 듣다 보면 그들이 둘 다 의사라는 걸 알게 되고, 한 사람은 마사지 치료사이고 다른 사람은 고양이 생명 보험을 파는 사람이라는 걸 알게 되기도 했다. 그러나 지금은 사람들이 뭘 하는지 도무지 알 수가 없는데, 특히 내가 엿듣고 있는 사람들이 마흔이 안 된 사람들일 때는 더욱더 그렇다. "통합(integration)"이라든지 "플랫폼(platform)" 같은 말이 자주 들리지만 어떤 맥락에서 하는 말인지 감을 잡을 수가 없다.

내가 상상하는 바로는 그들의 사무실에서 케이슨이 스쿠터를 타고 바닥이 딱딱한 복도를 따라서 새장을 잔뜩 모아 둔 것 같은 자리에서 일하고 있는 사람들을 지나간다. 셔츠를 안으로 집어넣어 제대로 갖춰 입은 사람은 아무도 없다. "근사한 복장" 같은 말은 내 영어책에는 절대 나오지 않을 표현이다. 앞으로 20년 후에는 더 이상 그런 걸 만들지 않을 것이다. 차려입는다는 건 아버지 장례식에 오는 사람이 그저 아무런 그림이 없는 운동복을 입고 오는 정도를 말하는 때가 올 것이다.

비즈니스 여행자들을 위한 내 미국 영어 프로그램은 가장 많이 사용되는 말과 표현을 알려 줄 뿐 아니라 무엇보다도 놀라움을 위한 여지가 마련되어 있을 것이다. 나는 미국을 여행하면서 듣게 되는 이야기로 인해 늘 놀라고 즐겁다. 언젠가 버스에 탔는데 운전기사가 지나가는 사람을 거의 칠 뻔하자 같이 타고 있던 승객 한 명이 나를 쳐다보면서 "저거 봐, 저 사람은 생명을 사랑하지 않아."라고 말했다. 멤피스에서는 내가 걸어가고 있는데 걸인이 나를 부르면서 물었다. "저기요, 코콜라(Co-Cola) 하나만 사주실래요?" 어느 신문판매대에서는 점원이 물을 사겠냐는 말 대신에 내가 산 〈선데이 타임스〉의 가격을 보더니 "5달러예요, 베이비. 괜찮겠어요?(That's five dollars, baby. You OK widdat?)"라고 물었다. 언젠가 탔던 비행기가 착륙하자 조종사가 안전벨트 표시를 끄더니 "전원 기립(All rise)"*이라고 말하는 것이었다.

이런 게 내가 하고자 하는 말이다.

---

* 판사가 법정에 들어올 때 재판 사무원이 법정에 있는 사람들에게 모두 일어나 경의를 표하라고 외치는 소리이다. — 편집자

9. 칼립소

 미국의 문제는 언제나 호들갑을 떤다는 데 있다. 나는 미국을 일 년에 두 번 정도 방문하는데 매번 큰 뉴스거리가 터져서 난리이다. 사스, 탄저병, A형 신종 인플루엔자, 빈대! 2014년 가을에 터진 사태는 에볼라였는데, 아프리카에서 수천 명이 죽었다는 소식이 아니라 댈러스에서 한 사람이 감염되었다는 것이었다. 어디를 가든 티브이가 있는데, 식당, 호텔 로비, 공항, 심지어 병원 대기실에도 있을 뿐 아니라 다들 딱 한 가지 케이블 뉴스 채널에 고정되어 있어서 이 뉴스를 안 볼 수가 없었다. 모든 각도에서 파고들어 보도가 되었고 끝장을 보려 했다. 이름이 토머스 던컨이던 그 환자가 사망하자 온 나라의 절반 정도가 작살이 났다. 메인주에 살던 어느 교사는 댈러스에 갔다는 이유로 집에 보내졌는데, 그 환자가 있던 병원에 간 게 아니라 그냥 그 도시에 갔다 왔다는 이유였다. 학교는 폐쇄되었다. 예민한 부모들은 인터뷰에서 "에볼라가 상륙했어요."라고 말했고, 언론은 떠들어 댔다. "이제 당신에게도 다가오고 있습니다."

공항에서 마스크를 쓴 사람들을 보면서 나는 사람들이 싫어졌다. 자기 목숨에 그렇게 노골적으로 연연하는 게 불편했다. 지나치게 조심하는 정도가 아니라 교만해 보였던 것인데, 무슨 말이냐 하면, '왜 자기들은 살아야 한다는 거지?'라는 생각이었다.

"안전하게 지내세요." 어느 날 아침에 스타벅스에 갔을 때 직원이 내게 말했다. 게이트로 가기 위해 서두르느라 멈춰서 "뭐로부터 안전하라는 거죠?"라고 물어보지 못했다.

나는 강연 여행차 미국에 있었다. 45개의 도시를 47일 동안 도는 여정이었다. "세상에!" 사람들은 내 일정표를 보면서 말한다. 하지만 그렇게 "심한" 건 아니다. 때로 아주 힘들 때도 있지만 책을 펴서 큰 소리로 읽을 수 있었다. 정작 시간이 오래 걸리는 건 강연 후의 책 사인회 때인데, 내가 말이 너무 많기 때문이다. "드레이븐(Draven)은 어디서 유래한 이름이죠?" 어느 저녁에 실눈을 뜨고 표지에 붙은 포스트잇을 쳐다보면서 내가 물었다.

"저도 정확히는 몰라요." 테이블 건너편의 그 여자가 말했다.

9. 칼립소

"제 오빠 친구예요."

나는 그 이름을 다시 한번 쳐다봤다. "드레이븐은 drove의 대과거형 같네요."

여행하는 대부분의 도시에 아는 사람은 없지만 여기저기서 사람들을 만났다. 윈스턴세일럼에서는 리사 누나를 만났다. 일주일 후 오마하에서는 오랜 친구 자넷과 그녀의 25살 된 아들 지미를 봤는데, 지미는 큰 키에 호리호리하고 길게 자란 녹빛 수염을 자랑하고 있었다. 우리가 처음 만났을 때인 1980년대 후반에 자넷은 네모난 합판 시트의 결을 밝은색으로 강조하고 있었다. 그게 그녀의 작품이었다. 지금은 사각형은 내려놓고, 나무 해석 학회(Wood Interpretation Society)라는 걸 세웠다. "지미야." 그녀의 스튜디오 두 배 정도 되는 거실에 서서 그녀가 말했다. "지팡이 좀 가져와 봐."

그녀의 아들이 기다란 대나무를 갖고 왔는데, 그녀는 그걸로 자신의 최근 작품을 가리켰다. "좋아, 자, 눈사람이 보여?"

나는 아무것도 보이지 않았는데, 그러자 그녀는 두 개의 매듭을 가리켰다. "이게 눈이야. 눈이 보여?"

"아, 오케이." 내가 말했다. "음 … 약간은."

"그러면 이제 눈사람이 부엉이에게 말하고 있는 것도 보여?"

"부엉이는 나무 결 속에 흔히 있어요." 지미가 덧붙였다.

"그렇지." 그의 엄마가 그렇게 말하더니 다음 합판 작품으로 넘어갔는데, 거기서는 거북이가 산을 응시하고 있었다. "이 모든 건 다 발견해 낸 거야." 그녀가 내게 말했다. "조금도 손대지 않았어!"

그러고 나서 우리는 커피를 마시면서 나이 든 부모님에 대해 얘기를 나누었다. 자넷의 어머니는 89세이지만 몸과 정신 모두 아주 건강하시다. "내 친구 필의 어머니와는 달라." 그녀가 말했다. "그 어머니는 교회 예배에 한 번도 빠지지 않았고, 지역 사회에서 기둥 같은 분이었어. 그런데 치매가 오니까 사람이 완전히 달라져 버렸어." 그녀는 내게 커피를 더 부어 주었다. "필이 최근에 어머니를 보러 갔을 때, 휠체어에서 몸을 숙이면서 '히틀러가 내 퍼시(pussy)를 원해.'라고 고함을 쳤다는 거야."

지미는 턱받이처럼 생긴 수염을 문질렀다. "다들 히틀러가 그분 애인이었다고 하더라구요."

"어머니가 그런 단어를 알고 있을 거라고 누가 생각이나 했겠어?" 자넷이 물었다. "히틀러가 도대체 '어떻게' 어머니에게 말을 할 수 있었을까? 히틀러가 죽은 지 50년이나 지났을 때인데."

자넷과 같이 있으면 내가 얼마나 운이 좋은지 알게 된다. 92세인 내 아버지는 아주 건강하시다. 어떤 이유로 그 상태가 갑자기 변한다고 해도 아마 그 상태로 오래 끌지도 않으실 것이다. 나는 내가 아버지의 건강을 물려받았다고 생각하지만 실은 어머니를 더 많이 닮았다. 그래서 오마하에서 밤에 강연이 끝나고 책 사인회를 할 때, 얼굴에 뜯겨 나간 부분이 있는 듯한 누군가가 내 왼쪽 눈 옆의 검은 점을 가리키면서 "제가 의사는 아니지만, 이건 피부암일 확률이 90퍼센트 이상이에요."라고 말했을 때 나는 상당히 심각하게 받아들였다.

나흘이 지나서 와이오밍주 잭슨홀에서 피부과 의사를 찾아갔다. 그는 그 점은 걱정할 건 아니라고 했다. 그러고는 그 앞에 "전 단계"를 뜻하는 말을 붙이긴 했지만 "암"이라는 말을 써서 "암 전 단계의 각화증"이라는 표현을 썼다. 의사가 거기에 액체 질소를 쏘았기에 거기를 나올 때 내 얼굴에는 연필 지우개가 붙어 있는 듯했다. 다음날 비행기 안에서 그 지우개가 터지는 바람에 암 전 단계의 진액이 끈끈한 눈물처럼 볼을 타고 흘러내렸다.

이게 내가 여행 중에 하게 된 첫 번째 수술이었다. 웃기지만 수년 동안 나는 어떤 의사든 의사를 보러 가는 걸 피했다. 응급상황이라면 설득될 수도 있었겠지만, 예방 차원의 일이라면 아예 생각도 하지 않았다. 그런데 아버지가 대장 내시경 검사를 받으라고 강요하다시피 했을 때 완전히 새로운 세계가 열렸다. 작성해야 하는 서류가 너무 많아서 진료실에 들어갈 즈음에는 불편한 부위를 적는 긴 리스트에 "손목 터널 증후군"도 넣어야 할 지경이었다. 하지만 의사들과의 관계는 괜찮았다. 2014년 여름에 노스캐롤라이나 바닷가에 있는 우리 집에서 휴가를 보낼 때 아버지가 계속 말씀하셔서 나는 건강 검진을 했다. "좋아요. 자 이젠." 내 혈압을 체크하고 귓속을 들여다본 뒤에 의사가 말했다. "일어나 주시면 앞뒤를 진찰하겠습니다."

이것은 대단히 세련되고 완곡한 표현으로서 "불알을 만져 본 다음에 항문으로 손가락을 쑤셔 넣어 볼게요."라는 뜻이다.

그 의사는 오헤어를 지나갈 때 내게 독감 주사를 놨던 간호사처럼 유쾌하게 말할 줄 아는 편이었다. 여태껏 만난 이들 중에 유일하게 예외적인 의사는 건강 검진을 받고 며칠 지나서 노스캐롤라이나 해안에서 만났던 외과 의사였다. 6년 전에 나는 내 오른쪽 옆구리 아래쪽에 덩어리 같은 게 만져지는 걸 느꼈다. 나중에 알게 된 바로는 지방종이라고 하는 위험하지는 않은 지방 덩어리 종양이었다. 그게 그 이후로 몇 달 동안 계속 커지더니 나중에는 껍질을 벗긴 완숙 달걀 정도의 크기와 느낌이 되었다. 남은 평생 그냥 갖고 살아도 문제가 없지만, 바닷가 우리 집에서 멀지 않은 곳의 운하에서 한동안 시간을 보내고 나니 더 좋은 생각이 들었다. 내가 만난 외과 의사는 인간미라는 게 별로 없었다. 무례했다는 뜻이 아니라 그저 사무적이었다는 뜻이다. 그는 초음파 검사로 내 두툼한 종양을 살펴보더니 그다음 주에 제거해 줄 수 있다고 말했다.

"안 되는데요." 내가 말했다. "악어거북 먹이로 주려고 했는데요."

"네?"

"아무 악어거북이 아니라," 그를 흠칫하게 한 듯해서 내가 계속 이어 갔다. "내가 먹이로 주려는 악어거북이 한 마리 있어요. 걔 머리에 큰 종양이 있어요."

"환자 몸에서 제거한 걸 환자에게 주는 건 연방법 위반입니다." 그 의사가 말했다.

"하지만 내 종양이잖아요," 내가 상기시켰다. "내가 만든 거예요."

"환자 몸에서 제거한 걸 환자에게 주는 건 연방법 위반입니다."

"음, 그럼 절반만 받아서 거북이 먹이로 줄 수 없을까요?"

"환자 몸에서 제거한 걸 환자에게 주는 건 연방법 위반입니다."

내 종양을 건드리지 않고 거기서 나왔다. '도대체 이 나라가 어쩌다가 이렇게 된 거지?'라고 생각하면서.

여행 중에 가끔은 저녁에 Q&A 시간 이전에 내가 연단에 서서 잠시 말을 하는 시간이 있다. 텍사스 엘패소에서 무대에 서서 그 종양에 관해 이야기를 한 적이 있는데, 그러고 나자 어느 여성이 내가 사인하고 있는 테이블로 오더니 말을 건넸다. "원하시면 오늘 밤에 제가 제거해 드릴 수 있어요. 가지고 가게 해드릴게요."

내가 길게 늘어서 있는 줄을 가리켰더니 그녀는 어깨를 으쓱했다. "괜찮아요, 저는 올빼미족이라." 그녀는 자기 전화번호가 적힌 쪽지를 내게 건넸다. "준비되면 전화 주세요."

내 생각에는 50대 정도 되는 멕시코 여성이었고, 키는 어린 아이만큼 작았다. "궁금해하실까 말씀드리면, 저는 의사예요." 그녀가 말했다. "외과 의사는 아니지만 그건 의대에서 일 년 정도 배운 내용이라서, 종양에 자체 혈액 공급만 없다면 쉽게 떼어 낼 수 있어요."

자체 혈액 공급이라고! 어디선가 읽은 적이 있는 머리털도 있고 치아도 있는 감자 크기 만한 쌍둥이를 몸속에 가지고 있는 사람이 생각났다.

그다음 몇 주 동안 이 이야기를 할 때마다 사람들이 보이는 반응을 보면서 내가 놀랄 지경이었다. "그녀가 뭐, 뭐라고요? 그 여자 말을 믿은 건 아니죠, 그렇죠?"

"음, 믿었죠."

"그 여자가 정말로 의사인지 아닌지 어떻게 알아요?"

바로 이런 사람들이 자기 자식들이 받아 온 핼러윈 사탕을 내다 버리고, 공항에 마스크를 끼고 나오는, 지나치게 조심하는 사람들이다. "그 여자가 의사인지 아닌지 어떻게 알았냐고요? 자기가 의사라고 했으니까 알죠."

유일한 예외는 우리 아버지인데, 아버지는 언젠가 집에 있는 개를 위해 처방된 항생제를 복용하시더니 이렇게 말했다. "음, 상관없어. 성분은 똑같다니까." 내가 한밤중에 처음 보는 여자에게 수술을 받았다는 이야기를 하자 아버지가 보인 첫 번째 반응은 내가 보였을 법한 반응과 똑같았다. "큰돈 굳었네."

9. 칼립소 135

그 의사 — 에이더라고 부르겠다 — 는 사인회가 끝난 뒤인 밤 1시쯤에 극장에 다시 찾아왔다. 자기 여자 친구의 아들과 딸이 같이 왔는데, 둘 다 30대 초반이었고, 현실 속의 사람들이라기보다는 연속극에 나오는 배우 같았다. 그 둘은 불가사의한 — 거의 기묘하다고 해야 할 — 매력이 있었는데, 오누이로서 서로 대하는 태도는 내게는 퍽 친숙하게 느껴졌고, 특히 그들이 서로를 약간 인신공격하거나 무시하는 태도는 야비한 게 아니라 웃기고 재미있었다. 그렇게 우리 네 명은 아무도 없는 도로를 타고 주 경계를 넘어가서 여기가 어딘가 싶은 곳에 있는 어두운 진료소에 도착했다. 그 늦은 시각에 그 비밀스러움은 마치 1950년대에 낙태 수술을 받듯이 은밀하면서도 위험한 느낌을 선사했다.

내 수술은 국부 마취로 시작되었고, 에이더가 칼로 내 몸을 째고 들어왔을 때는 느끼지 못했는데, 종양을 잘라 낼 때는 약간 잡아당기는 느낌이 들었다. 수습생에게 호주머니를 소매치기당할 때의 느낌이었다. 지방 덩어리 호주머니 말이다. 잘라 낸 조각들은 금속 팬에 올려져 있었는데 생닭가슴살 조각 같았다.
"내장이 나와 있나요?" 중간에 내가 물었다.
"어머, 아니에요." 에이더가 말했다. "당신의 지방종은 파우치 같은 데 들어 있어서 절개한다고 해서 내장이 흘러나오거나 하는 경우는 없어요. 원하신다면 직접 보세요. 거울을 가져다 드릴게요."

"아 그건 괜찮아요." 내가 말했다.

그녀가 수술을 하고 있을 동안에 나는 그녀의 여자 친구의 아들딸과 이야기를 나눴는데, 그들이 얼마나 잘생겼는지, 그리고 그와 대조적으로 나는 털이 수북한 배를 드러내고 어정쩡하게 앉아서 얼마나 볼썽사나운지 잘 알고 있었다. "튜머(tumor)를 스페인어로 뭐라 해요?" 내가 물었다.

"뚜모르(tumor)." 그녀가 말했다.

나는 고등학교에서 스페인어를 배웠는데, 암기용 단어를 담아 두는 바구니에 넣을 새로운 말을 발견할 때면 언제나 즐겁다. 쇼트케이크(short cake)가 일본어로는 "쇼토 케이키"이며, 베이지(beige)는 독일어로 베이즈(beige)이다.

옷을 다시 주워 입고 나서 에이더의 집으로 갔는데, 조용한 교외의 거리에서 불빛이 켜져 있는 유일한 집이었다. 거기서 그녀의 여자 친구인 안나를 만났는데, 바닥까지 내려오는 하얀 잠옷을 입고 있었다. 머리칼도 하얗고 등 가운데까지 내려왔다. "우리 집에 와주셔서 감사해요." 그녀가 코데인* 알약이 담긴 병을 열면서 말했다. "여행을 위해 드시겠어요? 통증을 없애기 위해?"

---

* 코데인(codeine): 진통제의 일종 ― 옮긴이

집은 친숙한 느낌이었는데, 내가 자랐던 집과 정확하게 닮지는 않았지만 매우 비슷했다. 어머니라면 "예술적"이라고 표현하셨을 텐데, 여기저기 벽에 그림이 걸려 있지만 아름답지는 않다는 뜻이다. 뒤뜰에는 달빛이 가득했고, 잠들어 있는 도시를 내려다보면서 안나의 딸은 다섯 살 된 자기 막내딸 얘기를 해 줬다. "걔는 자기가 개라고 주장하는 시기를 지나고 있어요. 네 발로 짖고 걸어 다니는 것까지는 참을 수 있겠는데, 덤불 옆에 똥을 싸기까지 해서 내가 '이제 그만해. 그건 너무 나간 거야.'라고 말했죠."

새벽 4시에 에이더와 그녀의 여자 친구의 자녀들이 내가 머무는 호텔까지 나를 데려다줬고, 3시간 후에 나는 공항으로 갔다. 요약하자면 정말 예외적인 저녁이었다. 처음 보는 흥미진진한 사람들을 만났고, 그중 한 명은 내 몸속 깊숙이 자기 손을 집어넣었다. 내가 엘패소를 떠난 뒤에 에이더는 내 종양을 얼음에 담아서 윈스턴세일럼의 내 누나 집으로 보내 주었다. 리사 누나는 그걸 냉장고에 넣어 두었다며, 내 여행이 끝나고 추수감사절에 바닷가에서 모일 때 가지고 오겠다고 약속했다.

그사이에 나는 계속해서 일정을 이어 갔다. 휴스턴에서는 치아 근관을 응급치료해야 할 일이 생겼는데, 생각했던 것보다는 아프지 않았다. 며칠 후 댈러스에서는, 의사들과 대화하는 데 익숙해져서 그랬지만, 발 전문의도 찾아갔다. "어디가 아프세요?" 그가 물었다.

"왼발이 아파요." 내가 말했다.

엑스레이를 찍어도 특별한 건 없었는데, 그냥 발이 조금 아플 뿐이었다.

"이런 일정은 그만둬야 해요." 내 모든 일정을 관리해 왔지만 이제는 진절머리가 난 내 강연 에이전트가 말했다.

마지막 강연은 플로리다의 탤러해시였고, 그다음 날 아침에 비행기로 롤리에 갔다. 그레천이 공항에서 나를 픽업했고, 해 질 무렵에 에메랄드 섬의 그 집에 휴와 우리 가족이 모두 모였다. 나는 모든 이들의 집이면서도 엄밀히 말하자면 내 집인 그 집이 좋았다. 중립적인 곳이지만 꼭 그렇지는 않다는 것인데, 누군가가 내가 좋아하지 않는 그림을 벽에 걸려고 하면 나는 "좀 더 생각해 보자." 하고 내릴 수 있지만, 내가 좋아하는 그림은 얼마든지 걸 수 있다는 말이다. "아니 누가 합판 조각으로 예술을 한다는 거야?" 추수감사절 전날 밤에 아버지가 말했다.

아버지는 내가 오마하에 방문했을 때 자넷이 내게 준 작품을 보면서 인상을 쓰고 있었다. "눈 하나 달린 미국너구리가 거울을 보고 있는 그림이라고요." 내가 대답했다.

아버지는 안경을 벗고 눈을 비볐다. "거지 같구나."

이번 추수감사절에는 매형 보브가 칠면조를 튀겼다. 이건 야외에서 해야 하는 일이라서 매형이 장소를 물색하고 바람막이

9. 칼립소

를 설치할 동안, 나는 얼려 둔 내 종양을 가지고 리사 누나와 11살이 된 수줍음 많은 조카 마델린을 데리고 운하로 향했다. 날씨는 추웠는데, 15분 정도 걸어가면서 마델린에게 학교에서 가장 인기 많은 여학생이 누구냐고 물었다.

마델린은 망설이지 않고 대답했다.

"걔는 친절하니?" 내가 물었다.

"작년이나 그 이전까지는 그러지 않았는데, 지금은 그래요."

"6학년 때 가장 인기 많은 여자애 이름은 앞으로도 계속 기억하게 되어 있어." 내가 말했다. "나이가 들어서 죽을 때가 되어서도 기억이 나지. 그게 그 여자애가 거두는 큰 업적이지."

"우리 때 가장 인기 많은 여자애 이름은 제인-제인-티그였어." 리사 누나가 말했다

"이름 멋지네요." 내가 말했다.

리사 누나는 고개를 끄덕였다. "걔는 다들 제인-제인이라고 불러야 했어. 심지어 선생님들도. 그것보다 줄여서 부르면 걔는 대답도 안 했어."

운하에 도착했더니 남자아이 세 명이 육교 위에서 물속을 들여다보고 있었는데, 그 아이들이 타고 온 자전거는 주변 바닥에 시체처럼 널브러져 있었다. 난간에서 몸을 구부리고 봤더니 내가 찾는 악어거북은 없었고, 그보다는 훨씬 작고 두려움을 불러일으킬 리도 없는 담수거북만 보였다.

"그랜대디(Granddaddy) 찾으시는 거예요?" 내 옆에 있던 남

자아이가 물었다.

내가 말했다. "그랜대디?"

"사람들은 고질라라고도 불러요." 그 아이가 대답했다. "머리통이 엉망인 애요. 나랑 내 동생이 먹이를 많이 줬어요."

"포도도 줬어요." 그 애 옆에 있던 아이가 대답했다. "포도도 줬고, 크래커가 있을 땐 그것도 줬어요."

나는 배신감을 느꼈는데, 비유하자면 내가 기르던 고양이가 또 다른 생활도 하고 있어서 그 고양이를 칼립소(Calypso) 같은 멍청한 이름으로 부르는 옆집 사람이 주는 걸 먹고 살고 있다는 걸 알게 되었을 때 느끼는 감정이었다. 그 고양이가 나를 사랑하는 만큼 옆집 사람을 사랑한다는 것, 그러니까 실은 나를 전혀 사랑하지 않는다는 걸 깨닫는 일은 비참하다. 그 고양이와 맺고 있던 모든 관계는 그저 내 상상의 산물이었을 뿐이다.

"그 거북이가 이름도 있었다는 건 몰랐구나." 내가 말했다.

그 아이는 어깨를 으쓱했다. "당연히 있었죠."

"지금은 어디 있지?"

"동면 중이에요." 그 아이가 말했다. "매년 그렇듯이."

나는 의기소침해졌다. "언제 깨어날까?"

그 아이는 몸을 굽혀서 자기 자전거를 일으켜 세웠다. "자다가 죽지 않는다면 봄에 깨겠죠. 어, 걔 줄 먹이를 가져오신 거예요?"

"나 말이야?" 내가 대답했다. "아니야." 좀 더 은밀한 거라는 걸 밝히기가 부끄러웠다.

"결국은 이렇게 되네." 집으로 돌아오는 길에 내가 징징거렸다.

"지방종은 보관해 둬." 리사 누나가 다독였다. "냉장고에 넣어 두고, 5월에 다시 와서 고질라든 그랜대디든 뭐든 간에 먹이로 주면 되잖아."

"지금부터 봄까지 그사이에 태풍이 와서 전기라도 나가면 어떻게 해?"

리사 누나가 잠시 생각했다. "종양을 먹을 놈은 그게 상했는지 아닌지 구분 못 해."

동면에 들어간 거북이 때문에 내 추수감사절이 엉망이 되었다고 말할 생각은 없다. 그러나 정확한 이유는 모르지만 그 거북이 때문에 실망스러웠던 건 사실이다. 지방종을 개한테 던져 주면 개는 한입에 삼키고 나서는 '빌어먹을, 이거 종양이잖아?'라는 묘한 표정을 짓기 마련이다. 볼만 해지는 것이다. 그러나 거북이는 표정 변화가 전혀 없고 후회도 하지 않는다. 5월에 다시 와서 이 작은 선물을 운하에 떨어뜨려 주면, 그 악어거북은 아무 생각도 없이, 작년에 내가 주었던 닭 심장이나 생선 대가리를 받아먹었듯이 또 받아먹을 것이다. 그러고는 더 달라고 쳐다보다가 은혜 같은 건 모르는 놈답게 더럽고 뒤숭숭한 물속으로 사라질 것이다.

10. 소박한 제안

런던은 워싱턴 DC보다 5시간 앞서 있는데, 동성혼에서는 그렇지 않다. 이 사안에서는 2년 하고 5시간 앞서 있고, 이건 내게 새로운 사실이었다. "정말이에요?" 울버햄프턴에서 온 두 명의 레즈비언 아내들을 만났을 때 내가 물었다. "여기서는 할 수 있어요?"

"당연히 할 수 있지." 내가 그 이야기를 휴에게 해주자 휴가 말했다. "혼자 어디 다른 곳에서 살다 온 거야?"

휴는 영국의 현재 정치 상황을 모두 알고 있다. 현재 영국 재무장관이 누구인지도 알고 있고, 지난번에 있었던 무슨 선거에서는 대통령을 닮았지만 대통령은 아닌 그 국왕같이 생긴 사람에게 몰두해 있었다.

"총리냐고?" 그가 말했다. "세상에, 당신 여기서 산 지 얼마나 되었지?"

파리에서 살 때도 마찬가지였다. 휴는 프랑스 신문을 꾸준히 읽었다. 라디오 정치 프로그램도 들었는데, 반면에 나는 "저 사람이 작년의 그 황제 맞지?" 이런 식이었다.

미국 정치에서는 우리의 역할이 바뀐다. "'클레어 매캐스킬* 이 누구야?'라는 게 뭔 소리야?" 이런 일에 이토록 무식한 남자 친구를 뒀다는 데 놀라서 내가 말했다.

동성 결혼에 대한 연방 대법원의 판결이 6월 26일 오전 10시에 있다는 걸 알고 있었는데, 서식스 시간으로는 오후 3시였다. 그 시간이면 나는 밖에서 쓰레기를 주우면서 걷고 있을 때라서 아이패드를 가지고 나가기로 했다. 집게로 쓰레기를 주워 올리다가 그 시간이 되었을 때 길가에 멈춰 섰다. 늘 똑같은 쓰레기 — 포테이토칩 봉지, 사탕 봉지, 레드불 캔 등 — 가 나오는데, 6개월 전에는 이런 내용물에 추가해서 몸에 부착하는 페니스를 발견했다. 꽤 낡았으며, 반창고 색깔에, 길이는 8센티미터가 안 되고 굵기는 비엔나소시지 정도였는데, 나로서는 상당히 흥미로웠다. 섹스 토이가 필요한 여자라면 골드 사이즈를 고르면 된다. 그러나 이것은 아주 작은 크기여서 가슴 수술하면서 AAA컵 사이즈 보형물을 넣는 것과 같았다. 도대체 누

---

* 클레어 매캐스킬(Claire McCaskil): 미국 상원의원 — 옮긴이

구를 만족시키려 했던 걸까? 양배추 머리 인형이었나? 그 페니스를 집에 가져가서 누이 중 한 명에게 크리스마스 선물로 줄까 했지만, 그걸 배낭에 넣어 두었다가 차 사고가 나서 내가 죽으면 어떻게 될지 생각해 봤다. 내 운일 것이다. 의사들이 와서 나를 보도에서 옮겨 담을 것이고, 그다음에는 병원에서 내 가방을 뒤져서 안에 있는 물건들을 기록할 것이다. 쓰레기봉투 네 개, 축축한 물티슈 몇 개, 손전등 두 개, 그리고 부착용 페니스.

"뭔가 착오가 있는 듯하네요." 휴가 그들에게 말하리라. "사이즈가 어떻게 된다고 하셨죠?"

오후 3시에 아이패드에 신호가 전혀 안 잡혀서 계속 쓰레기를 주우며 걸어가면서, 연방 대법원의 판결이 어떻게 나오든지 간에 오늘은 알기 어렵겠다고 생각했다. 70년대 초, 내가 어릴 때는 게이가 된다는 것은 인간에게 일어날 수 있는 최악의 사태였으며, 적어도 노스캐롤라이나 롤리에서는 그랬다. 정신과 치료로 나을 수 있다는 소문이 있어서 나는 10대 때는 거기에 희망을 걸었다. 이제는 어머니에게 말씀을 드리고, 필요한 조처를 할 수 있게 해드려야겠다고 판단했다. 어머니 얼굴이 실망으로 일그러지는 걸 지켜봐야 한다는 건 미치게 괴로운 일이었다. 아버지가 그러는 것은 이미 익숙했다. 나를 볼 때면 늘 그런 표정을 지었으니까. 그러나 어머니는! 내가 고등학교 다닐 때 한번은 스페인어 선생님을 흉내 낸다고 머리에 팬티스타킹을 뒤집어쓰고 이런저런 짓을 하다가 잡혔을 때, 어머니는 궁지에 몰린 듯한 표정으로 말했다. "너 도대체 뭐 하는 거야, 이 퀴어(queer)야!"

그전까지 나는 다른 사람들에게 계집애 같은 놈(sissy)이라는 놀림을 받곤 했지만 어머니는 그 말을 쓰지 않았다. 그 말은 그렇게 강렬하지 않았고, 아이들이 쓰는 말이었기에 괜찮았다. 하지만 어머니가 나를 퀴어라고 불렀을 때 나는 그만 얼굴이 벌게져서 폭발하고 말았다. "저요? 도대체 그게 무슨 말이에요? 어떻게 그런 말을 할 수 있어요?"

그러고 나서 나는 내 방으로 내려갔는데, 방은 티끌 하나 없이 깨끗했고, 안에 있는 모든 것이 그러했으며, 벽에 붙여 둔 구스타프 클림트 포스터들도 그랬고, 내가 베이비시터 일을 해서 번 돈으로 샀던 수레국화처럼 파란 꽃병도 그랬다. 이제 베일이 걷히고 모든 게 분명해졌고, 이 방이 어떤 방인지 깨달았다. 뻔뻔한 호모섹슈얼이 사는 은신처였던 것이다.

그때 "그래요, 어머니 말이 맞아요. 그러니 도와주세요!"라고 했더라면 좋았을지도 모른다. 그러나 그 당시만 해도 나는 내가 그저 지나가는 단계를 밟고 있을 뿐이며, 다음날 일어나면 정상으로 돌아와 있을지도 모른다는 희망을 갖고 있었다. 가장 좋은 시기에 단기간에 상태가 좋아지는 그런 일인 줄 알았다. 나는 여자 친구가 생겨서 섹스만 빼고 내가 아는 그 밖의 모든 것을 그녀와 하는 환상에 자주 빠져들었다. 그녀가 어떤 모습일지, 촛불을 끄기 위해 머리를 숙이면서 불이 붙지 않게 긴 머리를 뒤로 잡아 넘기는 모습도 상상했다. 대학을 졸업하고 여름에 그녀와 결혼을 하는 상상에다, 노스캐롤라이나 해안에 가족들이 함께 모인 휴가 중에 그녀가 물에 빠져 죽는 상상을 했다. 거기 있는 이들은 내가 얼마나 황망해하는지 다 알아볼 수 있다. 그걸 상상하는 것만으로도 눈물이 쏟아졌다. 물에서 그녀를 건져 올려 나오면서 내 발은 그 무게로 모래 속에 푹푹 빠져 들어간다. 인공호흡을 계속하지만, 결국 누군가, 대부분의 경우 아버지가, 나를 뒤로 잡아당기며 말한다. "아들, 이제 그만. 이미 죽었잖아."

나는 마치 홀아비가 되고 싶어서 결혼하길 원하는 듯했다. 내 슬픔이 너무 깊어서 다시는 다른 여자를 쳐다보지 않는다. 정말이지 완벽한 것이다. 아, 약간의 변주도 있다. 때로는 영화 〈러브 스토리〉처럼 그녀가 백혈병으로 죽는 것이다. 아니면 정신병자가 쏜 총에 맞아서 포로로 잡혀 있던 그녀가 죽는데, 그 옆에 있던 나는 모든 수를 써서 그녀를 살려 내려고 애쓴다.

이런 환상은 내가 21살이 될 때까지 계속되었다. 내가 게이라고 누군가에게 털어놓고 나면 그 사실이 아무것도 아닌 게 되는 게 정말 웃겼다. 내가 할 수 있는 일은 가장 친한 친구에게 털어놓는 일이었는데, 그녀가 그걸 받아들이자 나도 받아들일 수 있었다.

"나는 네가 왜 그 일을 모든 이들에게 상기시키려고 하는지 이해가 안 돼." 내가 이 이야기를 하자 어떤 이들은 이렇게 말했다. 물론 티셔츠나 다른 것에 그걸 썼던 것은 아니다. 그냥 다른 이들이 "아내"나 "여자 친구" 혹은 "배우자"라고 말할 때 나는 "남자 친구"라고 말할 뿐이었다. 나는 다를 게 없다는 입장이었고, 그럴 때면 적어도 내가 속한 집단에서는 다를 게 없었다.

내가 남자와 함께 살 생각을 여러 번 했을 때 나는 결혼은 물론이고 시민 반려자가 될 엄두도 못 냈는데, 이것은 휴와 내가 파리로 이사한 직후인 1999년에서야 프랑스에서 합법화되었다. 그때까지 우리는 이미 8년을 같이 살았고, 갈라서거나 다른 이를 만나고 싶은 생각은 없었지만, 내가 맺고 있는 이 관계에 대해 정부의 승인을 받고 싶지도 않았다. 이건 미국의 몇 개 주가 동성 결혼을 합법화했을 때의 느낌과 비슷했지만, 그보다는 약간 더했다. 나는 정부나 교회가 내게 축복해 주는 일이 필요하지 않았다. 그 모든 게 내게는 시혜를 베푸는 느낌이었다. 애초부터 게이와 레즈비언에게 있는 명백한 미덕은, 사람들더러 우리 결혼식에 와서 참고 앉아 있도록 강요하지 않는다는 점이다. 열렬한 동성애 혐오자들도 이건 우리에게 동의했다. 이성애자들이 결혼할 때 우리는 사진사, 제빵사, 플로리스트가 되어 보이지 않는 곳에서 수고한다. 마치 무례한 승객을 백인들만 있는 열차 칸으로 데려가는 흑인 짐꾼처럼 말이다.

"오, 크리스토퍼." 드레스 디자이너가 지퍼를 올려 줄 때 신부가 이렇게 탄식한다. "당신이 없었다면 나는 정말 어쩔 뻔했을까요?"

이 의식이 비극이 되지 않는 것은, 그들이 우리로서는 꿈도 꾸지 못할 일을 하기 때문이다. 즉, 친구들과 친척들에게 참석하지 않으면 안 된다는 죄의식에 시달리게 해서 8월에 주말을 반납하고 딱딱한 교회의 긴 의자나 접이식 의자에 앉아서 그 커플이 가냘프게 서로 서약하는 소리를 듣고, 억지로 케이크를 먹는 걸 지켜보고, 외국곡에 맞춰 촉촉이 젖은 눈으로 춤을 추는 동안 지루함을 참고 땀을 흘리면서 옆에 서 있게 하는 일 말이다.

동성결혼 합법화를 위한 투쟁은 본질적으로 이성애자들과 동등한 지위를 얻고자 하는 싸움일 뿐이며, 이건 그저 "남편이 그러는데 그 사람들이 베니건스에서 산 새로 나온 스파이시 치포틀 버거가 아주 맛있더래."라고 말할 수 있는 것과 같다.

나는 이 투쟁을 적극적으로 지지했는데, 근본주의자들에게는 몹시 거슬렸을 것이다. 나는 게이들도 결혼할 권리를 갖게 되길 원했지만, 나중에는 우리 중 누구도 그런 권리를 활용하지 않기를 원했다. 그런 권리에 그저 침을 뱉고 싶었다. 하지만 실망스럽게도 우리는 거기에 목을 매야 했다.

마침내 옆 동네에 있는 우체국에서 신호를 잡았다. 친구에게 열쇠 꾸러미를 우편으로 부치고 앞쪽으로 나와서 아이패드를 꺼냈다. 손가락으로 터치를 하자 〈뉴욕 타임스〉 사이트 헤드라인이 나타났다. "대법원이 전국적으로 동성 결혼 합법화 판결."

나는 그걸 읽고 나서, 아마 미국의 다른 모든 게이도 마찬가지였겠지만, 울컥했다. 길 옆에, 누더기 같은 옷을 입고, 쓰레기 집게를 두 발 사이에 세워 둔 채로 나는 눈물이 쏟아져 눈앞이 흐려지면서 동성 결혼 합법화에 반대한 모든 사람을 떠올리며 "엿 먹어라, 쓰레기들아."라고 생각했다.

대법원은 15세 이상의 모든 게이는 이제 어디에 살든 간에 결혼하려는 그 어떤 얼간이들과 동일한 대우를 받는다고 판결했다. 나는 약간 메시지가 섞여 있는 듯한 느낌이 들었는데, 모든 사람은 올리브 가든*에 도커스**를 입고 갈 수 있다는 말을 듣는 느낌이었다. 그러고 나서 이성애자인 내 회계사에게도 말했는데, 그는 몹시 흥분했다. "이제 세금을 줄이려면 휴와 당신도 조처를 해야죠." 그가 내게 말했다.

"그러고 싶진 않아요." 내가 말했다. "나는 결혼을 믿지 않아요."

그는 말을 잔뜩 늘어놓기 시작했는데, 법적으로 부부가 된 사람들의 이야기였다. 그들은 돈을 상당히 많이 절약할 수 있

---

* 올리브 가든(Olive Garden): 식당 브랜드 — 옮긴이
** 도커스(Dockers): 미국 바지 브랜드 — 옮긴이

10. 소박한 제안

으며, 특히 상속할 때 그렇다는 것이다. 내 회계사는 우리가 얼마나 아낄 수 있는지 설명했고, 이에 대해 나는 "기다리는 기간은 얼마나 돼요? 필요한 서류는 어떤 것들이죠?" 이렇게 물었다.

그날 밤에 나는 앞으로 18번을 하게 될 제안을 처음으로 했다. "들어 봐." 저녁을 먹으며 휴에게 말했다. "이건 할 필요가 있어. 그러지 않으면 우리 둘 중에 누가 죽으면 나머지가 세금을 잔뜩 맞아야 해."

"나는 신경 안 써." 그가 말했다. "그저 돈 문제일 뿐이니까."

이건 도대체 말이 안 되는 문장이다. '그저' 망고 크기 만한 뇌종양이 있을 수 있다. 내가 '그저' 누군가를 고용해서 당신이 자고 있을 때 질식시켜 죽일 수도 있다. 그런데 언제부터 돈 문제가 '그저' 돈 문제일 뿐이게 되었는가?

"나는 너랑 결혼하지 않을 거야." 그는 반복해서 말했다.

나도 그에게 내가 무슨 낭만적인 생각을 하는 건 아니라고 분명히 말했다. "결혼반지도 없고, 결혼식도 없고, 어떤 축하도 없어. 아무에게도 말하지 않고 회계사에게만 말하는 거야. 재정상의 계약이고 그 이상도 이하도 아니야."

"싫어."

"이런 빌어먹을." 내가 말했다. "당신이 좋든 싫든 간에 결혼해야 하는 거야."

"싫어. 나는 안 해."

"아니야. 해야 해."

이런 식으로 2주일이 지나자 그는 식탁 위에 포크를 집어 던지면서 말했다. "당신 입을 닫을 수 있다면 뭐든 하겠어." 이게 내가 들었던 말 중에 "좋아."라는 말에 그나마 가장 근접한 말이었다.

옥수수를 새로 하나 집어 들면서 내가 말했다. "좋네. 이제 됐어."

다음 날에야 현실로 다가왔다. 나는 쓰레기 집게를 들고서 번잡한 도로 옆에서, 잔디 깎는 기계가 지나가면서 찢어 놓은 커피 담았던 종이컵 조각들을 줍고 있었는데, 이제는 "미혼" 란 대신에 "기혼"란에 체크를 해야 한다는 생각이 들었다. 나는 언제나 또 다른 칸이 마련되어 있어야 한다고 생각했는데, 지난 24년간 나는 그 어느 쪽에도 포함되지 않았던 까닭이었다. 나는 휴를 내 남편이라고 소개한 적이 한 번도 없었고, 그도 나를 그런 식으로 언급한 적이 없었지만, 그렇게 표현하는 이들은 여럿 있었다. 그들은 90년대 중반에 "파트너"라는 용어가 사용되기 시작하자 흔쾌히 받아들였다. 자전거 탈 때 헬멧을 쓰는 사람들처럼 마음 착한 사람들이었다. 차들이 소리를 내며 지나가는 그곳에 서서 나는 내가 결혼하는 그날에 마침 문자를 보내고 있던 — 좀 더 그럴듯하게는 섹스팅을 하고 있던 — 운전자가 모는 차에 치여 죽는 상상을 했다. "그의 유족으로는 남편 휴 햄리크가 있다."라고 부고란에 실릴 것인데, 그러면 나는 무덤에 들어가서도 우스워 데굴데굴 구를 것이다.

그날 저녁을 먹으면서 우리는 둘 다 그 전날의 대화에 대해서는 더 이상 얘기하지 않았다. 이런저런 이야기를 하고 자잘한 계획이나 이웃 사람들에 관한 얘기를 나누고 나서는 집의 서로 다른 곳에 있는 각자의 처소로 들어갔다. 앞으로 남아 있는 우리의 모든 날 동안 약혼한 상태로 말이다.

11. 조용한 응대

 가끔 이웃 사람이 저녁에 초대하는 경우를 제외하고 아버지가 옷을 차려입는 경우는 교회에 가실 때뿐이다. 내가 어릴 때 아버지는 교회학교에 보내려고 내 누이들과 나를 교회에 차로 데려다주었고, 그러고는 클럽에 가서 골프를 쳤고, 예배가 끝났을 때 그러니까 다른 사람들은 다 돌아가고 셔터가 내려진 그 건물 앞에 우리들만 남아 있을 즈음에 다시 돌아왔다. 그런데 지금은 매주 교회에 가신다.
 "정장을 하고 가세요?" 내가 물었다.
 "물론이지." 아버지가 말했다. "너는 무슨 생각을 하는 거냐?" 그때는 오월 하순이었고, 아버지는 시섹션의 데크 위에 앉아서 바다 쪽을 보고 계셨는데, 그날 바다는 잠잠했고 토파

즈 색깔처럼 파랬다. 에이미와 리사 누나도 그 테이블에 앉아 있었다. 휴가 샌드위치를 만들어서 우리 앞에 내놓자 아버지는 두 손을 비비면서 말했다. "'환'타스틱!"

나이가 들어서도 아버지는 여전히 잘생겼고, 피부는 여전히 팽팽하고, 일직선으로 뻗어 있어서 그리기 쉬운 코는 부러울 정도이며, 어디 하나 찌그러진 데가 없다. 내 코가 아버지를 닮았으면 좋겠지만 실은 어머니를 닮아서 내 콧구멍은 올리브 열매를 집어넣을 수 있을 만큼 크다. 아버지는 아직 머리숱도 많고, 심지어 검은 부분도 남아 있다. 이날은 내가 예전에 런던에서 사다 드렸던 위쪽이 평평한 모자를 쓰고 계셨다. 작은 체크 무늬로 된 밝은 패턴이 있는, 면으로 만들어진 모자로서, 아버지께 드릴 때만 해도 싫다고 하시더니, 도착했을 때부터 계속 쓰고 계셨다.

"내가 교회 갈 때 뭐 입는지가 왜 궁금하니?" 아버지가 물었다.

나는 며칠 전에 롤리에서 에메랄드 섬으로 오는 길에 휴와 에이미 그리고 내가 들른 바비큐 레스토랑 이야기를 꺼냈다. 일요일 정오였고, 노스캐롤라이나 동부의 조그마한 마을이었다. 거기 온 사람들은 대부분 교회에 갔다 오는 길인 듯했는데, 재킷과 넥타이까지 차려입은 남자들은 멕시코계 사람들뿐이었다. "나머지는 다들 도커스 바지에 폴로 셔츠를 입고 있었어요." 내가 말했다. "여자들도 바지를 입고요."

"그래서?" 아버지가 물었다.

"내 눈에 그게 들어오더라고요. 그게 다예요. 우린 어릴 때 옷을 다 차려입어야 했죠. 지금 사람들은 교회 갈 때 반바지도 입고, 운동복을 입기도 해요."

아버지는 약간 놀라셨다. "음, 트리니티 교회에서는 그렇게 해서는 안 돼."

우리 교회는 1980년대에 이주해 오기 전까지는 롤리의 다운타운에 있는 돌로 지은 건물에 있었다. 그 주변에 사는 사람들은 적어도 우리 같은 교외 거주자에게는 거칠다는 느낌이 들었지만 안 좋은 일은 없었고 가끔은 재미있는 일도 생겼다. "아빠, 그때 왜 아빠가 사제를 만났을 때 나도 같이 갔던 거 기억나요?" 리사 누나가 물었다. "우리가 집으로 돌아오는 길에 흑인이 자기 것을 노출했죠. 내가 그때 12살인가 13살쯤이었는데, 그 남자가 자기 바지에서 페니스를 꺼내서 흔들었어요."

"맞아." 아버지는 입을 닦으며 말했다. "어제 일처럼 기억하지!"

"그때 아빠가 유턴을 해서 우리더러 다시 보게 했죠."

아버지는 빙그레 웃었다. "꽤 컸지."

"대부분의 아빠는 딸이 그런 걸 보지 못하게 막는데," 리사 누나가 말했다. "아빠는 내가 한 번 더 보게 했죠."

아버지가 다시 웃었다. "나는 교육적인 체험이 될 거라고 생각했지."

나는 리사 누나와 휴랑 같이 있을 때가 좋은데, 그들은 아버지가 말을 하게 만들 수 있기 때문이다. 나와 아버지 둘이 있으면 나는 무슨 말을 해야 할지 모르겠다. 이건 최근에 생긴 현상이 아니다. 내가 기억하는 한 언제나 그랬다.

아버지는 평생 뭘 잘 만들고 고쳤다. 차도 스스로 정비했고, 한번은 롤리에 있는 우리 집을 증축하기도 했다. 내가 하는 일이라고는 그저 아버지가 달라는 연장을 건네주거나 작업등, 그러니까 알루미늄 케이지에 담긴 전구를 들고 있는 정도였다. 내가 피스톤에 관심이 있었거나 시멘트의 적정 배합비에 흥미가 있었다면 얘기는 달랐을 것이다. 그러나 나는 그런 질문을 한 적이 없었고, 아버지도 알려 주지 않았다. 그저 잔디밭 기수*처럼 팔을 뻗은 채 서 있을 뿐이었다.

"아 참, 움직이지 말라니까."

"안 움직였어요."

"좋아, 그러니 움직이지 마."

그때 나는 아버지가 하는 일이나 아버지의 어렸을 적에 관해 질문을 할 수도 있었지만 그런 이야기를 나누기에는 너무 늦었던 듯했다. 그런 대화는 적어도 몇 년 전에 시작했어야 했다. 그런 대화를 하려면 벽돌을 하나하나 쌓아 올려 만든 토대

---

* 잔디밭 기수(lawn jockey): 물건을 걸어 두기 위해 잔디밭에 세워 놓는 조그마한 기수 형상 — 옮긴이

가 필요하지, 한 번에 털썩 할 수 있는 게 아니다. 아버지도 내게 어떻게 사는지 물어보실 수 있었지만, 나는 그런 질문에 어떻게 말해야 할지 몰랐다. "너는 그때 소고기 로스트를 손으로 철썩 때리면서 무슨 생각을 했던 거야?"

"모르겠어요."

내게 무슨 비밀이 있었던 것은 아니다. 솔직히 그때 내가 왜 그랬는지 나도 알지 못한다. 로스트는 접시에 올려져 있었고, 고기에서는 즙이 나와서 흥건했는데, 내가 그걸 손으로 때리자 그 주의 초에 우리가 같이 몰에 가서 앉아서 완성한 가족의 파스텔 초상화에 다 튀었다. 우리 얼굴에 튄 피가 흘러내리는 걸 지켜보면서도 내가 왜 이러는지 알 수가 없었다. 새로 만든 부엌 조리대에 공업용 스테이플러를 박았을 때도 마찬가지였는데, 유체 이탈의 경험이었다.

'다른 집의 아버지와 아들은 무슨 얘기를 할까?' 나는 그 작업등을 이 손에서 저 손으로 옮기면서 자문했다. 어머니와 대화하는 데는 아무런 어려움이 없었다. 전혀 힘들이지 않아도 되었고, 이야기 주제는 얼마든지 많았기에, 마치 원숭이가 나뭇가지 사이를 옮겨 다니듯 능숙하게 한 이야기에서 다른 이야기로 넘어갔다. 그때 아버지와 내가 서로에게 끼친 침묵은 아버지가 나이가 든 지금은 더 심각해졌다. 내가 아버지 얼굴을 볼 때면 매번 이번이 마지막일 수도 있기에 우리의 대화를 뜻깊게 만들어야 한다는 압박감이 나를 짓누른다.

11. 조용한 응대

"누나는 아버지와 어떻게 그렇게 쉽게 얘기하는 거야?" 점심 먹은 그릇을 집 안으로 가지고 들어오면서 내가 리사 누나에게 물었다.

"간단해." 누나가 말했다. "가끔은 그냥 아빠에게 '아빠, 뭐 하세요?'라고 묻기만 할 때도 있어."

"일 년 중 몇 월이든 하루 중 언제든 그저 폭스 뉴스를 보면서 세금 계산을 하고 계시지." 내가 말했다.

"뭐 그렇지, 하지만 새로운 공제 항목을 찾기도 하시지. 교인 중에 누가 죽었거나 오래 알고 지낸 이웃 중에 누가 죽었기도 하고. 그런 걸 너는 전혀 몰라!"

그날 밤에 우리는 리사 누나와 누나의 남편인 보브가 좋아하는 애틀랜틱 비치 마을에 있는 식당에 갔다. 나는 셔츠에 타이를 했고, 에이미는 새 옷을 꺼내 입었고, 아버지는 티셔츠에 하얀 테니스 반바지를 입었다. 예전에 아버지 다리에는 털이 많았지만 지금은 아이들 다리처럼 매끈한데, 아버지 말로는 IBM에서 일할 때 늘 무릎까지 올라오는 양말을 신었기 때문이라고 했다. 아버지는 식당에 가기 위해 나와 휴와 함께 차를 탔는데, 거기까지 20분 동안 가는 도중에 1980년대에 우리가 자주 묵었던 콘도미니엄 단지가 나오자 활기를 찾았다. "야," 아버지가 말했다. "우리가 가족이었을 때 갔던 곳이네."

"지금도 가족이잖아요?" 휴가 물었다.

"샤론이 살아 있을 때를 말하는 거지."

나는 아버지가 그렇게 말하는 게 싫었지만, 사실이긴 했다. 어머니는 우리를 모두 한데 아우르는 역할을 했다. 어머니가 세상을 떠나자 우리는 모두 한 줌의 축축한 흙같이 계속 조금씩 빠져나가기만 했지, 그 누구도 도로 눌러 담질 못했다. 어머니가 계실 때는 우리는 매년 바닷가에 갔다. 방금 지나온 그곳은 스무 채 남짓이 한데 모여 있는 단지인데, 다들 풀장 주위를 둘러싸고 있었다. 우리가 데크 위에 서서 찍은 사진도 있는데, 마리화나를 피워서 내 눈만이 아니라 누이들의 눈도 새빨갛다. 코카인도 할 수 있을 해에는 다들 약에 취해서 만들었던 모래성이나 나뭇가지들로 만들었던 공룡도 생각난다.

"너희 모두 힘이 넘치는구나." 우리가 자정에 바닷가를 걷다가 돌아오면 어머니가 하던 말이었다. 어머니는 무슨 일이 있었는지 알고 있었지만, 아버지는 좀체 감이 없었던 듯하다. 우리가 빌렸던 콘도는 5층에 있었다. 내 누이들이 남자 친구를 데려올 때면 서로 다른 방에서 잤다. 롤리에 있는 부모님 집에 갈 때도 마찬가지였다. "여긴 내 집이니 내 규칙대로 해야 해." 어머니는 말하곤 했다. 무슨 이유였는지는 모르지만 나는 예외였다. 얼마 전에 내가 아버지에게 물어봤다. "아버지하고 어머니가 집에서 허락했던 유일한 섹스는 게이들의 섹스였어요. 그건 이상한 거 아니에요?"

"우리도 있었어." 아버지가 말했다.

"우리요?"

"네 엄마와 나."

나는 귀를 막고, 속에서 뭐가 올라오는 걸 참았다.

애틀랜틱 비치에 있는 식당은 판잣집 같은 거였기에, 나는 노스캐롤라이나 동부의 달콤한 억양에 입술이 도톰한 젊은 여성이 내미는 예쁜 메뉴판을 보고 꽤 놀랐다. "괜찮으시면 여성분 주문부터 받을게요." 주문하려고 하자 그녀가 말했다. 그녀가 리사 누나를 쳐다봤다. "오늘 저녁으로 뭘 드시겠어요, 사모님?"

예상치 못한 세련된 말이었기에 에이미는 밤새 그걸 반복했다. "드셨던 더블 스카치 다섯 잔 어떠셨어요, 사모님?"

음식이 나왔을 때 나는 최근에 만났던 비행기 승무원 얘기를 하고 있었다. "비행기에서 사람들이 두고 내리는 물건 중에는 어떤 것이 있느냐고 물어봤더니, 그 주 초에는 좌석 뒤에서 사용한 생리대가 나왔다고 하더라고."

"세상에." 에이미는 즐거워하며 말했다.

"아직 따뜻하더래." 내가 덧붙였다.

아버지는 당황해서 밑을 내려다봤다. "이게 밥 먹으면서 할 소리니?"

"이 사람은 이렇게 혐오스러워요." 휴는 자신과 아버지가 공감하는 걸 발견해서 즐거운 듯이 말했다.

그러고 나서 나는 뉴멕시코에서 만난 사람 이야기를 꺼냈는데, 그 사람은 필 맥크레켄(Phil McCracken)이라는 이름의 삼촌이 있었다.

"그게 무슨 문제라는 거야?" 아버지가 물었다.

"구멍을 채워 달라(Fill my crack in)." 리사 누나가 말했다. "감이 오세요? 엉덩이 갈라진 부분 같은 거?"

아버지는 한숨을 쉬었다. "여기 대화 수준이 아주 바닥이네."

"아버지." 휴가 말했다. "할아버지는 어떤 분이셨는지 말해 주실 수 있어요?"

그로서는 얘기를 좀 더 진전시키려고 꺼낸 말이지만, 그 바람에 우리를 막다른 골목으로 밀어 넣고 있다는 건 깨닫지 못했다. 우리가 파푸(Pappoú)라고 불렀던 우리 할아버지는 내가 여섯 살일 때 돌아가셨다. 할머니 이야이야(Yiayiá)와 마찬가지로 그리스 출신이다. 두 분 모두 영어는 백 단어 이상 말하지 못하셨지만, 뉴욕 코틀랜드에서 신문 판매대를 소유하고 운영하셨다. 전구가 켜져 있었고, 어디로 이어지는지 알 수 없는 복도처럼 길고, 침침하고, 협소했다. 2층의 작은 아파트에 사셨고, 그곳을 나는 생생히 떠올릴 수 있지만, 할아버지 파푸에 대해 내가 갖고 있는 기억은 키가 작으셨다는 것뿐인데, 이민자 카드에 의하면 155센티미터 정도이셨다.

"왜 내 아버지에 대해 물어보는 거야?" 아버지가 말했다.

휴는 어깨를 으쓱했다. "한 번도 들어 본 적이 없어서요."

아버지는 그 여자 종업원에게 보드카 토닉을 한 잔 더 주문했다. "음, 매우 … 열심히 일하셨던 분이었지."

"그 이상은 알아낼 수 없을 거예요." 리사 누나가 휴에게 말했다. "확실해요. 우리가 이미 평생 시도해 봤어요."

아버지께 말씀드리지 않았던 이야기인데, 몇 년 전에 코틀랜드에 사는 82세의 여성에게 편지를 받은 적이 있다. 내가 쓴 책들에 대해 칭찬하는 말이 이어지더니 "당신 할아버지는 돼지였다오."라는 말이 따라왔다. 그다음에 바로 자신의 이름이 나왔고, "행복을 빌며" 같은 맺음말은 전혀 없었다.

"더 말할 건 없어." 휴가 좀 더 자세히 말해 달라고 하자 아버지가 말했다. "아버지는 아주 열심히 일하셨는데, 부모님 모두 그러셨어. 다른 걸 할 수 있는 여유가 없었지." 이 주제에 대해서 아버지가 입을 꾹 닫는 정도는 듣는 이로서는 화가 날 지경이다. 그리스인들은 자녀들이 다른 문화권 사람과 결혼을 하면 인정해 주지 않는 경향이 있기에 내 어머니에게 할아버지 파푸는 정말이지 불쾌한 사람이었다. 어머니는 할아버지 이름만 나와도 몸서리를 쳤는데, 구체적으로 언급하지는 않고, "그건 네 아버지한테 물어라."라는 말만 했다.

"어떻게 할아버지에 대해 아무것도 기억을 못 할 수가 있어요?" 내가 그날 밤 늦게 식당에서 돌아오는 길에 물었다. "아니, 뭔가 기억나는 게 있어야 하는 거잖아요. 할아버지가 운전은 하셨어요? 음악을 듣거나 책을 읽으셨어요? 나는 할머니가 흑인들 욕하는 걸 들은 적이 있는데, 할머니가 아는 말이 몇 개 안 된다는 걸 감안하면 상당히 의외였어요. 클랜* 회원에게 영어를 배우다가 둘째 날에 그만두신 것 같았죠. 할아버지도 그러셨던 거예요? 담배는 피우셨어요? 아버지에게 크리스마스 선물은 하셨어요?"

"주무시잖아." 휴가 내게 말했다.

"뭐라고?"

"아버지, 주무신다고."

다음 날 아침에 아버지가 주방 식탁에 앉아서 매형 보브가 사 온 잡지를 뒤적이고 계신 걸 봤다. 노스캐롤라이나의 공예품에 관한 잡지였고, 표지에는 샐러드가 담긴 그릇 사진이 있었다. "안녕." 아버지는 계단을 내려오는 나를 보면서 말했다. "왔구나."

거의 동시에 리사 누나가 들어오면서 말했다. "아빠, 기분은 어떠세요?"

"'환'타스틱하지."

나는 아침에 글을 쓰는 타입이라서 커피를 한 잔 담아서 휴와 내가 같이 쓰는 방으로 가지고 갔다. 내 책상은 한쪽 구석

---

* 클랜(Klan): 흑인을 배척하는 미국 남부 주들의 백인 비밀 단체 — 옮긴이

11. 조용한 응대

에, 바다가 보이는 슬라이딩 방식의 유리창 옆에 놓여 있는데, 거기에 한 시간 정도 앉아 있자니 아버지가 들어왔다. 내가 어릴 때부터 아버지는 늘 그랬다. 내가 책상에 앉아서 그림을 그리거나 숙제를 하고 있으면 방에 들어와서 침대에 누워 몸을 쭉 뻗었다.

"뭐 하고 있냐?" 아버지가 묻곤 했다.

1분쯤 지나면 잠이 드셨다. 이런 일은 내가 독립해서 롤리의 다른 곳에 마련한 내 아파트에서 살 때도 마찬가지였다. 노크도 없이 들어온 뒤에 마치 긴급한 상황이라도 벌어진 듯이 내 침대로 곧장 가시는데, 급하게 화장실을 써야 한다는 듯한 느낌이었다.

"음, 뭐 하고 있냐?" 아버지는 엉덩이에 양손을 대고, 바다 쪽으로 나 있는 유리창 너머로 보면서 물었다.

"아무것도 안 해요." 내가 말했다. "일을 좀 하려고 하던 참이에요."

아버지는 침대 가장자리에 앉아서, 새로 매트리스를 사는 사람처럼 테스트를 했다. 아버지의 발은 바닥에 닿을락 말락 했는데, 발을 들어 올려서 스트레칭을 하려 할 즈음에 나는 다시 컴퓨터에 집중해서 어느 죄수에게 쓰고 있던 편지를 마무리했다. 나는 교도소에 있는 남자나 여자로부터 편지를 꽤 많이 받는다. 그들은 무슨 이유로 거기 있는지 말을 잘 안 했지만, 인터넷을 사용하면 쉽게 알아낼 수 있었는데, 이 사람은 마약 때문이었다.

"그런데, 요즈음은 어때?" 아버지가 물었다. "건강은 어떠냐?"

이틀 동안 이 질문을 열 번째 하시는 거였다. "좋아요."

"기분은 좋아?"

"그렇죠."

나는 아버지가 나와 똑같은 일, 즉 접점을 찾으려고 애쓰고 있다는 걸 안다. 우리는 서커스단에서 공중그네 묘기 하는 두 명처럼 서로의 손을 붙잡으려고 하지만, 매번 놓친다. 그러는 사이 무대에 있는 팀원들이 우리 아래에 모여서 안전 그물망을 펼치기 시작한다.

"어제 저녁 식사 고마워." 아버지가 말했다. "네 마음씨가 넉넉하다."

"천만에요." 나는 쓰고 있던 편지에 다시 집중했는데, 이걸 누가 가장 먼저 읽을지 궁금했다. 죄수에게 주기 전에 틀림없이 돈이나 숨기기 쉬운 마약을 찾기 위해 다른 누군가가 먼저 봉투를 열어 볼 것이다. 내가 다시 아버지를 봤을 때 아버지는 이미 코를 골고 계셨는데, 그게 우리로서는 최선의 상태가 아니었을까 싶다.

자라는 동안 나는 아버지가 나를 딱히 좋아한다는 느낌이 없었다. 물론 나를 전혀 사랑하지 않는다고는 생각하지 않았다. 만약에 집에 불이 나면 나를 질질 끌고 나오긴 하시겠지만,

아마 다른 사람을 다 구하고 난 뒤에야 그렇게 하실 것이다. 그보다 더 안 좋아질 수도 있었는데 — 다행히 어머니가 계셨다 — 그러나 어릴 때는 그런 생각이 나를 괴롭게 했다. '나를 좋아하시게 만들려면 어떻게 해야 할까?' 나는 곰곰이 생각했다. 아버지가 좋아할 만한 아들의 모습을 갖추려고 애를 쓰면 쓸수록 아버지는 나를 더 경멸했기에, 결국 나는 다 포기하고 정반대로 행동하기로 했고, 지금껏 그렇게 살아왔다. 아버지가 뭘 좋아하면 나는 그 반대로 했다. 거의 모든 일에서.

아버지가 내 침대에서 주무시는 걸 보면서, 나는 내가 망쳤던 그 파스텔 가족 초상화를 다시 생각했다. 그 일은 나 자신을 불쌍히 여길 만한 일이었지만, 솔직히 말하면 나도 어릴 때의 나를 좋아하지 않았을 법하다. 나는 끊임없이 거짓말을 했고, 아버지의 돈을 훔쳤다. 차 안이 조용하다 싶으면 나는 여지없이 내 누이 중 한 명을 울렸다. "아빠, 데이비드가 계속 내가 임신했다면서, 나올 애는 고양이 몸을 하고 있을 거고 죽어서 나올 거래."

"내가 언제."

"그랬잖아."

"안 했어, 거짓말쟁이야."

내가 11살 정도일 때는 한동안은 두루마리 화장지를 다 쓰고 남은 심을 변기에 집어넣곤 했다. 대여섯 번은 물을 내려야 내려갔지만, 나는 급할 것이 없었다.

변기가 막히자 처음 세 번 정도는 아버지가 직접 고무가 달린 뚫어뻥을 사용해서 해결했다. 그다음부터는 무슨 이유인지 뚫어뻥으로는 안 되었다. 그러자 아버지는 내게 연장통을 들고 열린 문가에 서서, 아버지가 달라고 하는 걸 건네주게 했다. 물탱크를 비우고 수도관을 잠그고 나서, 스패너로 큰 너트를 풀어서 변기를 바닥에서 들어 올렸더니, 더럽고 녹이 슬어 있는 주먹 만한 구멍이 나타났고, 집 안에 냄새가 진동했다. 나는 숨을 참고서 지켜봤는데, 아버지가 그 안으로 손을 집어넣더니 내가 몇 시간 전에 내려보낸 심의 일부를 끄집어냈다. "아니 도대체 누가…?"

그날 밤에 저녁 먹는 자리에서 거창한 훈계가 이어졌다. "이런 짓을 한 사람이 내 손에 잡히면…."

'장갑도 끼지 않았네.' 나는 우리 모두 같이 먹는 나뭇가지로 만든 광주리에서 아버지가 빵을 꺼내는 걸 지켜보면서 생각했다.

며칠 후에 나는 다시 빈 심을 화장실에 집어넣고 물을 내렸고, 다시 막혔다. 뚫어뻥이 다시 나오고 연장통도 나오고, 문가에 서 있으라는 말도 나왔다. 변기가 바닥에서 들어 올려졌고, 아버지는 욕을 하면서 소매를 걷어붙였는데, 나는 소리 내어 웃었거나 적어도 티가 나게 미소 짓고 있었던 듯하다. "너," 바닥에 무릎 꿇고 있던 아버지가 나를 올려다보더니 말했다. "이거 네가 한 거지?"

"제가요?"

"빠져나갈 생각 하지 마라."

나는 버벅대면서 아니라고 말했다. "나는 화장실에 가지도 않아요. 에이미나 티파니에게 물어보셔야죠. 걔들이 했을…."

"네가 이 관 속에 손을 집어넣어서 화장지 심을 꺼내." 아버지가 말했다. "이제부터 화장실 휴지 외의 어떤 것도 변기 속에 집어넣지 말고."

내가 물러서자 아버지가 나를 확 잡아끌었다. 그러고는 바닥에 눕히더니 내 손을 잡고는 우리 가족의 항문이라 할 그 관 속으로 깊숙이 집어넣었다.

그러고는 우리가 싼 똥 속을 헤집어야 했다. 나는 얼어붙었다. 열한 살짜리 소년의 관심, 그 정도의 성숙도, 똑같은 머리 스타일로, 안경도 똑같게 말이다.

그때의 냄새나 그 끔찍한 관에서 꺼내서 쳐다본 내 손보다 더 생생하게 기억나는 건 아버지가 얼마나 힘이 셌던가 하는 것이다. 내 인생 최대의 전투를 할 수도 있었지만, 인형처럼 있는 편이 더 나았는데, 내가 팔짱을 끼고 있자 아버지는 내 팔을 비틀어 손목을 잡아챘다. 그렇게 힘이 셀 줄은 상상도 하지 못했다. 그러나 지금 아버지는 한층 가냘파졌다. 키도 몇 센티미터 줄었고 완전히 여위었다. 팔과 다리는 뼈밖에 안 남았다. '그때는 왜 이런 분을 무서워했던가?' 이제 와서 아버지의 작은 가슴이 오르락내리락하는 걸 보면서 나는 새삼 궁금해졌다.

"데이비드!" 아버지는 계단 위에서 소리치곤 했다. "올라와 봐라!"

"제가 뭘 했는데요?" 나는 또 아버지가 뭔가 야단칠 일로 부르는 줄 알고 내 방에서 소리쳐 대답하곤 했다. "그게 뭐든 간에 제가 한 게 아니에요."

"올라와 봐, 지금!"

그런 경우에 두 번에 한 번은 야단맞는 일이었는데 ─ 아버지가 얼마 전에 심은 나무가 다 부러져 있는 걸 발견하거나, 아버지가 내게 줬던 축구공이 숯불 화로 위에 녹아 붙어 있는 걸 발견한 경우 ─ 그게 아니면 거실에서 음악을 듣고 있는 경우였다. 언제나 재즈 음악이었고 라디오에서 흘러나오는 곡인 경우가 많았다. 아버지가 가장 아끼는 물건이 스테레오 시스템이었는데, 유리문이 달린 캐비닛 속에 차려 놓은 거였다. 턴테이블, 앰프, 예쁜 테이프 데크. 전부 최신식이었고, 우리는 아무도 손댈 수 없었다.

"앉아 봐." 아버지는 소파를 가리키며 말하곤 했다. "이거 들어 봐. 가만히 잘 들어 봐."

고등학교 다닐 때 티실이라는 친구도 그런 식이었다. "네가 들어야 할 노래가 있어." 그는 이렇게 주장하면서 〈Born To

Run〉*이나 더 후(The Who)**의 레코드판을 재킷에서 꺼내어 침실에 펼쳐 놓곤 했는데, 새 레코드판에서 나는 냄새가 좋았다.

나는 그런 척 ― "와, 멋지다." ― 해줬지만, 실은 티실이 틀어 주는 노래는 전혀 감동을 주지 않았고, 내가 사는 세상에 대해 좀 더 근사한 느낌을 갖게 해주지도 못했다. 그러나 아버지가 들어 보라고 하는 것들은 놀라웠다. "이거 누구예요?" 내가 물었다.

"그건 신경 쓰지 말고, 일단 들어 봐."

아버지는 내 누이들이나 동생인 폴에게도 그렇게 했지만, 그들 중에는 아버지와 내가 들었던 것을 들은 이가 없었다. 존 콜트레인의 〈I Wish I Knew〉 말이다. 그리고 베티 카터의 〈Beware My Heart〉 말이다. 내 팔의 털이 다 곤두서는 듯했고, 다른 모든 것들 ― 거지 같은 학교생활, 날마다 나를 짓누르던 외로움과 자기혐오 ― 은 다 멀어지면서 형언할 수 없는 아름다움이 그 자리를 채웠다. "감이 오지?" 아버지는 코치처럼 두 주먹을 쥔 채로 내가 음악을 듣고 있는 그 방에서 걸어다니며 내게 물었다. 다 들은 뒤에 아버지는 볼륨을 줄였고 우리는 팽팽하다기보다는 감미로운 고요를 함께 맛보았다. 우리

---

* 브루스 스프링스틴의 노래 제목 ― 옮긴이

** 더 후(The Who): 영국 록 밴드 ― 옮긴이

가 공유했던 것, 그건 바로 음악이었다.

아버지가 어릴 때 재즈는 오늘날의 랩이나 펑크 록 같은 거였다. 재즈를 듣는다는 것은 특별한 일이었다. 독특한 사람으로 만들어 주는 것이었고, 특히 자기 부모님이 좋아하는 악기라고 해봐야 부주키*가 전부인 이에게는 더욱 그랬다. 나는 할아버지 파푸가 마일스 데이비스**의 연주를 지나가는 덤프트럭 소리와 구분할 수 있었으리라고 생각하지 않는다. 할아버지에게는 둘 다 그저 소음이었으리라. 아버지에게는 매력적이었겠지만 나와는 상관이 없었다. 음악은 내가 아버지께 반항하지 않았던 유일한 일이었다.

아버지가 나더러 들어 보라고 한 노래가 끝나고 난 뒤의 고요한 여운 속에 앉아서, 나는 내가 무대 위에서 오스카 피터슨***처럼 땀에 흠뻑 젖어 있거나, 갈채에 답하여 인사하고 있는 수석 트럼펫 연주자나 기타리스트가 된 듯한 상상을 했다. 내 앞에 있는 청중은 환호성을 지르고, 그중에 한 사람이 특히 두드러지는데, 그건 내 아버지이고, 아버지는 일어서서 "봤지? 저기 쟤가 내 아들이야!"라고 소리치고 있었다.

---

* 부주키(bouzouki): 그리스 현악기 — 옮긴이

** 마일스 데이비스(Miles Davis): 미국의 흑인 재즈 트럼펫 연주자 — 옮긴이

*** 오스카 피터슨(Oscar Peterson): 캐나다 출신 피아노 연주자 — 옮긴이

내가 대학에 들어가기 전까지 내 방 밖에는 유아용 그랜드 피아노가 있어서 가끔 건반을 치곤 했는데, 본격적으로 제대로 배워 볼까 하는 생각도 했었다. 그러나 12살이 될 무렵에는 나도 안 되는 건 보면 알 수 있었다. 알코올 중독에서 회복하는 이들이 자주 쓰는 표현이 있다. "공구점에 가서 우유 찾지 마라." 내가 악기를 마스터하고 싶거나 인생에서 창조적인 걸 하고 싶다면 나를 위해서 해야 하고, 오직 나만 할 수 있다.

어른이 되고 나서 나는 롤리에 와서 예전에는 메모리얼 오디토리엄이었던 곳이자 지금은 듀크 에너지 센터의 일부가 된 곳에서 낭독회를 하는 경우가 종종 있다. 내 가족도 참석하는데, 끝나고 나면 언제나 아버지는 이렇게 말하신다. "다 잘 되었고 멋지긴 한데 매진은 아니네."

"아, 매진이에요." 내가 말한다.

"아니야, 안 그래." 아버지가 말한다. "네가 무대에 오르기까지 기다리면서 내가 봤더니 빈자리가 서른 개 있었어."

아버지는 늘 이런 식이다. 좌석은 2,200석 규모인데도 아버지 눈에는 빈자리만 보인다.

"대체로 6개월 전에 예매한 사람 중에 5퍼센트 정도는 잊어먹거나 다른 계획이 생겨요." 나는 내 친구이자 30년 전부터 이벤트 기획 일을 시작해서 이 바닥 사정을 잘 아는 애덤이 했던 말을 아버지에게 전한다.

"그건 말이 안 돼." 아버지가 말한다. "빈자리는 잊어먹어서 생긴 게 아니라 비어 있는 거야." 이건 마치 내가 무관심해서 그 좌석 색깔이 달라진 듯하다.

"알았어요." 나는 말하면서 생각한다. '아니, 뿌듯하게 생각해야 할 쇼에 참석하면서 빈자리 숫자를 세는 일을 도대체 누가 할까?'

내가 몬테레이 재즈 페스티벌에 참가해서 피아노를 연주한다고 해도 사정은 마찬가지일 것이다. "사람들은 다 어디 있는 거야?" 아버지는 내 연주가 끝나면 물으실 것이다.

요즈음 아버지는 낮잠을 많이 주무신다. 하루에 두세 번 주무시는데, 적어도 바닷가에 우리가 함께 있을 때는 그렇다. 20여 분 만에 눈을 뜨면 활기를 되찾으시는데, 나도 아래층에 내려가서 낮잠을 자고 싶지만 아버지가 깼을 때 방에 아무도 없게 하고 싶지는 않았다. 나로서는 그저 기다리는 수밖에 없었는데, 그동안에 우리가 같이 들을 곡들을 골랐다. 제시카 윌리엄스의 곡 몇 개, 그리고 샘 존스와 에디 히긴스 등 아버지가 근래에 들어 본 적이 없을 사람들의 곡이자, 우리가 아무 말 없이 듣기만 할 게 분명한 레퍼토리로 말이다.

12. 길들어지지 않은

 천국의 문을 지키고 있을 것이고 수많은 농담 속에 등장하는 중요 인물이기도 한 베드로를 제외하고서 내가 그나마 흥미를 느끼는 유일한 성인은 아시시의 프란치스코이다. 그가 나오는 그림들이 떠오르는데, 그림 속에는 그의 어깨 위나 편 팔 위에 새들이 앉아 있고, 발치에는 사슴이 있고, 등 뒤에는 '가만있어 보자, 잡아먹을 새나 사슴이 있는데, 어라 … 이 사람 누구지?'라고 생각하는 듯한 표범도 나온다. 프란치스코의 안에는 보통 사람에게는 없는 어떤 자질이 있어서 짐승들이 그에게 다가왔다. '나도 그런 자질이 있었으면.' 10살 무렵, 너무 외로웠을 때 나는 그런 소망이 있었다. 하지만 나의 꽉 쥔 주먹 안에는 내가 원했던 그런 모습이 아니라 달아나려고 온 힘을 다해 발버둥을 치는 햄스터가 있었다.

거기서 50년을 건너뛰어 보자. 서식스 서부의 늦여름에 나는 사무실로 개조한 마구간 밖의 파티오에 앉아 있었다. 자정이나 밤 2시쯤 되었을 것이다. 나는 등을 하나 들고나와서 내 앞의 테이블에 올려놓았다. 무심히 지나가는 이들이 보기에는 내가 영수증 목록이라도 만들고 있거나 편지라도 쓰는 것처럼 보이겠지만, 실은 숨도 제대로 쉬지 않고 캐럴을 기다리고 있다.

나는 노스캐롤라이나 롤리의 변두리에서 자랐기에 1998년에 프랑스로 이사 오기 전까지 여우를 본 적이 없었다. 노르망디에는 여우가 아주 많았는데, 내가 여우를 만나는 때는 대부분 어두울 때였다. 제대로 볼 수 있는 경우는 거의 없었는데, 여우들은 나를 보면 무서워서라기보다는 죄책감이라도 느끼는 듯이 달아나 버렸기 때문이다. 여우는 머리 모양도 그렇거니와 눈은 경계가 심하고 누군가와 눈이 마주치기를 거부했다.

서식스에도 여우는 흔한데, 내가 본 여우는 대부분 죽어 있었다. 차에 치여서 도로 옆에서 썩어 가고 있었다는 말이다. 휴와 내가 2010년에 여기 처음 방문했을 때 우리는 서턴에 사는 친구 비브와 그레천*의 집에 머물렀다. 그들은 저녁 식사로 닭 요리를 내왔는데, 식사를 마치고 나자 비브는 남은 고기를 정

---

* 저자의 여동생 그레천과는 동명이인이다. — 편집자

원에 던지면서 "먹고 싶은 이가 먹어."라고 말했다.

그들 집에서 그리 멀지 않은 곳에 우리 집을 장만한 뒤로는 우리도 똑같이 행동했다. 뒤뜰과 연결된 목초지 쪽으로 뼈를 집어 던지는 것이다. 우리가 집어 던진 것은 아침이면 없어졌는데, 누가 혹은 어떤 게 그걸 가져갔는지는 아무도 모른다. 오소리일 가능성이 있는데, 여우는 살아 있기보다는 죽어 있는 경우가 더 많다. 가끔은 고슴도치가 우리 집에 들어오는 경우도 있는데 ─ 이름은 갤버스턴이다 ─ 사슴이나 자고새도 많이 있다. 꿩이나 담비도 있고 토끼도 많아서 봄이나 여름에는 우리 집이 무슨 부활절 광고 찍는 배경처럼 된다.

내가 고양이는 기르고 싶어 하지 않는 이유는 고양이는 야생동물을 다 죽이기 때문이다. 내 남동생은 그 집의 흉악한 고양이들이 뭘 자꾸 질질 끌고 오기 때문에 두 달에 한 번은 자기 집 문 앞의 매트를 갈아야 하고, 그레천도 사정은 마찬가지이다. 퇴근하고 돌아와 보면 소파 위에 고양이가 머리를 씹어서 죽처럼 만들어 놓은 다람쥐가 놓여 있거나, 피가 흥건한 부엌 바닥에서 아직 숨이 끊어지지 않은 새가 자기 날개 중에 남아 있는 부분을 퍼덕거리고 있다는 것이다.

반려동물을 기르기 꺼리는 또 다른 이유 ─ 적어도 휴와 나에게는 ─ 는 그들 때문에 다툼이 생기기 때문이다. 90년대 중반에 우리는 고양이를 두 마리 키웠는데, 여배우 샌디 데니스가 기르던 30마리의 고양이 중에 마지막으로 남은 고양이들이 었고, 그녀는 난소암에 걸려서 죽었는데, 그전에 코네티컷에 있는 집에서 살았고, 그 집에서 나오는 냄새는 여름이면 소호에 있는 우리 아파트에서도 맡을 수 있을 정도였다. 에인절과 바라토스는 하얀 점이 있는 검은 고양이이었고, 둘 다 털이 짧았다. 우리는 그 고양이 이름을 샌디와 데니스로 바꾸었고, 걔들이 우리 생활 속으로 들어온 날부터 죽을 때까지 휴와 나는 걔들을 어떻게 먹이고 키울지 하는 문제로 계속해서 싸웠다.

나는 "너무 뚱뚱해져서 도저히 어떻게 할 수 없을 때까지 살찌게 내버려 두자."라는 주의였지만 휴는 보다 실용적이었고, 나는 그걸 자주 "비정하다"라고 불렀다. "당신은 작은 아파트에서 아무것도 기대할 것 없이 밤낮으로 지내야 하는 게 어떤 건지 몰라. 걔들은 그저 먹기 위해 사는 셈인데 왜 먹을 걸 안 주는 거야?" 나는 이렇게 말하곤 했다.

"건강한 반려동물"이라는 말도 안 되는 소리를 나는 믿지 않는다. 나는 남은 음식을 담아서 이웃집에 가져갔다가, 자기들 개는 잔반은 안 먹는다는 소리만 들은 적이 한두 번이 아니다. 뼈는 아예 말도 못 꺼낸다. "숨이 막힐 수 있어요!"

이 사람들은 통조림 음식보다는 그릇에 며칠 동안 방치되어 있는 마른 너깃이 더 좋다면서 "다른 것보다 훠-얼-씬 나아요."라고 말하는 이들이다.

뉴욕에서는 자신의 검은 래브라도가 채식을 한다고 말하는 사람을 본 적이 있다.

"당신과 같군요." 내가 말했다. "세상에, 이런 우연의 일치가 있다니!"

그 개가 8번가에 있는 맥도날드 매장 바깥 인도에 누군가가 떨어뜨린 햄버거를 향해 돌진할 때는 아마 피클을 먹으려고 그랬던 모양이다.

또한 반려동물을 같이 기르다 보면 반려동물의 행동 때문에 다투는 일이 많다. "식탁/조리대/오디오에 올라오지 못하게 하라." 마치 고양이가 가려는 곳을 사람이 막을 수 있다는 듯이 말이다. 그래서 고양이 몸무게를 한 7킬로그램쯤 찌우면 된다. 한결 땅에 붙어 지내게 되니까.

샌디는 나이가 많아서 우리가 데려온 지 1년 만에 죽었다. 우리가 뉴욕을 떠나 프랑스로 갈 때 데니스는 데리고 갔는데, 노르망디에 있는 집과 파리에 있는 아파트를 함께 옮겨 다녔다. 그러면서 고양이 캐리어에 개를 어떻게 집어넣느냐, 얼마나 자주 밖에 내놔야 하느냐는 문제로 계속해서 싸웠다. 데니스가 죽었을 때는 어디에 묻을지, 얼마나 깊이 묻을지 하는 문제로 싸웠다.

내가 할 수 있는 말은 이것이다. 우리 사이에 자식이 없다는 것에 하느님께 감사한다.

우리는 심지어 내가 집에 가져온 동물 — 주로 내가 걷다가 발견해서 손수건에 싸서 가져온 것들 — 때문에도 싸운다. 대부분 생쥐 아니면 뒤쥐인데, 죽어 있거나 아직 생사가 불분명한 것들이다. 차에 치인 건 아니다. 몸에 이빨 자국이 나 있지도 않다. 병들었거나 나이가 많아서 나를 보고도 도망가지 못했을지도 모른다.

"당신, 개한테 크루톤*을 주려는 건 아니지?" 휴가 말한다.

"걔 이름은 캔필드라고 지었고, 억지로 뭘 먹일 생각은 없어." 나는 대답하면서 주사위 크기 만한 그것을 테라리엄** 속에 집어넣거나, 이미 그 안에 죽어 가는 두꺼비나 들쥐가 늘어 있을 때는 양동이 속에 집어넣는다. "거기 있고 싶으면 계속 거기 있겠지."

이 난리 통에 캐럴이 등장했다. "정말 웃긴 일이야." 7월 중순쯤 어느 저녁에 휴가 말했다. "아까 부엌문을 열어 뒀더니 작은 여우가 지나가다가 나를 쳐다보더니 자기 길을 갔어. 도망가지도 않고 서두르지도 않더라고. 캐럴이라고 이름 붙여도 될 듯한 표정으로 쳐다봤어."

다음날 오후에 내가 스테이크 뼈를 목초지 쪽으로 던졌는데, 어두워질 무렵에 바깥을 보다가 여우 한 마리가 그걸 입에

---

* 크루톤(crouton): 수프나 샐러드에 넣는 바삭하게 튀긴 작은 빵 조각 — 옮긴이

** 테라리엄(terrarium): 식물을 기르거나 뱀, 거북 등을 넣어 기르는 데 쓰는 유리 용기 — 옮긴이

물고 있는 걸 봤다. "휴." 내가 불렀다. "이리 와봐."

내 목소리에 그 여우 — 분명히 캐럴이었을 것이다 — 는 물건 훔치다가 걸린 사람처럼 그 뼈를 바닥에 도로 내려놓았다. "나는 그저 … 무게가 … 어느 정도 나가는지 들어 본 거예요." 라고 말하려는 듯하더니 떠났다.

다음 날 저녁 우리는 내 사무실 밖의 파티오에 있는 식탁에서 닭고기를 먹었다. 해가 졌고, 다 먹고 났을 때 캐럴이 나타났다. 내가 깨닫게 된 사실 중 하나는 그 여우가 나타나는 걸 우리는 전혀 알아채지 못했다는 것이다. 그냥 나타났다. 우리 2미터 정도 앞에 있을 때 내 접시에 있던 뼈를 던져 주었다. "뭐 하는 거야?" 휴가 쉬잇 소리를 내며 말했지만 여우가 먹기 시작했다.

'자 이제 시작이야!'라고 나는 생각했다.

지난여름에는 일주일에 하루 정도는 마무리 작업을 한다고 밤을 새웠다. 나는 새벽에 혼자 있을 때 느끼는 감정을 즐겼는데, 피로감이 아니라 그 반대였다. 활기차고 멋진 느낌이었다. 닭고기를 먹었던 저녁 이후 며칠 지나지 않은 어느 날, 내가 야외의 식탁에서 일하고 있었는데, 새벽 4시쯤 캐럴이 나타났다. 마침 냉장고에 고기가 없었는데, 그럼에도 캐럴은 내가 치즈를 찾아내고 정어리 통조림을 딸 때까지 기다려 주었다.

여우는 나중에 꺼내 먹을 생각으로 먹이를 땅에 파묻어 두는 습성이 있다. 나는 하루나 이틀 정도를 염두에 두는 게 아닌가 싶었는데, 여우에게는 아무리 상해도 상관이 없는 게 분명했다. 썩은 것도 괜찮고, 완전히 부패해도 상관이 없는 모양이었다. 캐럴을 만난 후로 우리 집 뒤뜰은 돼지고기 덩어리나 쇠고기 육포, 생닭다리 등이 묻혀 있는 무덤이 되었다. "이게 뭐야?" 얼마 지나지 않아서 휴가 내게 물었다. 그는 꽃밭에 무릎 꿇고 앉아서 한 손에는 모종삽을 들고, 다른 손에는 바싹 말린 엄지손가락 같은 걸 들고 있었다.

나는 실눈을 뜨고 쳐다보면서 말했다. "음, 뭐 핫도그 같은 거야?"

그는 폭발했다. "당신 도대체 뭐 하는 거야? 여우는 이런 정크푸드 필요 없어. 핫도그는 진짜 말도 안 돼."

"구더기도 먹는 애들에겐 나쁘지 않아." 내가 말했다.

그는 내가 캐럴을 조종한다고 말했다. "당신은 늘 그렇게 꼭 두각시놀음을 하지. 사람들도 끊임없이 매수하고."

그는 가끔 닭고기 던져 주는 정도로 충분하고 그 이상은 캐럴을 "망칠" 뿐 아니라 결국 위험에 빠뜨리게 한다고 보았다. "당신이 그러기 전에는 캐럴은 아무 문제가 없었어."

과연 그런가? 정말로? 야생에서 여우로 생존하기란 쉬운 일이 아니다. 토끼나 새도 주변에 있긴 하지만 좀체 잡히지 않는다. 내가 찾아본 여러 웹사이트에 따르면 캐럴의 먹이는 주로 딱정벌레와 벌레이다. 종종 쥐나 곤충의 애벌레도 먹고, 이따금 로드킬로 죽은 끔찍한 맛이 나는 짐승도 있겠지만 말이다.

"그리고 그 웹사이트들은 야생동물에게 먹이 주는 건 금지하겠지." 휴가 말한다.

"뭐 '전부 다' 그렇게 말하는 건 아니야." 내가 대답했다.

그 웹사이트는 손으로 먹이를 주는 건 하지 말라고 하는데, 물릴 염려가 있어서가 아니라, 그렇게 길들어지면 여우는 아직 여우를 친구로 받아들일 준비가 안 되어 있는 사람에게도 다가가기 때문이라는 것이다. 그렇게 되면 다들 총을 가지고 있는 미국에서는 문제가 되겠지만, 영국에서는 뭐 캐럴을 칼로 찔러 죽이기라도 한다는 말인가? 그렇게 가까이 다가갈 수 있다면 그것도 멋진 일인 셈인데, 왜냐하면 캐럴이 정말로 신뢰하는 사람은 나밖에 없기 때문이다.

여러분은 내가 정원의 벤치로 갈 때 캐럴이 강아지처럼 또한 고양이처럼 민첩하게, 꼬리는 세우고 걸을 때 살짝 까닥까닥하면서 나를 따라오는 걸 봐야 한다. 내 발치의 잔디에 엎드려서 앞발은 서로 겹친 채로 나를 잠깐 쳐다보고 돌아간다. 캐럴은 눈을 마주 보는 걸 불편해하는데, 그의 눈은 새로 주조한 동전처럼 빛이 나 부끄럽기까지 하다. 코에서부터 꼬리까지의 색깔은 놀랍다. 불에 탄 듯한 오렌지 색깔이 가슴께로 가면서 하얀 턱받이처럼 보이고, 앞발에서는 적갈색에서부터 검은색으로 짙어져서 불탄 성냥개비같이 보인다. 내가 최상급의 간 쇠고기와 놓아 기른 닭고기만 주기 때문에 캐럴의 털은 다른 여우의 털처럼 지저분하지 않고 풍성하다. 캐럴은 내 손 앞 5센티미터까지 다가오는데, 걔가 다가올 때면 나는 먼 곳을 쳐다봐야 한다. 이번에도 역시 눈이 마주치는 일 때문이다.

사진 속에서는 마치 박제한 동물처럼 보인다. 그리고 나는 모든 사람에게 사진을 보여 준다. "내 여우 봤어요? 못 봤어요? 잠시만 기다려 봐요. 내 폰에…" 내가 좋아하는 사진 속에는 걔가 부엌문 바깥에 있다. 저녁 7시쯤 되는 때였고 아직 햇빛이 있어서 거기에 앉아 있는 모습이 아주 잘 보인다. 사진을 찍었던 건 휴였기 때문에 그 여우의 표정은 마치 "좋아, 그런데 데이비드는 어디 있어?"라고 묻는 듯하다.

내 사진에 대한 사람들의 반응은 질투에 물든 놀라움이라 하겠다. '나는 왜 캐럴 같은 여우가 없는 거지?'라는 질투? 나와 이야기하는 사람이 속 좁은 인간이 아니라면 그렇다는 말이다. 우리가 사는 지역의 속 좁은 인간들은 닭을 기르는 이들이 많다.

"끔찍하고 잔인하죠, 여우는." 그들은 말한다. "닭장에 들어오는 놈은 보이는 대로 다 죽여 버려야 해요."

그런 말은 어느 날 내가 유튜브에서 봤던 영상 속의 댓글에도 달려 있었는데, 그 영상은 차에 치인 태미라는 이름의 암여우를 어느 수의사가 치료한 뒤에 야생으로 돌려보내는 내용이었다. "나도 사람들이 야생동물을 구조하는 걸 좋아한다는 건 알고 있지만, 여우가 당신의 닭이나 칠면조를 잡아먹는다면 기분이 어떨 거 같아요?" 팻 스톡스라는 이름의 사람이 물었다.

여기에 대해 누군가 답을 달았다. "내 닭들은 형편없는 암컷들이에요."

그래서 그 사람은 여우를 좋아하게 되었다는 것인지 아니면 그냥 사실을 말했을 뿐인지는 잘 모르겠다.

캐럴에 대해 내가 안 좋은 말을 하나 하자면, 유머 감각이 없다는 것이다. "너는 '너어어어무' 진지해." 나는 자주 캐럴에게 말한다. 걔는 나와 함께 있을 때 좀체 편안해하지 않는다. 어색해하는 게 전형적인 영국인 같다.

"그러니까 걔를 불편하게 하지 말라고." 휴는 말한다. 휴는 내가 사무실 밖의 파티오에서 먹이를 주기보다는 잔디에 던져두어서 걔가 편할 때 와서 먹게 해야 한다고 한다.

하지만 그렇게 할 때 첫 번째 문제는 민달팽이들이다. 민달팽이라고 하면 나도 롤리에서 살았던 어릴 때부터 잘 안다고 생각했는데, 북미에 사는 민달팽이는 영국에 있는 것에 비하면 아무것도 아니다. 서식스의 민달팽이는 바다코끼리 만하다. 휴가 키우려는 것은 토끼와 사슴이 미처 먹지 못하고 남긴 것을 전부 다 먹어 치우는 바람에 길고 뚱뚱해진 것이다. 나는 민달팽이들이 발에 밟혀 죽은 자기 종족의 끈적끈적한 사체까지 먹어 치우는 걸 본 적이 있는데, 그래서 뭔가 근사한 것, 그러니까 돼지 목살이나 싱싱한 새끼 양의 콩팥 같은 거라도 있으면 민달팽이들은 환장을 한다. 그리고 우리 집의 8천 제곱미터 정도 되는 땅에 민달팽이가 적어도 1,200만 마리는 있는 듯하다. 고슴도치 갤버스턴이 그 숫자를 줄이고, 레인과 코트니라는 두꺼비 두 마리도 그러고 있지만, 역부족이다.

풀밭에 음식을 던져 줄 때 생기는 두 번째 문제는 지각(知覺)의 문제이다. 캐럴은 사냥한다는 느낌은 아니더라도 쓰레기 뒤지다 성공한 동물처럼 '자, 이게 내가 찾은 거야.'라고 생각할 것이다. 이건 '자, 이게 데이비드가 내게 주는 거야.'라는 생각과는 완전히 동떨어져 있다.

나는 캐럴이 항상 내 앞에서 먹어야 한다고 보는데, 이건 내가 커피숍에서 팁을 바구니에 넣기 전에 직원이 내가 있는 쪽으로 돌아볼 때까지 기다리는 것과 같은 이유이다. 나는 후한 사람으로 인정받고 싶다. 다른 사람이 아니라 '나' 말이다.

이게 얼마나 우스운 소리인지 구태여 휴가 지적하지 않아도 된다. 야생동물은 우리가 느끼는 미묘한 감정에 대해서는 전혀 신경 쓰지 않는다. 그럴 능력도 없다. "사랑해, 사랑해, 사랑해."라고 우리는 말한다.

그들에게는 아무 의미 없는 소음일 뿐이다. 마치 우리가 헤어드라이어의 우웅 하는 소리나 엔진이 제대로 돌아가지 않을 때 나는 소리에서 어떤 감정을 읽어 내려고 하는 것과 비슷하다. 이게 길들어져 본 적 없는 동물이 가진 문제점이자 영광이다. 동물의 입장에서는 잘해야 자기를 두려워하고 자칫하면 자기를 잡아먹으려고 하는 뭔가에게 선택되었다는 기분 이상은 아닐 것이다. 나는 몇 년 전에 너구리 새끼나 주머니쥐를 발견해서 집에 가져와 길렀던 사람들을 생각한다. 어릴 때 그 동물들은 아주 사랑스럽다. 그러다 어느 날 10대의 인간처럼 기분이 나빠지고 폭력적으로 바뀌는데, 거기에다 발톱과 날카롭고 뾰족한 이빨까지 있다. 야생성이 다시 살아난 것이다. 그렇게 바뀌고 나면 근심에 가득 차서 쳐다보는 주인 — 이제는 간수에 불과할 뿐이다 — 이 보고 있는데도 좀체 지치지 않고 울타리를 물어뜯으며 탈출할 기회만 엿본다.

하지만 우리는 언제나 예상하려고 하고 동물을 사람처럼 여기려고 애쓴다. 이 이야기는 어떤가? 9월 하순의 어느 날 밤에 내가 이웃 마을에서부터 집으로 걸어가고 있는데, 내 옆에 뭔가 있는 듯했다. '강아지인가?' 생각했다. 그러나 내게 들리는 발걸음 소리는 좀 더 앙증맞았고 근처에는 집이 없었다. 메고 다니는 가방에 손전등을 넣고 다니기에 그걸 켰더니 캐럴이었다. "내가 밤 2시에 널 부를 때면 여기에 있었던 거야?" 내가 물었다.

내 머리 위에는 나무 잎사귀가 지붕처럼 덮여 있었다. 거길 벗어나자 달빛이 내 길을 비추었고, 그래서 손전등을 껐다. 그때쯤이면 캐럴도 가버릴 거라고 생각했는데, 웬걸, 집에 이를 때까지 한 800미터 정도를 캐럴은 나와 함께 걸었다. 때로는 내 옆에서, 때로는 몇 발짝 떨어져서, 앞서 걸었다. 다가오거나 지나가는 차도 없었다. 길에는 우리만 있었기에 우리는 그 가운데로 걸어서 우리 집 정문을 열고 들어가서 정원 문을 지나서 부엌문에까지 이르렀다.

그때는 몰랐는데, 그게 캐럴을 본 마지막이었다. 여우들은 갱단 멤버 같다. 가고 싶다고 해서 어디든 갈 수 있는 게 아니다. 옆 구역은 다른 이들의 영역이기에 캐럴은 다른 여우에게 죽었을 가능성이 있다. 차에 치였더라면 길옆에 시체가 있었을 것이지만, 자기 몸을 이끌고 숲속으로 들어가서 거기서 죽었을 수도 있다. 독극물을 먹고 죽었을 수도 있다. 사냥꾼들은 매년 가을에 꿩을 잡아 죽이려고 돈을 많이 쓴다. 솔직히 말하면 이런 새는 죽여서는 안 되는데 말이다. 땅 주인들은 자신들이 투자한 것을 보호하기 위해 포식자들을 잡아 죽이려 한다. "캐럴도 그렇게 되었을 거야." 휴가 말했다. 그게 가장 설득력 있는 말이지만, 그럼에도 나는 거부한다.

'걔는 잠시 쉬고 있는 거야.' 나는 생각한다. '독립적인 삶을 확보하기 위해서, 그 나이 대의 사람이 그렇듯이.' 지금도 나는 밤에 뜰에 들어설 때는 캐럴을 불러 본다. 움직임이 있는가 싶어서 나무 그늘 속을 들여다보다가, 누군가를 부를 때의 목소리가 바뀌어서 그 사람이 집에 돌아왔을 때의 덜 슬프고 한결 환한 목소리가 나올 때를 기다리면서 말이다.

13. 비켜 온 사람들

7월 중순의 어느 날 밤 9시경, 휴와 나는 저녁 식탁에 앉아서 휴가 소시지를 섞어서 만든 스파게티를 먹고 있었다. 우리는 30년가량을 같이 살았는데, 이런저런 사정으로 나는 그때가 되어서야 휴에게 우리가 커플이 되기 전에 몇 명이랑 자봤느냐고 물었다.

휴는 천정을 쳐다봤는데, 천정에는 나무 기둥들이 열십자형으로 교차해 있고, 놀랍게도 거미줄도 있었다. 나는 몹시 신경 쓰는 편이지만, 시골에서는 완전히 없앨 수가 없다.

"뭐 해?" 내가 말했다.

"생각 중이야." 그가 말했다.

예전에 나는 내가 몇 명이랑 잤는지 계산을 했다. 하지만 휴를 만나고부터는 '시장'에서 빠져나왔기에 숫자도 기억에서 사라졌다. 예전에 썼던 일기장을 뒤져 보면 다시 확인할 수도 있다. 28명? 30명? 어릴 때 서로 몸을 더듬었던 것도 포함해야 하나? 그건 당시에는 되게 중요한 일이었는데, 옷을 안 벗었거나 맨손으로 아무것도 만지지 않았던 것도 섹스로 쳐야 하나? 나는 휴에게 물어보고 싶었는데 휴는 계산하느라 정신이 없었다. "서른둘, 서른셋…."

나는 포크를 내려놓았다. "아직 안 끝났어?"

"쉿!" 그가 말했다. "자꾸 계산 흩트리지 마."

놀랄 일은 아니었다. 당신이 휴처럼 생겼으면 집 밖으로 나오기만 하면 사람들, 특히 게이 남자들, 하여튼 거지 같은 것들이 당신에게 접근한다. 그가 잘생겼다는 건 내 의견이 아니다. 지구가 둥글다는 것처럼 사회 전체가 동의하는 사실이다. 나는 얼굴을 미끼로 쓸 수 없었기에 휴보다 훨씬 더 열심히 해야 했다. 심지어 애원도 해야 했다. 그러고 보면 휴가 초기에 선택했던 이들은 내가 보기에는 그다지 사려 깊다고 할 수는 없었는데, 특히 에이즈가 터질 무렵이 그랬다.

"서른다섯, 서른여섯…."

손가락으로 꼽아 가는 그 사람들은 어떤 점에서는 나와 비교가 되었는데, 물론 대놓고 비교하지는 않았지만 — 휴는 잔인하지 않다 — 비교하는 건 분명했다. 어떤 사람은 나보다 키스를 잘했다. 어떤 사람은 스태미나가 더 좋았고, 목소리가 좀 더 매혹적이었다. 근육이 더 발달한 사람도 있었다. 나는 그가 예전에 사귀었던 이들 한 다스가 와도 싸울 자신이 있지만, 휴는 작은 마을을 이룰 만한 인구를 만들어 내고 있었다.

"서른여덟, 서른아홉…."

우리 둘 다 에이즈에 걸리지 않았던 것은 기적이 아닐까? 우리는 어떻게 비켜 온 것일까? 내 말은, 어떻게 하면 안전한지 사람들이 알게 된 나중이 아니라, 그게 뭔지 이름도 모르고 어떻게 전파되는지도 알지 못했던 그 이전에 말이다. 휴와 같이 살았던 한 사람 — 휴가 대학교 1학년 때의 교수 — 은 80년대 후반에 그걸로 죽었고, 내 쪽이나 휴 쪽의 다른 이들도 죽었다. 그러나 무슨 이유인지 몰라도 우리는 모두 피할 수 있었고, 심지어 잘 살아왔다. 그리고 지금 우리는 여기 이렇게 앉아 있고, 그림자는 길어지고, 스파게티는 식어 가는데, 그는 반백에 이르더니 즐거워하면서 그 너머로 나아가고 있었다.

음탕한 인간.

14. 미안

내 제수씨 캐시는 어릴 때 스노이라는 이름의 고양이를 길렀다. "당연히 하얬죠." 에메랄드 섬의 우리 집에서 〈미안!〉 보드 게임을 하면서 그녀가 말했다. 나는 게임을 좋아하는 편이 아니지만 이 게임은 밤새 할 수 있다. 절반은 운에 달려 있고 나머지 절반은 무정해야 한다. 아주 냉정해야 하기에 12살에 얼음 같은 심장을 가진 내 조카 마델린이 항상 이긴다.

"말할 수 없이 예뻤어요." 캐시는 내가 다음 게임을 하려고 판을 정리하는 걸 지켜보면서 말했다. "그런데 낚싯바늘을 삼켰어요."

나는 보드 한가운데 카드를 올려놓았다. "어이구."

"들어 보세요." 캐시가 말했다. "달리 방법이 없었기에 엄마가 오빠더러 고양이를 누르고 있으라고 했어요." 그녀는 버번위스키를 한 입 마셨다. "그러고는 고양이 머리에 총을 쐈지요."

이 이야기를 전에 들었을 게 분명한 마델린은 밝은색 플라스틱 졸들을 손에 쥐고서 자기 엄마에게 물었다. "어떤 색 할 거야?"

캐시는 잠시 고민하더니 한숨을 쉬며 말했다. "나는 빨간색."

바닷가에 집을 산 게 옳았던가 하는 회의가 들 때면 〈미안!〉 게임 한 판만 하고 나면 그 가치가 분명해진다. 우선 그때가 마델린이 말을 하는 유일한 때이다. 다른 사람과 함께 조카 주변의 바닥을 닦으면 다른 때는 아주 심각할 정도로 수줍어하는 애가 편안해하며 생기를 찾는다. 바닷가에서 조카에게 어떤 질문을 해도 돌아오는 건 어깨를 으쓱하는 것뿐이다. 하지만 보드게임을 할 때면 어떤 말도 할 줄 알고 수다스럽기까지 하다. 시섹션을 구입하기 전에는 나는 남동생의 가족과는 별다른 교류가 없었다. 2년에 한 번 정도 그 동네를 지나갈 때면 롤리에서 보긴 했다. 카드와 편지를 써서 보내기도 했지만 그뿐이었다. 〈미안!〉 게임이 없었으면 나는 제수씨 어머니가 고양이 머리를 쏴서 죽였다는 것도 몰랐을 것이다. '아, 이런 게 제수씨의 모습이구나.'라고 나는 생각했다. 제수씨가 1이 나왔고, 나는 그녀가 네 개의 졸 중에 첫 번째 것을 출발점에서 움직이는 걸 지켜본다. 그러고 나서 제수씨는 나와 자기 딸에게 속삭인다. "내가 둘 다 작살낼 거야."

우리는 보통 집 동쪽 편 거실에 있는 커피 테이블 주변 바닥에 앉아서 〈미안!〉 게임을 한다. 같이 게임을 하는 건 세상에서 가장 쉬운 일이다. 한 번에 네 명만 할 수 있고, 폴 같은 다른 사람들은 옆에서 훈수를 둔다. 자기 딸이 게임을 하고 있으면 그는 무릎을 꿇고 끼어든다. "자, 우리 딸, 이제 멱을 따버려. 아빠가 가르쳐 준 대로."

이 게임에서 앞서 나가려면 다른 사람을 출발점으로 되돌려 보내야 한다. 처음에는 "미안"이라고 진심으로 말하지만 나중에는 "너는 이런 대접을 받아야만 하는 인간이라서 그래."라는 의미로 내뱉는다. 마델린은 무슨 수를 써서라도 다른 사람을 골탕 먹인다. 걔는 고양이 머리에 총을 쏴서 죽였던 자기 외할머니를 닮았다. 무정하다. 폴이 자기 가족을 서식스에 데려왔던 성탄절에 마델린이 내게 〈미안!〉 게임 세트를 선물로 줬고, 그 게임을 열 번 넘게 했지만, 바닷가에서 할 때처럼 긴장이 넘치지는 않았다. 그 집 식구들이 가고 나서 나는 딱 한 번 휴의 친구인 캔디와 이 게임을 했다. "이 게임을 할 만한 분위기가 되려면 파도치는 소리가 들려야 해요." 그녀를 이긴 후에 보드를 치우면서 내가 말했다.

바닷가에서 내가 마음에 드는 또 다른 점은 태양 아래 앉아서 그저 하릴없이 이야기할 수 있다는 것이다. 로션을 바른 채 아무 얘기나 하면 되고 나는 그저 듣는다. 나를 포함해서 다들 결국은 자외선 차단제까지 바르지만 그레천은 안 그런데, 동생은 야외에서 자주 지내고, 우리 휴가가 시작될 때 이미 잘 해진 안장처럼 윤이 나는 밤나무 색깔 피부를 하고 나타난다. 동생은 심지어 손가락 사이까지 태우는 사람일 뿐 아니라, 바닷가에서는 입을 벌리고 누워서 입 안의 목젖 앞쪽까지 태운다. 동생은 말린 사과로 만든 인형 색깔로 변해 가는데, 거기에 별로 신경을 쓰지 않는 듯하다. 동생은 머리 염색을 하지 않고 늙어 가는 것을 한탄하지 않는 몇 안 되는 사람이다. 동생은 다가오는 노쇠화도 받아들이고 있다.

그레천의 생일은 8월 초인데, 동생이 55세가 되는 해에 우리는 모두 에메랄드 섬에 모여서 축하했다. 폴, 캐시, 마델린이 잠시 들렀고, 휴도 마찬가지였다. 휴의 어머니 조안도 왔고, 누나 앤도 왔는데, 앤은 나와 나이가 같고 다 키운 애가 세 명이 있다. 그녀와 휴는 거의 쌍둥이 같은데, 둘 다 키가 크고 호리호리하고 케네디의 치아 같은 큼지막한 치아를 갖고 있다. 그들의 어머니는 키가 작은 편에 머리숱이 적다. 어머니는 63세에 피부가 백열등처럼 하얗고, 턱선을 따라 머리를 뭉툭하게 잘랐다. 최근에 금속테 안경을 바꾸었다. 새로운 안경은 두껍고 검은 프레임이 있어서 학구적인 분위기에 올빼미 같은 느낌을 주는데, 늘 책에 얼굴을 파묻고 있는 어머니에게 잘 어울렸다. 그녀가 좋아하는 작가들은 죽은 지 오래되고 말이 많은 편이다. 소파 위에 700쪽이 넘고 작가 사진이 판화 형태로 도드라져 있는 소설책이 올려져 있다면 그건 어머니의 것이거나 휴의 것이다.

휴의 가족과 내 가족의 중요한 차이점은 이야기를 듣는 방식에 있다. 휴의 어머니는 내가 몇 문장을 끝내기도 전에 끼어들어서 — "오, 제발, 말도 안 돼" — 과장하지 말라고 하거나, 그녀가 한 번도 본 적 없는 어떤 사람에 대해서 말하고 있을 때도 그 사람을 옹호한다. 처음 보는 사람이 톱으로 자른 식탁 다리로 내 얼굴을 때리고 발로 차서 내가 척추가 부러졌다고 해도 어머니는 "좋은 뜻으로 그랬을 거야."라고 말할 것이다.

반면에 우리 가족은 어떤 사람이 얼마나 끔찍한가 하는 이야기를 들으면 언제나 즐거워한다. 깊은 잠을 자고 있는 내 누이 중에 아무나 깨워서 "그 개자식이 1979년에 내게 했던 말을 들으면 아마 귀를 의심할 거야."라고 시작하면 곧장 집중하기 시작한다. 휴의 어머니는 절대 그렇지 않다. 그녀의 딸도 그렇다. 앤에게 두 집 건너에 집을 빌려서 지내고 있는 사람들 — 대형 카세트 라디오로 컨트리 뮤직을 틀어 놓고 "이이-하!"라고 고함을 치는 자들 — 이 죽어 버렸으면 좋겠다고 말하면 그녀는 이렇게 말한다. "사람들에게 모진 말을 하면 안 돼요. 악업을 쌓게 돼요!"

햄리크 집안사람들과 같이 있을 때는 심지어 2015년 여름에 모두가 욕을 했던 상어에 대해서도 나쁜 소리를 하면 안 된다.

우리가 도착했을 때 상어들이 수영하던 사람 8명을 습격했는데, 대부분 얕은 바닷가에 있었다고 한다. 사람들은 휴가차 빌린 집의 예약을 취소했고, 12살짜리 아이와 16살짜리 한 명, 이렇게 아이 둘이 팔을 잃자 상황은 더 안 좋아졌다.

"좋아, 뭐, 그런데 상어들은 팔을 '먹지는' 않아." 내가 그 이야기를 꺼내자 휴가 한 말이었다. 그는 그렇게 말하면 마음이 편한 모양이지만 나는 그런 식으로 생각하지 않는다. 그런 식으로 보면 문제가 더 심각해질 뿐이다. 아무 이유도 없이 어린 애들 팔을 물어뜯는다는 말인가?

"그리고," 휴가 말했다. "나는 수영할 때는 멀리 나가."

"그렇겠지, 그런데 깊은 곳에 가려면 얕은 곳을 지나서 가야 하지."

"하지만 나는 빨리 갈 수 있어." 그가 주장했다. "좌우지간, 상어는 나를 좋아하지 않아. 걔들은 물고기를 좋아해."

내가 시간 낭비를 하고 있는 게 분명했다. 나는 그레천에게 말했다. "상어가 휴의 왼팔은 뜯어 먹고 오른팔은 남겨 뒀으면 좋겠어. 요리는 할 수 있도록."

아무리 경고를 해도 햄리크 집안사람들이 바다에 들어가지 않게 할 수는 없다. 휴의 어머니는 약하고 몸이 약간 기우뚱거리기까지 하면서도 하루에 두 번 자기 자식들을 양옆에 두고 파도를 넘어서 잔잔한 곳까지 나간다. 그러고는 셋이서 한 시간은 수영을 한다.

어느 날 오후에 그레천과 나는 그들을 지켜보고 있었는데, 나는 자외선 차단제 때문에 석고를 바른 듯했고, 그레천은 베이컨 기름으로 번들거리고 있었다. 휴의 어머니가 배영으로 멀리 나가는 모습을 보고 있으니 우리 어머니가 생각났다. 우리 어머니는 물고기를 잡을 때도 무릎 오는 데까지만 들어가고, 그 이상은 가지 않았다. 컨트리클럽에서도 애들 들어가는 풀에 발을 담글 뿐이었다. 어머니는 수영을 할 줄 몰랐다. 아무도 가르쳐 주지 않았던 것이다. "게다가," 그레천이 말했다. "엄마는 머리가 젖는 걸 싫어했어."

우리 어머니에게 물속에서 보내는 시간은 사람들을 관찰할 수 없기에 사람들을 씹을 수 없는 시간일 뿐이었다. 어머니는 자기 자식들도 그렇게 했다. "리사가 이번에 저지른 일을 너는 상상도 하지 못할 거야." 부엌이나 거실에서 어머니는 내게 이렇게 속삭였는데, 그런 큰일이 일어나는 동안에도 어머니 입에는 담배가 물려 있었다. 어머니가 비밀을 털어놓을 상대가 된다는 건 특별한 기분을 느끼게 했다. 우리 가족이 얼마나 멍청한지 제대로 알고 있는 건 어머니와 나뿐이었다. 그러나 아무도 예외가 아니라는 걸 나는 깨달았다. 어머니가 나에 대해 했던 비난을 전해 들었을 때 처음 몇 번은 나도 상처를 받았다. ("쟤가 라켈 웰치(Raquel Welch)의 사진을 걸어 두고 무슨 생각을 하는지 모르겠어.") 그러나 나중에 가서야 악의가 없는 말이라는 걸 알았다. 생각과 마찬가지로 의견은 끊임없이 변하고 진화되고 또 흘러간다. 영화 〈엑소시스트〉를 10분 정도 보고 있으면 "지루하다"라고 생각할 수 있다. 1시간 후에는 아마 자신이 본 최고의 영화라고 생각할 수도 있는데, 사람에 대한 평가도 그렇다. 오후 3시의 불한당이 해 질 무렵에는 영웅이 된다. 그저 그렇게 이야기를 하는 것이다.

이런 걸 햄리크 집안사람들에게 설명해 주려고 애를 쓴다. "내가 죽은 뒤에 내 일기장에서 당신에 대해 안 좋게 써 놓은 부분을 읽게 되면 부디 계속 읽어 봐." 내가 휴에게 늘 하는 말이다. "다음 페이지에서는 칭찬하는 말을 발견하게 될 거야. 아니면 그다음 페이지에서라도."

나는 서서 바닷물 속에 있는 그에게 손을 흔들었다. 내가 다시 앉을 때 그레천이 아이팟을 꺼내더니, 최근에 집 근처 식료품 가게에서 만났던 10대 애들 얘기를 꺼냈다. "14살이나 15살쯤 될 거 같았는데, 웃고 떠들면서 서로 밀쳐 대는데, 아주 끔찍했어. 그래서 내가 가서 입을 좀 닫으라고 했지."

나는 셔츠를 벗어서 베개로 쓰려고 둘둘 말았다. "와!"

"나도 알아." 그레천이 말했다. "내가 어지간해서는 참견하는 스타일이 아니라는 것을. 그런데 그때 걔들은 계산하는 줄에서 내 뒤에 섰는데 여전히 떠들고, 누가 내 몸속에 들어와 있는 것처럼 신경을 거스르게 해서 결국 돌아서서 말했지. '내가 너희더러 아가리를 좀 닫으라고 말하지 않았니?'"

"그래서 어떻게 됐어?" 내가 물었다.

동생은 담배에 불을 붙이면서 어깨를 으쓱했다. "아가리를 닫더라."

그날 밤에 〈미안!〉 보드게임을 하면서 캐시는 자기와 마델린이 그날 부두에 나갔다가 사람들이 상어에게 먹이를 주는 걸 봤다고 말했다. "10마리 정도는 되는 듯했고, 어떤 건 1.5미터 정도는 되겠더라고요." 그녀가 말했다.

"들었어?" 내가 휴에게 큰 소리로 말했다. 그는 현관 밖에서 어머니와 누나랑 같이 앉아서 자기들이 콩고에서 살 때 테니스코트에서 하마를 쫓아다녔던 일을 이야기하고 있었다. 세상에, 햄리크 집안 식구들이 가진 추억은 이런 것들이다. "오늘 오후에 캐시가 부두에서 상어를 25마리 정도 봤는데, 그중에 몇 마리는 3.5미터가 넘더래."

"아니야, 말도 안 돼." 어머니가 말했다.

"캐시가 봤더라도, 부두는 여기서 적어도 1.6킬로미터 떨어져 있어." 휴가 덧붙였다.

"상어는 '수영'이라는 걸 할 줄 알아." 내가 말했다. "1.6킬로미터는 걔들에게 아무것도 아니야."

나는 마델린을 쳐다봤는데, 10이 나오자 보통의 귀여운 6학년짜리가 하듯이 앞으로 가지 않고 카드의 다른 옵션을 선택하여 뒤로 한 발 물러나서 내 졸을 잡아서 출발선으로 보내 버렸다. 내가 아무런 위협이 되지 않는데도 말이다.

"너는 크면 아주 악독한 인간이 될 거야." 내가 마델린에게 말했다. "지금보다 더 악독한 애. 그렇게 되는 게 가능하다면."

"그건 진심으로 하는 말이 아니야." 휴의 어머니가 현관 밖에서 크게 말했다.

이번에 바닷가로 여행을 온 내 목적은 지난여름에 친하게 된 악어거북을 찾아서, 엘패소에서 꺼냈던 내 몸속의 종양을 먹이는 일이었다. 그 종양은 "데이비드의 종양"이라는 글이 쓰여 있는 지퍼락 비닐백 속에 담겨서 9개월 전 냉장고에 보관되어 있었다. 나는 날마다 운하로 나가서 좁은 인도교 위에 섰다. 내가 찾는 악어거북은 바퀴 달린 내 여행용 가방 만한 크기에 머리 한복판에는 불룩 솟은 끔찍한 종양이 달려 있다. 그를 못 알아볼 사람은 아무도 없기에 나는 그 거북이를 좋아한다. 그 거북이는 스타일이 있다.

내가 〈미안!〉 보드게임을 하면서 그 거북이에 대해 말했더니 마델린은 아까 내가 자기를 악독한 인간이라고 불렀던 건 전혀 신경 쓰지 않고 말했다. "아빠가 말 안 해줬어요? 그 거북이는 죽었어요." 마델린과 폴은 같이 지난여름에 그 거북이를 찾아갔다가 그 다리 옆에 사는 사람에게 소식을 들었는데, 그 사람이 거북이 사체를 봤다는 거였다. 이야기는 결국 그렇게 흘러가 버렸다.

그러나 그토록 멋진 종양을 그냥 내버려 둘 수는 없었다. 그래서 나는 다른 후보를 찾아 나섰다. 내가 선택한 놈은 쇼핑플라자 뒤쪽에 숨어 있었다. 거기는 휴가 온 이들이 먹이를 던져 주기 때문에 수많은 거북이 — 악어거북뿐만 아니라 담수 거북까지 — 가 몰려든다. 동전을 넣으면 말린 개 사료 같은 게 나오는 기계가 있어서 아이들은 한 주먹씩 사서 자기 발 3미터 아래에 있는 물속에다 그 알갱이를 하나씩 떨어뜨린다. 다른 이들은 기계를 이용하지 않고 근처의 두 군데 식당에서 먹고 남은 것을 들고 와서 던진다. 프렌치프라이, 양파링, 피자 크러스트 등, 거북이는 뭐든지 먹어 치운다.

내가 해동한 그 종양을 들고 간 그날, 열대여섯 명의 사람들이 난간에 모여 있었다. 나는 지퍼락 비닐백 속에 손을 집어넣었는데, 지금 내가 만지고 있는 것은 나 자신 혹은 예전의 나라는 생각을 했다. 달걀 크기의 그 종양은 10개 정도로 썰어 뒀는데, 기름기로 미끌미끌하고 피에 젖어 있었으며, 그때까지 한 번도 만져 본 적이 없는 감촉이었다. 한 덩어리를 거기 철탑 사이로 한가롭게 유영하고 있는 다섯 마리의 악어거북 중에 가장 포악해 보이는 놈에게 던져 줬더니 아주 정신없이 먹어 치웠다. 그래서 또 한 조각을 던져 줬고 다시 한 조각을 던져 줬다. 내 옆에는 배가 볼록한 남자가 야구 모자를 쓰고 서 있었다. 그의 셔츠는 반소매였고 거의 허리께까지 단추가 풀려 있었다. "뭘 주시는 건지는 몰라도, 쟤가 아주 좋아하는군요."

나는 고개를 끄덕였다.

그는 내 지퍼락 비닐백을 쳐다봤다. "그나저나 그게 뭐예요?"

나는 마지막 조각을 다 던져 주면서 "내 종양이에요."라고 대답하면 일이 복잡해질 걸 알기에 "아무것도 아니에요. 그냥 생닭 조각이에요."라고 대답했다.

나는 축축한 키친타월을 꺼내 손을 닦았는데, 내 종양은 생각보다는 훨씬 지저분했기에 물티슈를 사러 쇼핑센터 옆에 있는 푸드 라이언으로 갔다. 매장은 휴가 온 사람들, 그러니까 집을 렌트한 사람들로 북적이고 있었는데, 이 사람들은 소금과 후추, 요리용 기름, 알루미늄 포일, 케첩 등 식료품을 처음부터 준비해야 한다. 카트에는 물건이 잔뜩 쌓여 있다. 나는 소량 계산대로 가서 티셔츠를 입고 있는 중년 남자 뒤에 섰다. 티셔츠 앞쪽은 보지 못했지만 뒤에는 래브라도 리트리버 한 마리가 비키니 수영복 상의를 입에 물고 바닷가에 서 있는 그림이 있었다. 그 개 아래에는 "훌륭한 개"라는 말이 쓰여 있었다.

'사람들 참.' 나는 그렇게 생각하면서 계산하기 위해 지갑을 만지기 전에 물티슈를 뜯어 꺼내어 손에 묻은 종양을 닦았다.

〈미안!〉 게임을 하면서 나는 캐시와 마델린에게 내 지방종을 던져 줬던 거북이에 대해 이야기를 했다. 나는 보드에 누구보다 많은 네 개의 졸이 있었지만 아직은 흡족할 때가 아니었다. 운명은 순간적으로 뒤집히고 특히 내 조카가 옆에 있을 때는 더욱더 그렇다. "나는 콩팥도 주려고 했는데 이루어지지 못했어." 나는 그렇게 말하면서, 카드를 집으려고 손을 뻗는 제수씨가 "미안!"이라고 쓰인 카드를 뽑지 않기를 기도했다.

캐시는 쓸모없는 12가 나왔다. "개나 고양이 콩팥 말하는 거예요?"

"아니요." 내가 말했다. "10대 사람의 콩팥이요."

마델린은 1이 나왔고 네 개의 졸 중에 하나를 출발선에서 보냈다. "그 10대는 누구예요?"

"지난봄에 뉴멕시코주 앨버커키에서 만난 16살짜리 아이." 내가 말했다. "우리 둘이 얘기를 하게 되었는데, 여름에 아르바이트 자리를 얻었냐고 내가 묻자 못 얻었다고 하면서 학교 수업이 끝나면 병원에 가서 검사를 받아야 한다고 하더라고. 자기 신장 한쪽이 망가져서 제거해야 한다고."

캐시가 쳐다보면서 인상을 찌푸렸다. "불쌍한 친구네요."

"걔는 특별한 구석이 있었어요." 내가 말했다. "매우 유쾌하고 그 나이 또래보다 생각을 놀랄 만큼 조리 있게 표현하더라고요. 그 친구에게 아이패드가 있냐고 물어봤더니 없다고 해서 내가 '아, 그럼 이제 갖게 될 거야. 내가 하나 사줄 테니 병원에서 잘 사용해.'라고 말했지요."

"와!" 캐시가 말했다. "정말 잘하셨어요."

"그런가요?" 나는 잠시 나에 대한 뿌듯한 느낌을 즐겼다. "그

대신에 망가진 자기 콩팥을 내게 주기로 했는데, 그럴 가능성은 없다는 걸 나도 알고는 있었지요. 빌어먹을 의사들. 다 줄 수는 없다는 건 나도 이해해요 — 들고 가기도 힘들어 — 하지만 적어도 모서리 정도는 떼어 줄 수 있잖아요."

"콩팥에는 모서리 같은 게 없지 않아요?" 마델린이 말했다.

"그렇게 모든 걸 다 아는 것처럼 말하지 마." 내가 말했다. "애가 그러면 못쓴다."

휴의 어머니에게도 아이패드 이야기를 해준 뒤에, 그 이야기에 대해 다음 날 다시 생각하고 있었다. 자신이 한 선행에 대해 말을 많이 하는 건 좋지 않다는 걸 나도 알고 있다. 가치가 없어지게 만들 뿐 아니라, 나중에는 사람들이 당신을 미워하게 되는 까닭이다. 예를 들어 큰 재난이 발생했는데 누군가 내게 자신은 구호 활동에 보태라고 5천 달러를 기부했다고 말한다고 치자 — 나는 그보다 적은 금액을 기부했거나 아예 안 했는데 말이다 — 그러면 나는 '아, 참 착한 사람이구나.'라고 생각하지 않고 '지랄하네. 졸지에 나를 이기적인 놈으로 만드는구나.'라고 생각한다.

그러고 보면 휴의 어머니는 좀 더 신뢰할 만한 셈이다. 어머니로부터 내게 돌아온 대답은 "알지도 못하는 아이에게 새 아이패드를 사줬다고? 그건 허세일 뿐이야."

"아 잠시만요…" 내가 말했다.

"정말로 누군가를 돕고 싶었다면 시리아 난민들을 생각했어야지." 어머니가 이어서 말했다.

"저도 알아요, 하지만…."

"나는 티브이에서 그들을 봤어. 여러 사람이 물에 빠져 죽고, 아이들도 죽어 나갔어. 그걸 보는데 마음이 찢어지는 듯했어. 정말 도와줘야 하는 사람들은 그런 사람들이지, 집에 차도 있고 그 밖에 다른 것도 갖고 있는 미국 사람이 아니지."

그전에 있었던 코소보와 마찬가지로 시리아도 내가 미처 관심을 갖기 전에, 아니 좀 더 정확히 말하면 내가 다른 것들 — 유명인의 결혼식 같은 것 — 에 관심을 갖고 있을 때 터져 나온 사건이었다. 그러더니 순식간에 온 세상이 그 이야기로 가득 차게 되었고, 나는 너무 늦어서 미처 그 이야기에 가담할 수가 없었다. 반면에 그 10대 소년은 바로 내 눈앞에 있었다. 그 아이에게 뭔가 좋은 걸 해주는 일은 쉬울 뿐 아니라 즉시 할 수 있는 일이었고, 유명한 자선 행사에 돈을 내고 난 뒤에 쏟아져 들어오기 마련인 산더미 같은 우편물 쓰레기도 생기지 않는다.

그날 오후에 우리는 데크에서 점심을 먹었다. 새우가 들어 있는 샐러드였다. 휴가 요리해서 테이블로 가져왔을 때, 그의 누나는 자신과 어머니가 루이빌에서 비행기를 탔던 이야기를 했다. 그 이야기에 특별한 건 없었다. 그녀가 어머니 옆자리에 앉고 싶어서 어떤 여성에게 자리를 바꿔 줄 수 있겠느냐고 물었더니 그 여성은 안 된다고 했다는 것인데, 내게는 그건 당연한 반응이었다.

내가 하는 일이 비행기를 타는 일이기에, 앤에게 한 수 가르쳐 주는 건 어렵지 않았다. "몇 년 전 책 사인회에서 비행기 조종사를 만난 적이 있어." 내가 운을 뗐다. "그는 뉴어크에서 팜비치로 가고 있었어. 12월 23일이었는데, 플로리다에 도착할 때가 되자 승무원 한 명이 마이크를 잡고 표준적인 착륙 안내방송을 했어. '승객 여러분. 좌석 벨트를 매고 계세요, 라는 표시등이 꺼질 때까지 좌석에 앉아 계시고, 머리 위의 짐칸 문을 열 때는 조심해 주세요. 즐거운 성탄절 보내시길 바라고, 벌써 일어나 계시는 분들은 즐거운 하누카 보내세요.'라고 했다는 거야."

어머니는 포크를 내려놨다. "아, 정말, 그렇게 말했을 리가 없어!"

"왜요?" 내가 물었다.

"편견에 사로잡힌 말이니까."

"그렇긴 하지만, 그렇다고 그 승무원이 그 말을 안 했다고 할 수는 없죠."

"음, 그건 일단 난센스야." 어머니가 말을 이었다. "그런 일은 있었을 리가 없어. 그 비행기 조종사가 너를 놀리는 거였어."

나는 누가 내게 해준 이야기가 부정당하는 것을 싫어한다.

"정말요?" 내가 물었다. "그 조종사를 아세요? 그 비행기에 계셨어요?"

"아니, 하지만…"

"그 말은," 내가 말했다. 테이블에서 뒤로 물러나면서 내 심장은 쿵쾅거렸다. "지금 무슨 말을 하시는지 모르고 말씀하시는 거잖아요, 안 그런가요?"

그리고 나서 단둘이 침실에 있을 때 휴는 나를 닦아세우면서 이렇게 시작했다. "우리 어머니에게 어떻게 그렇게 말할 수 있어?"

무엇 때문에 내가 마음 상했는지 설명하려고 했지만 그는 말을 자르고 들어왔다. "그게 당신의 중요한 부분을 악어거북에게 먹이로 준 사실을 아는 것과 같은 거야?"

그래서 나는 예전 크리스마스에 내 아버지가 오셨을 때 그가 했던 말을 상기시켜 줬다. "1998년 노르망디에서 당신이 우리 아버지에게 부엌에서 빨리 꺼지라고 했지."

휴는 팔짱을 꼈다. "당신은 또 틀렸어. 내가 했던 말은 '부엌에서 빨리 꺼져 주셨으면 좋겠어요.'였지."

"더 좋은 말은 아니잖아." 내가 말했다. "그건 그저 … 더 길 뿐이야."

그는 나에게 자기 어머니께 사과하라고 계속 요구하더니 뭔가를 찾는다고 쿵쿵거리면서 창고로 들어갔다. 아마 자신의 의로움을 나타내는 망토라도 찾는 모양이다. 그가 나가고 나서 나는 수영복으로 갈아입고, 해변용 담요에 누워 있는 동생에게 갔다. 이른 오후였고, 기온은 뜨겁고 태양은 밝게 빛났다. 그레천은 퍼지(fudge) 색깔의 탱키니를 입고 있었는데, 피부 색깔 때문에 거의 안 보여서 마치 다 벗고 있는 것처럼 보였다. "그거 예전에 우리가 하와이 갔을 때 산 거야?" 조금 전의 말다툼 때문에 쓰라린 걸 참으면서 내가 물었다. 물론 휴의 어머니가 했던 말은 옳았고, 내가 허세를 부린 것이 맞지만, 그래서 뭐 어떻다는 것인가? 그 바람에 아주 멋진 아이가 아이패드를 갖게 되었다. 그 아이를 행복하게 해줬고, 그 이야기를 여러 사람에게, 심지어 천명 이상의 사람에게 한다 한들 내가 행복하다면 그게 뭐가 문제란 말인가? 그 비행기 조종사가 내게 한 이야기도 그 사람이 그걸 왜 지어내야 하겠는가? 어머니의 세계관에 맞지 않으면 다 거짓말이 되는가? 안 좋은 일은 일어나기 마련이다. 사람들은 차별을 받고 괴로움을 겪는다. 고양이들은 낚싯바늘을 삼키는 바람에 머리에 총을 맞아 죽는다. 어두운 이야기에만 집중하라는 말이 아니라, 왜 그런 이야기를 모조리 제거해야 한다는 것인지, 특히 내가 토론과 활발한 대화를 불러일으켜야 하는 입장에 있는 사회적 환경에서 말이다.

그리고, 왜 항상 내가 사과해야 하는가? 물론 집에 들어가서 미안하다고 말한다고 해서 죽지는 않지만, 정말 미안하다고 생각해서 그렇게 말하는 건 아니다. 그렇게 되면 내가 정말로 거짓말쟁이가 되는 것인데, 그게 과연 정당한가?

두 집 건너에 있던 사람들은 우리가 도착했을 때부터 컨트리 뮤직을 틀어 대더니 마침내 떠났다. 이제 좀 조용해져서 좋다고 생각하고 있을 때 섬의 하구 쪽에서 구조용 헬리콥터가 나타나더니 바다 위로 날아갔는데, 아마 물에 빠진 사람이나 상어에게 공격을 받은 사람을 찾는 듯했다. 대서양은 아름답지만 그와 동시에 집요하고, 계속해서 진격할 뿐 아니라, 원하는 것은 무엇이든 앗아간다. 헬리콥터가 사라지고 나서 나는 휴와 그의 어머니와 했던 말다툼에 대한 얘기를 꺼내어 우리 집안사람들만 줄 수 있는 위로와 분노를 얻어 볼까 생각했는데, 내가 입을 떼려는 순간에 그레천이 일어나 앉더니 느릿느릿하게 미치 잠결에 말하는 사람처럼 이야기를 시작했다. "오빠, 예전의 내 남자 친구 그레그 기억나?"

"기억나."

동생은 담배에 불을 붙이고 깊이 들이마셨다. "그는 참치캔에 있는 액체를 마셔."

내가 말다툼했던 이야기는 이렇게 더 크고 훨씬 흥미진진한 이야기에 밀려서 사소해져 버렸다. 나는 내 분노는 몽땅 제쳐두고 한결 가볍고 들뜬 마음으로 해변용 담요에 몸을 기댔다. 연결된 듯한 느낌이 들었다. "기름을 마시는 거야, 물을 마시는 거야?" 내가 물었다.

그레천도 등을 대고 눕더니 햇볕에 타서 물집이 잡힌 입술에 담배를 갖다 댔다. "둘 다."

15. 헛소리

내가 좀체 참을 수 없는 것이 하나 있다면, 그건 귀신에 대해 이야기하는 사람들이다. 당신은 그게 그리 심각한 문제가 아니라고 생각할 수도 있지만 — 누군가는 물어볼 수 있으리라. "요즈음 누구랑 같이 다니세요? 캠프 교사랑?" — 내가 정상이라고 생각했던 친구들조차도 폐가에 관한 이야기로 넘어가면 할 말들이 있더라. 아파트에 관해서도. 기숙사 방에 관해서도. 중고 여행 가방에 관해서도.

분위기를 잡는 건 대체로 휴가 한다. 그가 자기 식구들과 함께 1970년대에 미국에 돌아와서 살았던 농가에 관해 이야기하게 놔두면, 절대 끝이 나지 않는다. 그리고 그의 어머니도 같이 있다면 차라리 도망치는 게 좋다. 그들은 그 귀신이 빨간 드레스를 입고 있었는지 체크무늬가 있는 파란 드레스를 입고 있었는지 하는 사소한 부분에서는 의견이 다르지만, 그 여자 귀신이 나타나는 스타일에 대해서는 의견이 일치한다. 그 귀신은 체인을 끌고 다니지는 않는다. "공격적"이지는 않지만 시야에서 사라지지도 않는다. "불쌍하지." 휴의 어머니가 말한다. "이 세계와 다른 세계 사이에 갇혀서 산다니, 쉽지 않을 거야."

"당신들 집에는 틀림없이 귀신이 있을 거예요." 영국에서 휴와 내가 사는 집에 찾아온 사람들은 말하곤 한다. "이렇게 오래된 집에는 귀신이 우글우글하기 마련이죠."
"없어요." 내가 말한다. "유감이군요."
그 사람들이 말하는 귀신은 침실에서 죽은 이들 — 폐결핵에 걸린 아이 혹은 산탄총에 맞은 할머니 같은 — 을 말한다. 그러나 내 동생 에이미가 믿을 수 있는 사람에게 들은 바에 따르면, 귀신은 집 안으로 쉽게 들어올 수도 있다고 한다. "귀신들은 오래된 가구에 붙어서 여행을 하기도 해." 동생이 말했다.
"옷장이나 구석에 놓는 찬장 같은 데?" 내가 물었다.
"아니면 그림 액자나 촛대 같은 데." 에이미가 덧붙인다. "어디든 붙어 있을 수 있어. 그래서 중고 옷을 안 입는 사람들이 많은 거야."
나는 동생이 이야기를 지어낸다고 생각했지만, 실제로 그런 게 분명했다. "드라이클리닝으로는 죽일 수 없는 거야?" 내가 물었다.

"그것들은 빈대가 아니야." 에이미가 대답했다. "걔들은 귀신이라고!"

휴는 내가 예민하지 못해서 귀신을 한 번도 보지 못한 거라고 말한다. 이건 내가 자기중심적이라는 말을 에둘러서 하는 것이며, 내가 매일 내 핏빗의 목표치를 달성하기 위해 그렇게 신경을 집중하지 않고 산다면 우리 집의 그 은제 서랍 속에 살고 있는 600살 먹은 소젖 짜는 여자 귀신을 볼 수 있으리라는 뜻이다. 그는 침실 벽에 깜박거리면서 나타나는 그림자를 알아차리는 자신과 자신의 어머니 그리고 다른 모든 이들은 나와 다르게 특별한 사람들이라고 말한다.

"그럼 요정을 본다는 사람들은 어떤 거야?" 내가 묻는다.

"그 사람들은 그냥 정신이 나간 거고." 휴가 대답한다.

여러분의 집이나 사무실에 귀신이 없고 주차 공간이나 공구 창고에도 귀신이 없어도 소외감을 느낄 필요는 없다. 귀신이 출몰한다고 광고하는 곳은 아주 많다. 숙박업소 같은 곳 말이다. "머리 없는 헤이즐(Headless Hazel) 봤어요?" 아침 식사 시간에 주인이 말없이 웃으면서 물을 텐데, 그러면 투숙객들은 울면서 말한다. "봤어요! 우리가 지난밤에 저녁 먹고 올라가는데 복도 끝에 여자 귀신이 뜨개질하는 바늘로 인형을 쑤시고 있었어요!"

나는 유령 '산업'을 지지하지 않기에, 차라리 종이상자 속에서 잠을 자면 잤지, 미국의 벨 그로브 플랜테이션이나 앨버트 샤프스키 하우스, 혹은 유령이 가장 많이 출현하는 100대 호텔 및 B&Bs 리스트에 오른 곳에는 가지 않는데, 그 어떤 곳도 스케리어트(Scarriott) 같은 이름을 하는 곳은 없는 이유는 무엇인지 모르겠다.

내가 도저히 못 들어 주는 두 번째 이야기는 꿈 이야기이다. "간밤에 잘 잤어?" 가끔 나는 휴에게 묻는다.
그런데 그가 고기로 만든 비행기를 운전했다거나 또는 요코 오노의 얼굴을 한 바다 사자에게 쓰레기통 뚜껑 크기 만한 포커 칩을 던졌다느니 하는 소리를 늘어놓기 시작하면 나는 귀를 막고 방을 나가 버린다.
물론 죽은 사람이 꿈에 찾아올 수 있다는 건 나도 믿는다. 흔히 말하는 꿈의 형태나 "유령" 같은 방식으로 찾아온다는 의미는 아니지만 말이다. 내 어머니를 예로 들어 보자. 내가 어머니를 볼 때마다 어머니는 빈방에 있는 테이블에 앉아 계셨다. 어머니가 기괴한 옷을 입고 있었던 적은 한 번도 없었다. 투명하지도 않고 몸집이 커지거나 작아지지도 않았다. 언제나 공식적인 방문의 느낌이었다. 어머니는 어떻게 지내느냐고 묻곤 했고, 그러면 나는 내가 깨어 있었더라면 했을 법한 대답을 했다. 예를 들어 내가 담배를 끊었을 때처럼 말이다. 어머니는 특별한 일이 있냐고 물었고, 나는 빈손을 내밀었다.

"와!" 내 손에 담배가 없는 걸 보고 어머니가 말했다. "어떻게 끊었니?"

어머니가 최장기간 금연했던 것은 2주일이었다. "나는 의지가 약해서 끊지 못했는데." 어머니가 말했다.

"음," 내가 어머니께 말했다. "그렇다고 너무 자책하지는 마세요. 그것도 어머니를 어머니답게 하는 일부니까요."

내게 찾아오실 때의 어머니는 항상 예순둘, 그러니까 돌아가실 때의 나이이다. 1991년에는 꽤 나이가 많다고 생각했는데, 지금은 내가 거의 그 나이가 되었다. 머지않아 동년배가 될 듯하다. 그리고 나서는 내가 더 많아질 것인데, 어머니가 내 딸 나이 즈음이라면 얼마나 이상할까? 그런 날이 오면 나는 어머니를 순진하다고 생각할까? "나이 든다는 게 어떤 건지 아세요?" 머리는 하얗게 되고 아마 대머리가 되어서 내가 물으리라. "어머니는 은퇴할 나이도 되지 못했네요!"

어머니가 전혀 보지 못했던 것들도 많다. 이메일, ISIS, 리얼리티 티브이 프로그램, 조카 마델린. 내가 말하는 것들을 나도 잘 지켜봐야 한다. 그렇지 않으면 그게 뭔지 설명하느라 어머니가 방문했을 때의 시간 절반을 써버릴지도 모른다. "그건 전화로 자기 얼굴을 찍어서, 이제는 더 이상 서로 얘기하지 않는 사람에게 보내는 사진을 말해요."

어머니는 갈 때가 되면 일어나서 두 손을 치마에 닦는다. 큰 베이지색 지갑을 갖고 있을 때도 있고 아닐 때도 있다. 머리는 항상 정돈되어 있다. 화장을 하고 그 팔각형 안경을 쓰고 있다. 우리는 서로 허그를 하고 어머니는 떠나는데, 내켜 하시지는 않지만 그렇다고 후회하시지도 않는다. 티파니도 마찬가지인데, 동생은 앉아 있지 않고 주로 서 있다. 동생은 다른 사람의 말을 잘 들어 주는 편이 아니었는데, 내가 잘 때는 늘 잘 들어 준다. "정말이야?" 동생이 말할 것이다. "그래서 어떻게 되었어?"

하지만 우리는 동생에 대해서는 말을 많이 하지 않는다. 나만 얘기를 꺼낼 뿐이다.

"그런 게 꿈이라는 거야." 에이미가 말했다.

그러나 그건 꿈이 아니고 실제로 있는 일이다. 나만 그런 일을 겪는 게 아니다. 다른 이들에게도 일어나고, 그건 악몽이나 유령 이야기와 다르다. 나는 그런 이야기를 듣는 건 싫어하지 않는다. "지난밤에 아버지와 얘기했어." 휴가 일 년에 한 번 정도는 내게 하는 말이다.

"자세히 말해 봐." 나는 그의 아버지를 좋아했기에 이렇게 묻는다. 아버지는 무서운 면이 있었지만, 정치에 관해서는 독창적인 생각을 갖고 있었다. "선거 결과에 대해서 얘기하셨어?" 내가 묻는다. "아마 분통을 터뜨리실 건데."

나는 티파니나 어머니가 언제 나타날지 예상하지 못한다. 주문을 외워서 나타나게 할 수도 없고, 그들이 얼마나 오래 머물

15. 헛소리 **217**

지 내가 조절할 수도 없다. 나타난 다음 날에는 나는 충족되고 충전된 느낌이다. 내게 찾아온 다음 날 어머니와 내 누이동생을 생각하면 항상 좋았던 때만 기억나고, 언제나 그렇기를 바라게 된다. 그들이 잘못했던 일이나 나와 말다툼했던 일은 되새기고 싶지 않은데, 물론 어머니와는 그런 일이 그리 많지도 않았고 대개 한두 시간 만에 끝났다.

나는 내가 죽은 뒤에 어머니와 동생처럼 나도 사람들을 찾아갈 수 있을지 궁금하다. 휴를 찾아와서 힘내라고 말할 수 있다는 생각만으로도 근사하다. 나는 그에게 내가 죽고 나면 새로운 남자 친구를 찾으라고 천 번도 넘게 말했다. 심지어 몇 명을 골라 주기도 했다. 첫 번째 두 명은 좋은데, 내가 아직 깊게 생각해 보지는 않았다. "농담하는 거야?" 내가 질을 언급하자 휴가 말했다. "개?"

"뭐, 그 사람은 프랑스어를 할 줄 알아." 내가 말했다.

"세상에, 그게 그 사람을 좋아할 이유는 아니잖아. 그리고 그는 애프터셰이브 로션을 발라!"

두 번째 인물도 잘못된 선택이었고, 무엇보다 지나치게 까다롭다. "하지만 잘생겼어." 내가 말했다.

"잘생긴 남자 친구랑 뭘 하라는 거야?" 휴가 물었다.

"맞아." 내가 말했다. "고마워."

마지막으로 택한 덩컨은 직업으로 양을 치는데, 이번에 나는 꽤 진지했다. 그는 지금 다른 사람과 살고 있지만, 지금은 휴도 마찬가지이다. "지금부터 내가 죽을 때까지 무슨 일이 생길지는 아무도 몰라." 내가 말한다. "덩컨의 남자 친구가 술에 취해서 나를 차로 칠 수도 있고, 나는 그 자리에서 죽고, 그는 과실치사로 감옥에 가고, 와, 그러면 둘만 남겠네."

나는 내가 사려 깊다고 생각하지만 휴는 그런 식으로 보지 않는다. 화를 낼 뿐이다.

"당신이 죽은 뒤에 내가 행복해지면 싫어?" 내가 물었다.

"싫어." 그가 말한다. "나는 당신이 혼자서 비참하게 살았으면 좋겠어. 당신이 누군가를 만나면, 내가 죽은 자들의 세계에서 돌아와서 당신을 쫓아다닐 거야."

그 바람에 다시 귀신 이야기로 돌아가게 되었고, 나는 아까 말했듯이, 그런 이야기를 믿지 않는다. 나는 지독히 현실적이니까.

16. 근래에 내가 우울했던 몇 가지 이유

하나. 2015년 9월 초, 나는 문학 축제에 참석하느라 산토리 니 섬에 있다. 야이이 파티오에서 열린 짧은 낭독회 후에 그리스 청중들이 내게 질문을 하는데, 첫 번째 질문은 "도널드 트럼프에 대해 어떻게 생각하시나요?"이다.

후보로 나서겠다는 발표 후에 이 리얼리티 쇼의 스타는 모든 뉴스에 나오고 있다. 그가 말하는 모든 무례한 말이 반복해서 나오고 분석되고 있는데, 정말 정치인 같다. 나는 1980년대 후반에 도널드 트럼프를 처음 알게 되었다고 대답한다. 그때, 알마라는 리투아니아 여성이 있었고, 나는 그녀를 위해 일하고 있었는데, 그녀는 그가 쓴《협상의 기술》을 사 본 뒤에 그가 놀라운 사람이라고 했다. 그 직후에 나는 그가〈오프라〉쇼에 나온 걸 봤는데, 그 이후로는 절반은 쇼맨이고 절반은 만화 속 캐릭터 같은 이 우스꽝스러운 허풍쟁이는 뒤로 물러나 있었다. 나는 그가 대통령이 되겠다고 나선 것이 자신을 위해 만든 또 다른 광고라고 본다. 나는 그가 러닝메이트로 햄버글라*를 지목한다고 해도 놀라지 않을 것이다. 그래서 무대에서 그렇게 말한 뒤에는 햄버글라가 누구인지 설명한다.

둘. 선거 한 달 전, 필라델피아 공항에서 어느 남자가 나를 픽업해서 쇼를 위해 뉴저지의 레드뱅크로 데리고 간다. 우리는 서로 얘기를 하기 시작하고, 나는 그 남자의 이름이 마이클이라는 걸 알게 된다. 그는 백인이고 55세이며 패스마크에서 일했는데, 그 슈퍼마켓 체인은 파산해서 2015년에 마지막 지점이 문을 닫았다. 나는 통상적인 질문을 몇 개 던지다가 식료품 가게들이 정크푸드를 팔아서 큰돈을 번다는 걸 배운다. "하지만 가장 이윤이 높은 건 향신료예요, 76퍼센트!" 마이클이 말한다. 그리고 가장 많이 훔쳐 가는 물건은 면도날, 유아용 유동식, 들기도 어려워 보이는 대용량 세탁 세제라고 덧붙인다. 이런 것들은 가스통처럼 거대한데 말이다.

"요즈음은 카트를 통째로 밀고 나가죠." 마이클이 말한다.

---

* 햄버글라(Hamburglar): 어깨 망토와 가면을 쓰고 햄버거를 훔치는 맥도날드의 캐릭터 — 옮긴이

"'막을 테면 막아 봐!'라고 말하듯이 밀면서 문밖으로 나가요."

고용된 운전사가 정치에 대해 대놓고 말하는 것은 흔치 않고, 자기가 먼저 말을 꺼내는 건 더욱 드물다. 하지만 가끔은 은근히 언급하기도 한다. 도로에서 트럼프 홍보 사인을 지나칠 때 마이클은 그걸 가리키면서 씁쓸하게 덧붙인다. "우리 나이의 백인들은 정부의 도움이 필요할 때면 — 주택 문제든 푸드 스탬프든 간에 — 줄의 맨 뒤쪽에 서 있는 느낌이 들죠. 무슨 말인지 아시겠어요?"

'음, 거기가 줄이 만들어지는 곳이 아니던가?'라고 나는 생각한다. 마이클은 근래에 들어와서 내가 이해하게 된 집단에 속해 있다. 8년간 흑인 대통령이 재임하는 바람에 소외되었다고 느끼는 백인들 말이다.

'오바마가 정확히 어떻게 당신을 소외시켰어요?'라고 묻고 싶지만 그러지 않는다. 그 대신에 나는 대화 주제를 통상적인 줄로 바꾼다. "오늘 아침에는 비행기 탑승하려고 체크인하는 데 몇 분도 안 걸렸어요." 나는 명랑하게 말하지만, 내가 아메리칸 항공의 이그제큐티브 플래티넘 등급이라서 기다릴 일이 아예 없다는 점은 말하지 않는다. 나는 기다려야 할 일이 있으면 정말 힘들다.

셋. 나는 힐러리에게 대통령 선거 후원금으로 1천 달러를 기부했더니, 정말이지 몇 분 지나지 않아서 이메일이 왔는데, 요약하자면 "아주 감사합니다. 그런데 좀 더 주실 수 있으세요?" 이런 내용이다. 이런 면에서는 그녀의 조직도 특별할 건 없다. 내가 기부했던 이들은 모두가 이런 식이고, 나는 이메일 수신 거부를 하고서 분을 삭인다.

넷. 나는 우리 가족이 오래전부터 알고 있는 한 사람과 이야기를 하는데, 그는 단호한 권위를 가지고 힐러리 클린턴이 일루미나티 회원이라고 말하면서, 그녀와 그녀의 남편은 이미 자기들이 성적으로 학대했던 아이들을 포함해서 수십 명을 죽였다는 것이다.

"농담이지?" 내가 묻는다.

그는 농담이 아니었고, 몇 분 지나지 않아서 소방 호스에서 물을 뿜듯이 장광설을 쏟아 낸다. 그 말을 다 알아듣기는 어렵지만 내가 이해했던 내용 중에는 "프린스*가 살해된 날이 엘리자베스 여왕 생일이었다는 게 우연이라고 생각하는 거야?"라는 말도 있다.

"그가 살해되었다고 누가 그래?" 내가 묻는다.

"오, 제발." 그는 말한다. "정말로 그가 '약물 과다 복용으로 우연히' 죽었다고 믿는 거야?"

그 친구는 내가 천치인 듯이 말한다.

---

* 프린스(Prince): 미국의 유명한 팝 가수 — 옮긴이

"그러니까 여왕이 그를 죽였다 … 왜, 정확히 무슨 이유로?" 내가 묻는다. "이름이 프린스라서?"

그 이후에 나는 그 친구가 의존하고 있는 웹사이트 중 하나를 찾아본다. 거기에는 왕실과 가까운 익명의 사람 — "왕실 내부인" — 의 말이 실려 있는데, 여왕이 다른 일루미나티 회원에게 그해 연말까지 세계적으로 유명한 음악가 세 명이 더 죽어야 한다고 말하는 걸 들었다는 것이다.

내 친구가 들어가 보는 웹사이트 중에는 도널드 트럼프에 대해 나쁘게 말하는 곳은 한 군데도 없다. 그보다는 평화를 가져올 자로 칭송하고 있다. 그들이 미워하는 이들로는 조지 소로스가 포함되어 있는 건 자연스럽지만, 놀랍게도 빌 게이츠도 있는데, 클린턴 부부보다 무고한 사람들을 더 많이 살해한 게 분명하다는 것이다. 내 친구는 이런 사람들과 이들의 관계에 대한 말을 이어가면서 흥분할 정도이다. 엘리자베스 여왕이 래퍼 제이Z로 이어지고, 다시 질병통제센터로 이어지고, 다시 샌디훅 총기 난사 사건으로 이어지고, 정부가 9/11 테러를 만들었다는 것이다.

나는 웃고 싶다. 그리고 나는 그도 웃으면서 "농담이었어!"라고 말하기를 원한다. 그러나 그는 이 모든 걸 정말이라고 믿고 있을 뿐 아니라 나는 그걸 믿지 않는다는 사실 때문에 좌절하고 있다. "정신 좀 차려!"라고 그가 말한다.

다섯. 〈뉴욕 타임스〉에 트럼프가 햄버글라를 러닝메이트로 해서 선거를 치러야 한다는 기사가 났고, 나는 '야, 그건 내가 한 말이야.'라고 생각한다.

여섯. 선거일에 나는 오리건의 포틀랜드에 있다. 저녁 시작할 때 나는 평온한 상태였지만, 식사 시간이 다가오면서 예민해진다. 나는 환상적인 호텔 식당에서 혼자 식사를 하면서 내가 쓸데없이 걱정했다는 사실을 직원들이 알려 줄 거라고 기대하며 쳐다본다. "뉴스가 나왔어요?" 나는 계속해서 묻는데, 그들도 당연히 나와 마찬가지로 클린턴에게 투표했으리라고 생각하기 때문이다. '저 사람들은 모두 풍자하는 문신을 하고 있고 와인에 대해서도 잘 알고 있다. 그런 이들이 다른 누구에게 투표하겠는가?' 나는 그렇게 생각한다.

방에 돌아와서는 라디오를 켜고, 인터넷에서 선거 개표 결과를 나타내는 지도를 응시한다. 침대로 가서는 아이패드를 켠다. 눈을 감고 아이패드에 손을 뻗는다. 선거 결과가 트럼프의 승리로 나올 때 나는 누운 채로 잠을 이루지 못한다. 한밤중에 피트니스 센터로 가서, 내가 올라선 타원형 운동기구에 설치된 작은 티브이를 지켜본다. 지난 몇 달 동안 뉴스에서는 클린턴이 쉽게 승리할 것이라는 이야기가 계속 나왔다. 지금은 나더러 자신들이 처절히 반성하면서 어쩌다가 이렇게 틀렸는지 찾아내는 걸 지켜보라고 하고 있다. "엿이나 먹어." 나는 그 작은 스크린을 향해 말한다.

한 시간 후에 나는 목욕을 하고 다시 자러 간다. 천정을 보면서 두 눈 크게 뜨고 누워서 셰어*를 생각하고, 내가 느끼고 있는 걸 그녀도 느끼고 있으리라고 생각한다. 다른 수백만 명역시 같은 느낌일 것이다. 휴와 내 누이들, 그리고 음모론 옹호자를 제외한 내 모든 친구도 마찬가지이리라. 묘하게도 내게 위로를 주는 이는 내가 개인적으로 한 번도 만난 적 없고 본 적도 없는 이 여성이다. 다음 날 아침 나는 잠을 못 자서 눈이 빨갛게 충혈된 채로 멍하게 도시를 걸어 다니면서 '나는 혼자가 아니야, 나는 셰어가 있어.'라고 생각한다.

일곱. 선거가 있고 며칠 지난 날, 나는 캘리포니아 오클랜드에 있다. 일요일 오후이고 나는 수많은 사람이 공원 같은 곳을 향해 걸어가고 있는 걸 보는데 그들 중 일부는 피켓 같은 걸 들고 있다. "무슨 일이죠?" 내가 한 젊은 여성에게 묻는다. 그녀의 머리칼은 몇 군데는 자주색이고 몇 군데는 초록색이다.

"아," 그녀가 말한다. "다들 메릿 호수로 가서 손을 잡으려고 해요. 우리는 그 주변으로 인간 사슬을 만들 거예요." 그녀는 이렇게 하면 시간을 되돌려서 트럼프가 대통령 당선인이 되지

---

* 셰어(Cher): 선거 전부터 트럼프에 반대하는 의견을 드러냈던 미국의 가수이자 영화 배우 — 옮긴이

못하게 할 수 있다는 식으로 말한다. 나는 움찔하며, 이걸 폭스 뉴스가 어떻게 보도할지 생각해 본다. "여러분 모두 조심하세요. 그들은 손을 잡고 있어요!"

여덟. 나는 추수감사절에 에메랄드 섬에서 가족들과 함께 모여서 공화당을 지지하는 아버지와 한바탕 큰 말다툼을 하는데, 아버지는 한 대목에서 유독 크게 소리친다. "트럼프는 개자식이 아니야!" 나는 이게 웃긴다고 생각하면서도 한편으로는 놀랍기도 했다. 나는 그에게 투표를 했든 아니었든 간에, 이 대통령 당선인이 경멸할 만한 인간이라는 점에서 다들 동의한다고 생각했다. 그 사람 본인이 그렇게 되고자 애썼다는 말이다.

우리의 말다툼이 이어질 동안 급기야 아버지는 "그는 이 나라에 몇 년 만에 생긴 가장 경사스러운 사건이지!"라고 소리치기도 하고, "그 정도 음담패설은 누구나 라커룸에서 할 수 있는 수준이라고!"라고 소리치기도 한다.*

"나도 일주일에 닷새는 라커룸을 쓰는데 그 영상 속의 트럼프처럼 말하는 인간은 한 명도 본 적이 없어요." 내가 받아친다. "그리고 설령 누가 그런 식으로 말한다고 해도 '와, 저 사람이 대통령이 되어야겠어.'라고 생각하지도 않아요. 나는 그 인

---

* 트럼프가 대선 경선을 하던 2016년 10월에 그가 과거에 했던 음담패설을 녹음한 내용이 폭로되어 곤란한 상황에 처하자, 그를 옹호하는 사람들이 했던 주장이다. — 편집자

간이 그저 소름이 끼치는 인간에다 패배자라고 생각해요." 그렇게 말하고 나서 누군가에게 들었던 말을 덧붙인다. "게다가 그 사람은 라커룸에 있었던 게 아니에요. 일하고 있었지."

1998년에 미국을 떠난 이후로 나는 부재자 투표를 해왔다. 해외에 체류하는 미국인은 자신이 마지막으로 살았던 주에서 투표할 수 있는데, 내 경우는 뉴욕주였다. 그 후에 에메랄드 섬에 집을 얻었기에 주소를 노스캐롤라이나로 바꿨는데, 여기서 내가 느끼는 절망은 한층 심각하다. 1996년에 로어 맨해튼에 있는 식료품 가게의 긴 줄에 서 있으면서, 나는 내 앞에 있는 사람들을 보면서 '빌 클린턴 투표자, 빌 클린턴 투표자, 확정된 흉악범, 빌 클린턴 투표자, 외국에서 온 관광객, 흉악범, 흉악범, 빌 클린턴 투표자' 이렇게 생각했다.

아버지와 한바탕 한 뒤에 들른 에메랄드 섬의 슈퍼마켓에서는 '트럼프, 트럼프, 트럼프, 트럼프, 트럼프'였고, 계산대의 직원 역시 그에게 투표했을 것이다. 물론 이건 순전히 내 추측일 뿐이다. "와서 뺏어 봐."라는 글귀 위에 반자동식 권총이 그려져 있는 티셔츠를 입은 저 남자, 피로에 절어서 12팩짜리 맥주 두 개에 라이스 푸딩 한 통을 사는 저 사람이 반드시 공화당에 투표하지는 않았을 것이다. 그는 선거 날이면 집에 틀어박혀서, 자기가 잡아다가 거실 아래 좁은 공간에 가둔 여자들에게 억지로 먹을 걸 먹이고 있었을지도 모른다.

우리가 말다툼을 한 다음 날, 내가 아래층으로 내려오니 아버지는 부엌에 있었다. "아직 할 말이 남아 있니?" 아버지가 묻는다.

나는 마치 아버지가 도널드 트럼프 당선에 전적으로 책임이 있는 사람처럼, 마치 아버지가 동점을 가르는 표를 던지는 것을 알면서 투표했기에 앞으로 일어날 일이 전적으로 아버지 책임이라는 듯이 쳐다본다. 그리고 말한다. "네. 물론 아직 할 말이 남아 있죠."

아버지는 돌아서더니 거실로 터벅터벅 걸어간다. "아둔한 놈."

아홉. 크리스마스 아침에 나는 영국에 있는 집에 있으면서 욕실 위쪽의 높은 공간에 올라가서 내가 몇 달 전에 싸두었던 선물을 찾는다. 내가 사용하는 사다리는 나무로 만들었고 다리가 두 개뿐이라서 새로 왁스 칠을 한 바닥에서 미끄러진다. 나는 2.7미터 정도 높이에서 왼쪽으로 떨어지면서 갈빗대가 여덟 개나 부러진다. 내가 바닥에 누워서 기절하기 직전의 고통을 참고 있을 때, 만약 트럼프가 대통령에 취임하기 전에 내가 죽는다면 그리 나쁜 건 아니라는 생각을 한다. 손님방에서 에이미가 뛰어나오고 휴는 부엌에서 계단으로 뛰어 올라오더니, 둘 다 "무슨 일이야?"라며 "괜찮아?"라고 묻는다.

나는 크리스마스를 망치고 싶지 않아서 "괜찮아, 괜찮아."라고 말한다. 하지만 괜찮은 사람이라면 바닥에서 일어서는 데

10분씩이나 걸리지 않는다.

휴는 NHS — 국민 보건 서비스 — 에 전화를 하고, 나는 몇 가지 기본적인 질문을 받고 나서 메리라는 이름의 간호사와 연결된다.

"누구시죠?" 내가 묻는다.

"메리예요." 그녀가 반복하지만, 메리 스튜어트인지 다른 누구인지 성을 알 수가 없다. 미국은 모든 게 소송과 연관되어 있어서 증거를 남기는 게 중요하다. 미국에서는 즉시 와서 엑스레이를 찍어야 한다고들 하지만, 영국에서는 의식을 잃는다거나 너무 많은 액 — 피, 고름 등 — 을 쏟지 않는 한 다른 이의 시간을 낭비하지 않는다. 메리는 나에게 몇 가지 질문으로 폐가 찔렸는지 알아보려 하는데, 물론 나는 폐가 찔리지는 않았다. "하지만 기침할 때면 정말 아파요." 내가 말한다.

"음, 데이비스 씨." 그녀가 명랑하게 말한다. "그렇다면 기침을 하지 마시고, 행복한 성탄절 보내세요."

나중에 나는 그때 내가 겪은 걸 "둔력에 의한 외상"이라고 한다는 걸 배운다. 이건 선거 후에 내가 느꼈던 것과 비슷한 느낌인데, 벽에 쿵 부딪히거나 차에 치이는 것과 같다. 양쪽 모두 통증이 계속된다. 게다가 통증이 사라질 때의 증상도 없다. 그 손상은 계속 남는다. 나는 결코 그 사고/선거 이전으로 돌아갈 수가 없다. 행복한 성탄절 같은 건 불가능하다. 매일 나는 바닥에 누워서 내 옆구리를 움켜잡고 움직이지 못한다.

＊　　＊　　＊

열. 나는 전혀 이성적이지 않은 희망을 붙잡고 있다. 선거인단이 정신을 차려서 "이대로 흘러가게 놔둘 수는 없어!"라고 외친다. 러시아가 개표기에 손을 댄 것으로 드러난다. 하지만 그 어떤 것도 돌진하는 트럭을 막을 수 없다. 대통령 취임식 날 나는 시애틀에 있다. 오후 늦게 내 오랜 친구 린이 일본에서 누가 발견한 반트럼프 스티커를 찍은 사진을 보내온다. 아주 교묘하게 디자인되어 있다. 세 개의 산봉우리인데, 다시 보면 트럼프가 양쪽의 KKK 단원에게 끼인 상태가 되어 있다. 나는 "하"라는 답장을 쓰고 싶었지만 그 대신에 농담 삼아 이렇게 글을 보낸다. "린에게. 나는 네가 이런 식으로 변화를 거부할 뿐 아니라 너 자신의 속 좁은 편견을 넘어서지 못하고 있다는 것이 유감이다. 이런 건 너 혼자 간직하는 게 좋겠다. — 데이비드."

1분 후에 "농담이야."라는 메일을 다시 보낸다. 그런데 그게 되돌아오고, 그다음에 보낸 메일 세 개도 모두 되돌아온다. '나를 차단했어!' 나는 깨닫는다. '38년이나 친구로 지냈는데.'

그날 밤에 자려고 누워 있으면서, 나는 그녀가 다른 사람들에게 내가 트럼프 지지자라고 말할까 걱정한다. 그런 소식이 퍼지면 다음 날 아침이면 나는 완전히 망하는 것이다. "그건 그냥 농담이었어." 나는 어두운 방 안에서 혼자 말한다. "정말 지독한 농담이었다고."

17. 왜 안 웃는 거야?

바깥에서 보면 노스캐롤라이나에 있는 우리 집 — 시섹션 — 은 볼 게 별로 없다. 마치 열 살짜리 애가 자를 대고 설계한 것처럼 단순하다. 벽, 지붕, 창문, 데크가 전부이다. 집을 설계했던 건축사가 크레용을 내려놓으면서 옆방에 대고 "다 했어요. 이제 티브이 봐도 돼요?"라고 소리치는 게 상상이 될 정도이다.

내가 그 집을 깎아내릴 때마다 중요한 건 뷰라고 휴는 늘 말한다. 밖에 보이는 바다 말이다. 그가 말하는 바를 나도 이해는 하지만, 항상 이것과 저것 중에 선택해야만 하는 건 아니다. "웨스트 서식스는 어때?" 내가 말한다. 밖에서 보자면 영국에 있는 작은 우리 집은 동화책에 나오는 집 같다. 배가 볼록 튀어

나오고 파이프 담배를 즐기는 착한 트롤이 사는 집. 16세기 후반에 돌로 지은 집인데, 지붕은 경사져 있고, 카드 크기의 판유리가 달린 작은 창문들이 있다. 우리는 침대에 누워서 저 아래 푸른 목초지의 그늘 속에서 풀을 뜯고 있는 양 떼를 생각한다. 나는 그 집에서 겨울을 나는 걸 아주 좋아했기에, 일 때문에 1월과 2월의 대부분을 미국에서 보내야 하는 게 영 마음에 걸렸다. 휴가 찾아와서 마지막에는 함께 마우이섬에 있었는데, 거기서 낭독회가 있었다. 나는 비행기를 타고 갔다가 나오면 그만이었는데, 휴는 바다에서 수영하는 걸 좋아했기에, 휴가 인터넷으로 찾은 집에서 1주일간 지냈다.

"잠깐만요." 내가 공연했던 극장의 매표소 담당자가 말했다. "그러니까 1970년대 티브이 프로그램에 나왔던 것처럼 적어도 4층으로 뻗어 있고 짙은 색 나무 패널이 되어 있다는 거죠?"

그는 정확하게 알아맞혔는데, 특히 그 짙은 색깔이 그러했다. 내부 벽으로 쓴 나무는 정교하게 얼룩져 있는데다 퍼지 색깔에 가까워서, 가차 없이 그리고 거의 압박할 듯이 밝은 바깥 세상과 강렬하게 대비되었다. 여러 층에 대해서 말하자면, 비록 두세 계단밖에 안 되더라도 계단을 추가한 것에 대해서는 변명거리를 찾아야 할 듯하다. 거기서 계속 살면 거기에 익숙해질 수는 있겠다 싶었다. 나는 하루에 적어도 두 번은 계단에서 발을 헛디디거나 넘어졌다. 그 집은 내가 20대였을 때 우리 가족이 에메랄드 섬에서 빌렸던 콘도미니엄을 생각나게 했는데, 다만 그 콘도미니엄 단지에는 부엌에 십자가상이 걸려 있는 곳은 한 군데도 없었다. 여기 걸려 있는 십자가상의 길이는 한 25센티미터 정도 되고, 청동을 입힌 호리호리하고 애처로운 그리스도를 지탱하고 있었다.

그건 그 집 주인과 가족이 여러 해에 걸쳐 찍은 사진들을 액자에 넣어 보관하고 있는 걸 제외한다면 유일한 장식품이었다. 그들은 보기 좋은 가족이었고, 아이들이 자라면서 자신들의 아이들이 생기느라 점점 숫자가 불어났다. 오래전에 찍은 사진들은 색이 바래서 우리 가족 사진과 비슷했다. 똑같은 머리 모양에 똑같은 나팔바지와 깃이 축 늘어진 셔츠를 입고 있지만, 이제는 겨울철 잔디처럼 생기가 빠져 있었다. 모든 세대가 건강하고 쭉쭉 뻗어나가는 듯한 느낌이었지만, 나는 그 표면 아래에는 무엇이 있을지 궁금했다. "이 가족 중에 지금은 누가 감옥에 있어요?" 침실로 올라가는 계단에서 발을 헛디디면 나는 올려다보면서 이렇게 물을 것이다.

그 집은 바닷가에 있었고, 뒤뜰이 끝나는 곳에서 시작되는 해안에는 야자수 그늘이 드리웠다. 대부분 그곳에는 아무도 없었기에 먹을 걸 사러 바닷가를 따라 올라가는 경우를 제외하고 휴는 마우이에서 지낸 1주일 내내 거기서 보냈다. 그는 데크에서 바다를 굽어보지 않을 때면 바닷속에서 데크를 올려다봤다. 고래와 바다거북도 봤다. 스노클도 했다. 내가 한 유일한 일은 출판사에서 보내온 5천 장의 백지에 내 사인을 한 거였다. 그런 걸 "팁인(Tipins)"이라고 부른다. 한두 달 후에 그것들은 내가 마무리하게 될 책에 함께 제본된다. 그때까지는 수정할 수 있는 시간이 몇 주 정도는 있지만 대부분은 사소한 문법적인 사항이다. 휴는 소설가였던 자기 아버지를 위해서도 그렇게 했듯이 오자를 찾는 데 능숙할 뿐 아니라, 내 원고를 가장 먼저 읽는 사람이기도 하다. 나는 그가 웃는 소리를 들을 때면 "뭐가 그렇게 웃겨?"라고 묻는다. 아무런 반응이 없이 5분에서 10분이 흐르면 이번에는 이렇게 소리친다. "왜 안 웃는 거야?"

사인을 5천 번 하는 건 꽤 시간이 걸리는 일이므로 나는 매일 할당량을 정한 뒤에, 하던 일이 무엇이든 간에 두 시간 단위로 끊고서 매직 마커를 집어 든다. 서명을 하면서 나는 라디오를 듣거나 내가 좋아하는 티브이 프로그램인 〈인터벤션〉을 본다. 실제 알코올 중독자나 약물 중독자가 나와서 생활하는 프로그램이다. 대부분은 증세가 너무 심해져서 직장도 잃기 마련이고, 싸움이 시작되고, 엉망인 침대에서 눈물을 쏟고, 자기 발가락 사이처럼 좀체 생각하지 못할 곳에 총을 쏘기도 한다. 사람들이 그런 상태로 카메라 앞에 섰다는 게 나로서는 놀라울 지경이다. "티브이에 내가 나온 거 봤어?" 나는 그 사람들이 자기 친구들에게 하는 말을 상상해 본다. "내가 차 위에다 똥을 쌌던 거는 정말 놀랍지 않아?"

그건 내가 백지에 사인을 하면서 지켜봤던 어느 에피소드에서 술에 취한 31살짜리 여자가 실제로 한 일이다. 바지를 내리고 엉거주춤하게 자세를 잡더니 주차되어 있던 아우디 A4 뒤쪽 범퍼에다 똥을 쌌다. 그녀가 그러는 걸 지켜보고 있자니 ― 허리 아래쪽으로는 다이아몬드 모양으로 흐리게 처리되었다 ― 나는 어머니 생각이 났는데, 그녀가 여자였기 때문에 생각이 난 것도 있다. 어머니는 바지를 입은 적이 없고 늘 치마나 드레스만 입었다. 어머니는 화장을 안 하고 머리를 매만지지 않은 채로는 집 밖에 나가지 않았다. 나는 파자마를 입고 비행기에 오르는 여자나 "네 구멍이 내 목표야."라고 쓰인 티셔츠를 입고 있는 남자를 볼 때면 우리 엄마는 어떻게 생각할까 궁금하다.

세상을 떠난 지 30년이 다 되어 가니 어머니는 이렇게 충격적인 행동들이 쌓여 가는 걸 대부분 보지 못한 셈이다. 어떤 프로그램에서는 젊은 남자애들이 사람의 음모를 수집하기 위해 나서는 걸 봤다. 일종의 경연이었는데, 마지막에 가서 진 사람은 자기가 수집한 걸 전부 피자에 올려놓고 먹어야 했다. 그게 2003년도였으니 티브이에 나와서 차 위에다 똥을 싸는 사람도 뭐 오케이 그럴 수 있는 일이다. 하지만 〈Murder, She Wrote〉*를 보던 사람이 그걸 본다면 큰 충격을 받을 것이다.

〈인터벤션〉이 어머니를 생각나게 했던 또 다른 이유는 어머

---

* 1984년부터 1996년까지 미국에서 방영된 범죄 드라마 ― 옮긴이

니가 알코올 중독자였기 때문이다. 사랑하는 사람에게 이런 표현을 쓴다는 건 쉽지 않은 일이기에 우리 가족은 그 표현을 피했다. 우리들끼리는 엄마가 "문제가 있다."거나 "자제할 수 있다."라고 속삭이곤 했다.

어머니는 술에 취하지 않을 때는 명랑하고 카리스마 넘치며 그 누구와도 얘기를 할 수 있고, 하고 싶어 하는 유형이었다. 아무도 이해하지 못하는 농담을 하는 바람에 듣는 사람들이 다 당황해서 피하고 싶어 하는 아버지와 달리 어머니가 하는 말은 즐거웠다. "내가 다들 웃겨 줬어." 이게 하루의 끝에 어머니가 얘기하면서 하는 말이었다. 차에 기름을 채우는 남자들, 은행 창구 직원들, 치과의 접수 담당자들을 두고 하는 말이다. "내가 다들 웃겨 줬어." 어머니의 장기는 실제 있었던 이야기를 완벽하게 압축해서 전달하는 거였다. 이건 연습이 많이 필요한 일이기에 어머니는 여러 가지 버전을 연습해서 하나를 채택했다. 그날 하루 동안 어머니는 질문이나 말에 대한 대답으로서 자신이 전달하고자 하는 말 — 재치 있는 말 — 을 실제로 전달했다. "내가 그래서 그 사람에게 말했지. '이봐요, 그래서 비행기를 발명한 거라니까.'"

우리는 옆에서 깜짝 놀라곤 했다. "그건 아니잖아요!" 그러나 그렇게 큰 효과가 있었는데 사실이 아닌 게 뭐가 중요한가.

여러분은 아마 내 어머니가 자신에게 있는 밝고 사랑스러운 면과 밤에 나타나는 면을 구분할 수 있었으리라고 생각할 것이다. 나는 어머니가 한 모금 마실 때면 유리잔 속에서 움직이던 얼음덩어리들의 소리를 들을 수 있었다. 내가 젊었을 때 어머니는 아버지가 일하고 나서 한 잔 마실 때 같이 마셨는데 ─ "딱 한 잔만 마실게. 저녁상 차려야 하니." ─ 그때는 행복한 소리가 났다. 그러나 그런 식으로 망가지기 시작했다.

"그 쌍년이," 어머니는 발음이 불분명해지면서 그날 오후에 만났던 여자나 5년 전에 만났던 여자, 그러니까 가게 점원이나 이웃에 사는 여자에 대해 언급했다. "그런 식으로 내게 말해? 그따위 말투로? 내가 아무것도 아닌 사람처럼? 걔는 잘 모르겠지만 나는 걔를 작살낼 수 있어."

비행기를 타고 와서 집에 들르면, 어머니는 부엌에서 쿵쿵대며 돌아다니면서 아버지와 말싸움한 이야기를 반복했다. "망할 놈의 인간. 그놈의 '이니 내가 힐 수 있는데 왜 배관공을 부르라는 거야?' 이런 엿 같은 소리 좀 집어치워. 당신은 그걸 못 해. 알아들어? 못 한다니까." 나중에 어머니는 "엿 같은(fuck)"이라는 단어를 자주 사용했지만, 문장 속에서 어디에 놓아야 할지는 잘 몰랐다. "그래서 내가 말했지. '당신이 그걸 엿 같은 어떻게 할지는 모르겠지만, 좌우지간 진입로에서 좀 치워.'"

저녁이 되면 어머니는 사람이 달라졌는데, 낮의 어머니에서 껍데기를 벗긴 날것 같은 사람이 되었다. 어머니가 즐겨 신던 그 간편한 신발은 저쪽에 처박혀 있고, 양말 신은 발로 서서 분을 쏟아 낼 동안 자신을 지탱하기 위해 손으로 카운터를 잡고 있었다. 어머니는 이야기 중인 상대에 대해서는 화를 내지 않았고 — 여기에 예외는 내 동생 폴과 아버지와 누이동생 티파니였지만 — 자기 말에 동조해 주기를 원했다. "너는 이 쓰레기 같은 소리를 믿을 수 있니? 이걸 믿을 수 있겠냐고." 우리는 감히 반대할 엄두를 내지 못했다.

나는 잉그리드라는 영국인 친구가 있는데, 그녀의 아버지는 알코올 중독자였다. 그는 운전면허증이 취소당하자 세발자전거를 사서 동네 사람들이 다 보는 앞에서 술집을 들락거리느라고 다녔다.

"일반적인 자전거가 아니었나 보네?" 내가 물었다.

"굴러떨어졌더라면 좋았을 것을!" 잉그리드는 이제 웃을 수 있게 되었다는 데 안도하면서 내게 말했다. 그녀의 아버지는 끔찍한 인간이었고, 야비한 어릿광대 같았기에 그렇게 말하는 게 별로 어렵지 않았다. 우리 어머니는 그렇게 우스꽝스러운 일은 하지 않았고, 그렇게 했더라도 우리가 어머니를 조롱하는 건 패륜이라고 느꼈을 것이다. 그 대신에 우리는 어머니를 두 사람으로 구분했고, 술에 취한 두 번째 인격을 무시하는 쪽을 택했다. 우리는 그건 진정한 어머니의 모습이 아니며, 바이러스 같은 게 말하는 것이라고 생각했다. 잉그리드의 아버지도 그런 식이었는데, 급기야 하얀 옷을 입은 사람들이 와서 국립 병원에 데려갈 때까지 술을 마셨는데, 거기서 충격 치료를 받았다. 병원에서 나온 뒤에 찍은 사진을 보면서 나는 '잠깐만, 이건 마치 내 모습 같다.'라는 생각을 한다. 내가 젊었을 때는 닮은 구석이 없지만, 지금은 마치 쌍둥이 같다.

〈인터벤션〉에서 결정적인 순간은 거기 나오는 알코올 중독자나 약물 중독자의 가족이나 친구들이 그를 만나러 오는 순간이다. 이런 만남은 전문가의 조언을 받아서 이루어지는데, 대체로 밝은색 가구가 있고 창문은 없는 슬픈 느낌이 나는 호텔의 콘퍼런스장에서 한다. 중독자들은 술이나 약에 완전히 취해 있거나 사전에 양해가 된 상태이다. "아니 이게 도대체 뭐…." 그들은 자기 주변에 반원을 그리면서 앉아 있는 부모나 형제자매, 아내와 남편을 돌아보면서 말한다.

그 개입의 대상자는 기습을 당했다고 느끼기 때문에 그들이 공격받는다는 느낌이 들지 않도록 여러 조처를 한다. 이런 상황에서는 누구나 이성을 잃기 쉽기 때문에 전문가는 친구들이나 가족에게 자신들의 생각을 종이에 써서 정리하도록 한다. 그들이 읽어 내려가는 편지는 결코 부정적이지 않고 대개는 즐거운 기억에서 시작한다. "당신이 병원에서 퇴원했던 날을 기억해요." 이런 게 큰 울림이 있는 말 중 하나이다. 마치 주인공의 알람 시계가 크게 울리면서 시작하는 단편 소설 같은 것인데, 나는 이 대목에서 낚이면 안 된다고 생각하면서도 낚인다. '아 제발.' 나는 이렇게 생각하면서 각성제에 중독된 공격적 성향의 인물에게 누군가가 "당신은 방 안을 환하게 밝히는 미소를 갖고 있어요."라고 말하는 장면을 눈을 굴리면서 지켜본다.

편지를 쓴 사람들은 자주 우는데, 자신들이 쓴 글이 너무 엉망이라서 그럴 것이다. 그러고 나면 리얼리티 쇼는 눈물바다가 된다. 내가 좋아하는 다른 프로그램은 〈270킬로그램 몸무게로 살아가기(My 600-lb Life)〉인데, 거기서는 병적으로 살이 찐 사람들이 체중을 줄이기 위해 악전고투를 한다. 각각의 프로그램은 사랑하는 사람들이 나와서 "나는 내 아이/누이/사촌을 땅에 묻고 싶지 않아요."라는 말을 똑같이 반복하면서 시작한다.

'음, 나도 그렇고 싶지 않아.' 나는 생각한다. 내가 무덤을 파서 들어가는 게 아니라면 저 엄청난 몸뚱이를 굴려서 그 속에 넣기 위해서는 죽을힘을 다해야 할 것이다. 〈Hoarders〉에서도 우는 장면이 나오는데, 사용한 화장실 휴지까지 모으면서 문제가 무엇인지 모르는 그 수집광들은 전혀 눈물을 보이지 않는다.

〈인터벤션〉에 나오는 사람들이 할 말을 다 하고 나면, 그 중독자들은 재활 센터 입소 제안을 받는다. 모두가 받아들이지는 않지만 대부분은 받아들인다. 그들이 가는 곳은 태양이 밝게 비치는 곳, 즉 애리조나, 캘리포니아 남부, 플로리다 등이다. 입소하고 두 달쯤 지나면 전혀 다른 사람이 되는 걸 볼 수 있다. "이건 제가 공예반에서 만든 풍경(風磬)이에요." 프로그램 앞부분에서 자기 목에 각성제를 찔러 넣던 여자가 말한다.

약속한 90일을 모두 다 채우는 건 아니다. 어떤 이는 일찍 퇴소했다가 다시 중독에 빠진다. 다른 이들은 일정대로 다 소화한 뒤에도 1주일이나 6개월 후에 재발한다. 가장 감동적인 이들은 몇 년 후에 찾아갔더니 여전히 온전한 상태로, 이제는 직업도 있고 자녀도 생긴 경우이다. "내가 낭비했던 그 시간 동안," 그들은 말한다. "도대체 내가 무슨 생각을 하고 있었던 것인지?"

나는 잉그리드에게 술 마시는 문제에 관해 아버지와 이야기를 한 적이 있는지 물었는데, 그녀는 그런 적이 없다고 말하면서 부끄러워했던 것 같다. 우리 가족 중에서 나 혹은 다른 누군가가 그 결과는 어떻게 나오든 상관없이 어머니에게 직언을 했다는 말은 아니다. 아주 직설적이어서 처음 보는 사람에게도 너무 시끄럽다거나 당신이 잘못했다거나 그 볼레로 재킷을 입기에는 지나치게 뚱뚱하다고 대놓고 말하는 아버지도 아무 말을 하지 않았다. 어머니 역시 점점 심해졌다. 내가 집에 있을 때만 해도 문제는 심각하지 않았다. 6명의 자식 중에 5명이 독립한 후에야 어머니는 한도를 넘었다. 저녁 먹고 스카치 한 잔 하던 게 두 잔이 되고 석 잔이 되었다. 마시는 와인 양도 두 배가 되고 세 배가 되었다. 어머니는 질을 따지며 마시는 게 아니었다. 양이 중요했다. 병으로 사지 않고 항아리 단위로 샀다. 저녁 먹고 나서는 커피를 마신 뒤에 다시 스카치나 와인으로 바꾸었고, 술을 마시면서 약을 복용했다. 우리는 그 약을 "엄마의 인형"이라고 불렀다.

어머니가 밤에 길이 잘 보이지 않아서 더 이상 운전하지 않는다고 말했을 때, 우리는 모두 그저 순순히 받아들였지만, 실은 해 질 무렵이면 어머니가 이미 운전대를 잡을 상태가 안 된다는 것도 알고 있었다. "어휴." 우리가 말했다. "우리도 엄마 나이가 되면 눈이 그렇게 되어서는 안 되는데."

그런 점에서 보자면 〈인터벤션〉에 나오는 가족들을 칭찬해 주어야 한다. 편지 내용이야 진부하더라도 가족은 감이라는 게 있다. 그들이 직시하고 있는 그 사람이 그 방을 박차고 나간 뒤에는 다시는 말을 안 할 수도 있지만 적어도 그들은 운을 시험하고 있다. 우리는 어머니의 행동에 대해 한 번도 말을 한 적이 없지만, 어머니는 우리가 알고 있다는 걸 알았다.

"지난 나흘간 한 잔도 안 마셨어." 어머니는 뜬금없이 주로 전화로 그렇게 말했다. 그 목소리에는 고투의 흔적과 희망이 들어 있었다. 그다음 날 밤에 전화를 걸면 이미 의지력을 상실한 뒤라는 걸 알게 된다. "왜 좀 더 버티지 못해요?" 나는 묻고 싶었다. "정말이지, 좀 더 해볼 수는 없어요?"

물론 나도 술에 취해 있었으니 내가 무슨 말을 할 수 있었을까? 나는 젊으니까 좀 덜 슬플 뿐이었다. 어른으로서 살아가야 할 거대한 세월이 내 앞에 펼쳐져 있었지만, 어머니는 50대에 들어섰고, 온갖 너절한 잡동사니로 가득 찬 집에서 혼자 술을 마시고 있었다. 술에 취해 있지 않을 때도 어머니는 그것 때문에 늘 욕을 퍼부었다. 아버지는 오래된 신문과 잡지, 쓰레기통에서 꺼내 온 토스트기, 호스, 합판 같은 각종 쓰레기를 끌고 와서 마당이나 지하실에 쌓아 놓았는데, "아주 좋은" 것이라면서 가져왔지만, 그저 모두 다 아버지가 필요한 것일 뿐이었다.

내 기억에 우리 집은 상당히 유쾌했다. 어느 방에서나 음악이 흘러나왔다. 전화벨이 항상 울렸다. 우리 집 식구들은 다른 집 사람들보다 많이 웃었다. 나는 다른 어떤 것보다 그건 확실하게 말할 수 있다. 마을 전체를 놓고 봐도 우리 이웃들은 저녁 식사를 최대한 빨리 마치고 티브이를 켠다. 우리 아버지도 그렇게 하셨지만, 나머지는 모두 어머니 주위에서 어머니의 관심을 받고자 애썼고, 촛불들은 타오르고 있었다. 어머니는 그걸 "그룹 테라피"라고 불렀지만, 그건 차라리 석사 수업하는 교실 같았다. 우리 중 누가 그날 있었던 일을 이야기하면 어머니는 그 중간중간 발언을 했다. "침실에 대해서는 자세하게 말하지 않아도 돼."라고 하거나 "선생님 관련한 부분은 건너뛰고 그 추격전 얘기를 바로 해봐."라고 말했다.

"커피 한 잔 따라 줘." 어머니가 10시쯤에 말할 때, 빈 그릇들은 아직 우리 앞에 그대로 있었다. "팬트리에서 윈스턴 담배 한 갑 더 가져올래?" 애가 여섯 명이 있으면 물건이 정확하게 어디 있는지 말하지 않아도 된다는 게 특전이라면 특전이다. "내 차 키를 찾아봐."라고 하거나 아니면 "신발 좀 가져와."라고 하기도 했다.

우리가 반항하는 경우는 한 번도 없었는데, 다름 아니라 어머니의 말이었기 때문이다. 어머니를 즐겁게 해드리는 일은 즐겁고 쉬웠고 우리도 즐거워지는 일이었다.

"내가 엄마 담뱃불 붙여 줄 거야…."

"아니야, 내가 할 거야."

우리가 살았던 집은 만약 내가 고를 수 있다면 고르지 않을 집이었다. 내가 원하는 만큼 깨끗하지 않았다. 바깥에서 보면 눈에 띄지 않았다. 볼 만한 건 없었지만, 그러나 늘 마음속에 품고 있었고, "집"이라는 걸 생각할 때면 늘 자랑스럽게 떠올리는 곳이었다. 그건 마치 살아 있는 유기체 같았지만, 내가 20대 후반에 들어설 때부터, 모두 멀쩡해 보이는 치아들 속에서 충치 하나가 생기듯이 썩어 내려갔다. 내가 11살이었을 때, 아버지가 집 앞에 올리브를 줄지어 심었다. 허리 높이까지 올라왔기에 일종의 울타리 역할도 했다. 80년대 중반이 되자 그게 훌쩍 자라는 바람에 지나가는 사람들은 인도에서 차도로 내려가서 걸어야 했다. 쓰레기를 버리려는 사람들은 들고 오다가 우리 집 마당에다 버렸는데, 높이 자란 풀 때문에 맥주 캔이든 개똥을 담은 비닐봉지이든 간에 버려도 안 보인다고 생각했던 듯하다. 〈아담스 패밀리〉에 나오는 집 같았는데, 즐겁기만 하다면 문제는 없었겠지만, 더 이상 즐거운 곳이 아니었다. 어머니가 살아 있는 귀신처럼 거기 출몰하고 있었고, 수척해진 몸에 체인은 끌고 다니지 않았지만 잔에 담긴 얼음 조각을 딸그락거리면서 들고 다녔다.

내가 살던 시카고에서 집에 찾아오면 어머니는 내 친구들을 위해 저녁 파티를 열곤 했다. "시글러 가족 오라고 해." 어머니가 말했다. "그리고 아, 딘도 오라고 하고. 아니면 린. 걔를 꽤 오래 못 봤어."

어머니는 사람들을 그리워했기에 나는 결국 전화기를 집어 들었다. 손님들이 도착했을 즈음이면 어머니는 이미 술에 절어 있었다. 친구들은 다 알아차렸다. 그걸 몰라볼 사람이 있겠는가? 그들은 식탁에 앉아서 어머니가 같은 이야기를 벌써 세 번째 반복하는 걸 듣고 있었고 ― "내가 다들 웃겨 줬어." ― 어머니가 넘어지는 걸 지켜봤고, 담뱃재는 바닥에 떨어지고, 나는 민망해졌고 어머니 때문에 당황해야 한다는 게 부끄러웠다. 나도 언젠가 공항에서 어머니를 만나면서 실크 모자에 멜빵을 하지 않았던가? 빨간색 플랫폼 슈즈를 신지 않았던가? 그때 나는 17살이었는데 지금도 그렇다. 술에 취하거나 테이블에서 흥분한 적이 얼마나 많았던가? 그럼 이제 당황해하는 사람이 되는 건 내 차례 아닌가? '어머니에게 순종해야지.'라고 나는 생각했다.

저녁 파티가 끝난 다음 날 아침, 어머니는 여전히 얼굴에 화장이 남아 있고 저녁에 입은 옷을 입은 채로 멋쩍어했다. "음, 딘을 다시 봐서 좋았다." 그때가 아마 어머니와 같이 조용히 앉아서 "지난 밤에 어머니가 어땠는지 기억나요? 우리가 어떻게 해드리면 되겠어요?"라고 말할 수 있는 가장 좋은 순간이었는지 모른다. 나는 아마 우리가 잃어버린 기회에 대해 영원히 기억할 듯하다. 자식이 6명이나 있었고 남편도 있었지만 그 누구도 말 한마디 하지 않았다. 나는 어머니가 애리조나나 캘리포니아처럼 한 번도 가본 적이 없는 곳에 있는 재활 센터에 입소해 있는 상상을 한다. "내가 도자기 굽는 재주가 있는 줄 누가 알았겠니?" 어머니가 그렇게 말하는 게 들리는 듯하다. "나는 이제 정말로 내 인생을 다시 설계할 생각이야."

단주를 했어도 어머니 몸속에서 은밀하게 자라고 있던 암을 막을 수는 없었겠지만 존엄을 유지하며 살아갈 수는 있었을 것이다. 수치심 없이 살았던 때를 회상할 수는 있었을 것이다. 단 몇 년이더라도 말이다.

"네 엄마가 술을 마셨던 게 내 잘못이라고 생각하니?" 얼마 전에 아버지가 물었다. 그건 아마추어, 즉 보드카 토닉을 두 잔만 마셔도 더는 못 마시고 처방받은 진통제도 다 먹지 못하는 사람이 하는 생각이다. 어떤 이유인지 찾아보려는 생각은 우스울 뿐이다. 내 생각에 어머니는 자식들 — 자기 팬클럽 — 이 없어서 외로웠다. 그러나 어머니가 술을 마셨던 것은 알코올 중독자였기 때문이다.

"그런 쓰레기를 어떻게 보고 있는 거야?" 마우이에서 지낼 때 휴가 집 안에 들어오다가 〈인터벤션〉을 보고 있는 나를 보면서 하는 말이었다.

"음, 뭐, 보고 있기만 하는 건 아니야." 내가 말한다. "사인도 하고 있어."

그는 이 정도로 그치지 않는다. "당신은 하와이에 왔으면서 종일 집 안에 앉아 있어. 밖에 나가 보지 그래? 햇볕도 좀 쬐고."

그래서 나도 신발을 신고 산책을 나갔는데, 해안으로는 가지 않고 도로를 따라 걷거나 아니면 근처의 숙박시설들이 있는 곳을 따라 걸었다. 쓰레기가 가득했고 — 캔, 병, 패스트푸드 담았던 봉지 — 모두 영국에서 봤던 것과 똑같은 쓰레기들이었다. 납작하게 죽어 있는 수수두꺼비도 봤는데, 그 위에 타이어 자국이 선명했다. 멋진 빨간색 머리가 있는 작은 새들도 봤다. 어느 날 오후에는 멈춰 서 있던 SUV를 밀어 줬다. 운전하는 사람은 20대 중반쯤 되어 보였는데, 전화 통화를 하고 있을 때 내가 밀어 주겠다고 말했다. 그는 고개를 끄덕였고, 나는 차 뒤에서 자세를 잡았는데, 몇 미터쯤 밀어 주면서 도움이 필요한 사람을 도와준다는 게 얼마나 괴로운 일인지를 생각했다. 나는 그가 도로 경계석 쪽으로 움직일 거라고 생각했지만, 그는 그렇게 길을 따라 30미터 이상을 가더니 코너를 돌았다. "이 사람이 지금 … 내가 이렇게 … 집까지 … 밀어 줄 거라고 생각하는 건가?" 나는 숨을 헐떡거리며 생각했다.

마침내 길 한쪽에 대더니 브레이크를 잡았다. 그는 내게 고맙다는 말을 하지 않았는데, 심지어 전화기를 내려놓지도 않았다. "쌍놈의 자식." 나는 생각했다.

집에 돌아와서 나는 새로 종이 한 다발을 꺼내 서명을 해나갔다. "그건 당신 사인이 아니잖아." 휴가 내 어깨 너머로 보면서 인상을 찌푸렸다.

"내 사인이 되었지." 나는 내 앞에 놓여 있는 휘갈겨 쓴 글씨를 보면서 말했다. D와 S는 알아볼 수 있지만 나머지 글자는 산맥의 실루엣 혹은 병원에서 나쁜 소식을 전달받을 환자의 진료 차트 같았다. 변명을 하자면, 나는 내 이름을 5천 번이나 써야 할 거라고는 미처 생각하지 못했다. 내 인생 전체를 들어서는 그 정도 쓸 수 있겠지만, 앉은 자리에서 한 번에 해야 할 거라고는 예상하지 못했다. 이건 내 장래 인생을 예상하면서 내가 생각했던 성인으로서의 삶이 아니었다. 책 쓰는 작가로서, 잘생기고 오래 사귄 남자 친구와 하와이에서 일주일을 보내면서 어느 집으로 돌아가야 할지 결정해야 하는 인생. 나는 분명 그런 삶을 원했지만, 동시에 내 뇌를 완전히 다 바꾸고 싶었다.

휴는 칵테일을 만들어 와서는 내 원고를 들고 파티오에 앉았다. 1분이 지나고, 2분이 지났다. 그리고 5분. "왜 안 웃는 거야?" 내가 소리쳐 물었다.

어머니가 세상을 떠날 때, 나는 돈 한 푼 없이, 책을 내지도 못한 채, 뉴욕에서 살고 있었다. 어머니는 가끔 읽는 시드니 셸던의 작품을 제외하고는 책을 읽는 편이 아니었기에 내가 아등바등하면서 진입하려고 애쓰는 세계를 이해하지 못했다. 어머니는 내가 가능성이 없다고 판단했거나 아니면 글 쓴답시고 인생을 낭비하고 있다고 생각했더라도 절대 그런 말을 하지 않았다. 반면에 아버지는 내 장래가 암담하다는 말을 하는 걸 전혀 꺼리지 않았다. 우리가 힘에 부치는 애를 쓰고 있을 때 — 나와 그레천, 에이미 모두 시카고에서 예술 학교에 다녔다 — 어머니가 우리에게 지원을 해주었던 것은 아버지에 대한 원한 때문이었을 수도 있다. 우리가 돈이 필요할 때가 되면, 말을 하기도 전에 수표가 날아왔다. "너희들을 다 꿰뚫어 보고 있기에 보내는 작은 것이다." 동봉한 메모에는 이렇게 되어 있었다. "사랑을 담아, 너희들의 늙은 엄마가."

'그때는 어머니가 안 취해 있었던 건가?' 나는 또 나른 종이에 사인을 하면서 그게 궁금했다. '우리를 믿었던 건 정신이 온전했기에 그랬던가 아니면 술에 취해서 그랬던가?'

어머니가 가장 보고 싶을 때는 보석이나 그림처럼 어머니가 좋아했을 법한 물건을 봤을 때이다. 발코니 너머로 깔려 있는 백사장을 볼 때도 그렇다. 야자수를 볼 때도 그렇다. 나는 예쁜 것을 드려서 어머니를 즐겁게 해드리는 걸 얼마나 좋아했는지 모른다. 마지막 무렵의 어느 해 생신 때 나는 숲에서 발견한 말벌집을 드렸다. 그건 그때 내가 드릴 수 있는 유일한 것이었다. 벌레들이 만들었다가 버리고 떠난 집 말이다. "다음에는 더 좋은 걸 해드릴게요." 나는 약속했다.

"얼마든지 그렇게 해." 안경을 찾으면서 어머니가 말했다. "그게 뭐든 간에 나는 그걸 아주 좋아할 거야."

18. 나는 계속 서 있어

2017년 봄에 덴버로 가는 비행기 안에서 나보다 두 줄 앞에 앉아 있던 승객이 바지에 똥을 쌌다. 나이가 많았지만 아주 많은 건 아니었고 — 대략 80대 초반 — 딸로 보이는 중년의 여성과 함께 여행 중이었다.

"오, 안 돼." 나는 그녀가 신음하는 소리를 들었다.

그 남성은 내가 알아듣지 못한 말로 대답을 했고, 그녀는 자리에서 일어났는데, 두 팔을 들어 올렸다.

"음, 이건 단순한 사고 이상이네요."

그 남성이 뒤뚱거리며 걸어서 화장실로 가는 동안 나는 눈을 감았는데, 사람들 많은 비행기 안에서 내가 똥을 쌌을 때 다른 사람들도 그렇게 해주기를 바라는 마음이었다. 그런 날이 언젠가는 올 테니까. 어느 느지막한 아침, 모든 이가 입을 다물고 놀랄 만한 일을 저지를 사람이 바로 나일 수 있으니까. 10대 어린 친구들이 웃음을 터트리면서 내 뒤에서 폰으로 나를 찍을 때 부모들은 책망을 하겠지만 아무 소용이 없으리라.

"치욕스러운 발걸음." 나는 그렇게 부른다. 누군가 엉망이 된 좌석에서 화장실로 걸어가는 모습을 본 게 이번이 처음이 아니다. 몇 년 전에는 여성이었는데, 최소한 내가 보기에는 아주 잘 차려입고 있었다. 그녀는 오래전에 죽은 집시의 무덤에서 조금 전에 파낸 듯한 옷을 입고 있었는데, 그녀가 다가올 때 나는 웃으면서 '아주 멋진 치마군요.'라고 말을 할까 생각했다.

그런데 그녀가 점점 가까이 다가왔는데, 그게….

바지에 똥을 싼 그 남성은 화장실에 들어가서 나오지 않았는데, 아마 자살할 도구를 찾고 있는지도 몰랐다. 내가 그럴 날이 오면 나는 내 안경을 박살 낸 다음, 그 조각을 집어서 동맥을 자를 것이다. 그런 일이 있고 나면 도무지 회복할 길이 없기 때문이다. 거기 있는 사람들을 다시 볼 일이 없다 하더라도 마찬가지이다. 그 비행기가 추락해서 당신을 빼고 다른 사람들이 다 죽는다고 해도 회복되지 않는다.

"선생님?" 그 남성이 화장실에 들어가고 15분 정도 지났을 때 승무원 한 명이 문에 노크를 했다. "선생님, 이제 착륙합니다. 나오셔서 자리에 가셔야 해요." 그녀가 다시 노크를 했다. "선생님? 괜찮으세요?"

'이런 젠장, 좀 그냥 내버려 두세요.' 나는 그렇게 말하고 싶었다. '나와서 우리 모두를 지나서 다시 돌아간다는 건 말도 안 돼요. 그 안에 있게 내버려 두세요.'

그 승무원이 사태를 파악하고 그를 더 이상 괴롭히지 않았던가, 아니면 그 남성이 화장실에서 나와서 자기 자리로 돌아갔거나 했을 것이다. 내가 기억하는 건, 그를 다시 보지 못했다는 것이다. 하지만 그는 내 마음속에 여전히 남아 있다.

그 여행 몇 주 후에 나는 댈러스에서 젊은 친구인 킴벌리와 점심을 먹고 있었는데, 갑자기 속이 안 좋아졌다. 왜 그런지는 모르겠는데 속이 메스껍더니 입맛이 완전히 사라졌고, 그렇게 덥지도 않았는데 땀이 쏟아졌다. "여기서 그리 멀지 않은 곳에 정말 맛있는 파이를 파는 곳을 알아요." 내가 계산하겠다고 싸워서 계산한 뒤에 킴벌리가 말했다.

"한 개 맛보실래요, 아이스크림하고 같이?"

나는 속이 안 좋다는 말을 하고 싶지 않았다. 즐거운 시간을 망치는 말이니까. '그리고,' 나는 생각했다. '파이를 먹는다고 더 나빠질 리가 있겠어?'

한 시간 정도 후에 호텔로 돌아와서 잠시 침대에 누웠는데, 그러고는 욕실로 뛰어갔다. 어디서 그렇게 되었는지는 모르지만 위장에 아주 심한 바이러스가 생긴 듯했다.

불행히도 나는 낭독회에 가야 했다. 2천 명 정도 되는 사람들이 내가 정신을 집중하고, 제대로 차려입고, 자기들 앞에 한 시간 반가량 서 있기를 원했다. 나는 그걸 다 해냈다. 내 기억으로는 그때가 내가 앉아서 낭독했던 첫 번째였다. 내 몸의 하중이 몸속에서 언제든 쏟아져 나오려는 그 모든 걸 내리누르기를 바랐다. 그때는 거의 녹물처럼 나올 때였는데, 나올 때마다 페인트 한 통 정도가 쏟아졌다. 90분 내내 내가 생각했던 것은 이 많은 사람 앞에서 똥을 싸게 되면 기분이 어떨까 하는 것이었다. 상상하는 데 그리 많은 힘이 들지 않았다. 나는 단 뒤에 있었고, 청중의 첫 번째 줄은 오케스트라가 앉는 푹 들어간 곳 너머 6미터 정도 떨어져 있으니 다행이긴 했다. 청중은 아마 알지 못할 것이다. 그러나 무대 스태프는 다 죽여야 할 것인데, 거기엔 무대 옆쪽에서 손에 양동이를 들고 — 양동이라니! — 있는 불쌍한 킴벌리도 포함될 참인데, 그녀는 내가 내 상태에 대해 귀띔을 해준 유일한 사람이었다.

그날 저녁에 내가 생각했던 것 하나는 — 딴생각을 하는 게 충분히 가능한데, 심지어 낭독을 하면서도 산수를 할 수 있다 — 내 친구 앤디였다. 몇 달 전에 내게 해준 말인데, 자기가 16살이었을 때 여자 친구의 집에서 고등학교 친구들과 함께 있었는데 갑자기 속이 불편했다는 것이다. "그때 먹은 조개류 때문에 생긴 식중독이었던 것 같아." 그가 말했다. "땀이 쏟아지고 속이 막 뒤집혀서 화장실에 가려고 일어났는데 쏟아져 나왔어."

"이런 세상에." 내가 말했다. 그때 우리는 그의 집에서 그의 아내와 사춘기에 접어든 그의 두 딸과 함께 저녁을 먹고 있었는데, 그들은 그 이야기를 예전이 이미 들었고, 아마 남은 평생 듣게 될 것이 분명했다. 자기 아버지가 바지에 똥 싼 이야기, 그건 압권이리라.

"여자 친구 오빠 옷을 빌려 입어야 했지." 앤디가 여전히 귀신을 본 듯한 얼굴로 양손으로 머리를 감싸 쥐고 말했다. "오빠가 그 옷을 돌려받지 않으려고 했어. 그 집 카펫에 흘렸던 그 순간에 우리 관계는 끝났어."

이런 건 평생 상처로 남는 사건이다. 이건 영화 〈캐리〉 수준의 사태이다.

"왜 여태 심리치료를 안 받는 거야?" 내가 물었다. "그러니까 그 일은 … 30년 전 일이잖아?"

'앤디는 4명이 있는 데서 그랬다.' 나는 페이지를 넘기면서 그리고 강단에서 잠시 고개를 들어 앞을 보면서 생각했다. '나는 거기에 500을 곱해야 하는구나.'

낭독회 후에는 여전히 위태위태한 사인회가 있었다. "위장에 바이러스가 생긴 사람을 많이 만나 보셨겠네요?" 간호사라는 걸 알게 된 어떤 여성에게 내가 물었다.

"아, 물론이죠." 그녀가 말했다.

"어떤 처방을 하세요?"

"음, 실은 할 수 있는 게 그렇게 많진 않아요." 그녀가 말했다. "전해질이 들어 있는 게토레이 같은 음료를 많이 마시세요.

그리고 쉬세요. 음식은 먹고 싶지 않겠지만, 그래도 억지로라도 뭘 먹어서 배 속으로 내려가게 해야 해요. 그게 제가 말해 드릴 수 있는 전부예요."

 다음 날 아침이면 정상으로 돌아와 있으리라고 기대했지만 전혀 변화가 없었다. 밤에 세 번이나 깼는데, 두 시간에 한 번씩 페인트 한 통만큼의 녹물을 쏟아 냈다. '도대체 이게 어디서 나오는 거지?' 나는 당황했다. '내 눈에서? 목 안에 물을 저장하는 수조가 있나? 종아리에 있나?' 나는 디모인으로 가야 했기에, 갖고 다니는 토트백에 짙은 색의 헐렁한 옷을 하나 더 넣었다. 비행기에서 최악의 상황이 터질 때를 대비했던 것이다. 스키 탈 때 쓰는 마스크도 가지고 갈까 생각했다. 그건 정말 필요하다. 치욕스러운 발걸음을 떼야 할 때 얼굴을 가리는 데 필요하다. 하지만 요즘 시대에 — 그것도 비행기에서 — 스키 마스크를 쓰면 공격받기 십상이다. 이건 이미 속이 뒤집히면서 똥으로 칠갑을 했을 때 필요하다.
 설사에 걸리면 진이 빠진다는 게 문제이다. 양치질도 힘이 들었다. 신발을 신어야 할 때는 그저 신발을 내려다보면서 낑낑거릴 뿐이었다. 공항에 도착해서는 그저 쉬고 싶을 뿐이었다. 그러나 쉴 수 없었는데, 핏빗을 차고 있었을 뿐 아니라 같은 팔목의 그 위쪽에 애플 워치도 차고 있었기 때문이다. 그건 매일 밤 내가 연속해서 가장 많이 움직이고 있다는 걸 문자로 축하해 준다. 나는 360일 동안 모든 요건 — 서 있는 시간, 운동 시간, 칼로리 소모량 — 을 충족해 왔는데, 이 완벽한 기록을 망치고 싶지 않았다. 핏빗이 요구하는 최소 거리는 7,200미터 정도인데 비해 워치는 11,200미터 정도인데, 서 있는 것도 어려운 나로서는 도저히 달성하기 어려운 거리였다.

그러나 수화물 검사를 마친 후에 나는 한 발 한 발 앞으로 내디디면서 터미널 A에서 D까지 걸어갔다. '핏빗과 워치의 요구 사항을 채워야 해.' 이를 꽉 깨물고 신음하면서 휘청휘청 걸었다. '정신적으로 그리고 육체적으로 동시에 아픈 게 틀림없어.' 3,200미터쯤 걷고 나서 비행기에 올라탄 뒤에는 내게 남아 있는 얼마 안 되는 에너지를 다 써버려서 비행기에 가득한 사람들 앞에서 바지에 똥을 싸면 어쩌는가 하는 두려움과 싸워야 했다.

'내 인생이 왜 이렇지?' 내 자리에 앉으면서 자문할 때, 내 손에는 게토레이 한 병이 들려 있었는데, 실은 이게 가장 치욕스러웠다. "무슨 맛이에요?" 옆에 앉아 있는 남자가 물었다.

나는 병을 쳐다봤다. "블루예요."

게토레이는 전부 그런 맛이 난다. 색깔 맛 말이다. 설사를 하는 동안 나는 모든 맛을 다 마셔 봤다. 블루, 레드, 그린, 옐로, 오렌지, 그리고 불투명한 맛이 나는 새로 나온 불투명한 맛.

내 시계의 가장 짜증스러운 기능은 한 시간에 한 번씩 일어나라는 소리를 하는 것이다. 쇼가 끝날 무렵 연단에 있으면 손목에 진동이 느껴지고 이어서 메시지가 뜬다. "일어날 시간이에요."

"너는 지금껏 80분 동안 내가 뭘 하고 있었다고 생각하는 거야?" 이렇게 소리치고 싶다. 도대체 얘는 정보를 어디서 얻는 건지 궁금하다.

시계는 내가 타는 비행기에 따라 조정되는 것인지, 난기류를 만나거나 착륙한다는 방송이 나올 때는 어김없이 진동이 온다. "앉아서 좌석 벨트를 매주세요." 승무원이 말한다.

"일어나서 내 노예가 되어야지."라고 시계는 반박하듯 말한다.

얼마 전에야 나는 두 손을 앞으로 해서 추울 때 하듯이, 아니면 아주 느리게 움직이는 웨이터가 내가 정말 기다리는 음식을 내 자리로 가져올 때 하듯이, 한 1분가량 두 손을 비비면 시계를 속일 수가 있어서 "축하합니다. 해내셨군요!"라는 메시지가 뜬다는 것을 알았다.

그렇게 하는 건 속임수라고 할 사람도 있겠지만, 보통 때는 목표치를 상회하기에 내가 충분히 상쇄한다고 생각한다. 게다가 나는 여행할 때만 두 손을 비빈다. 집에 있을 때 일어서라는 메시지가 뜨면, 쓰레기통을 비운다거나 빨랫줄에 셔츠를 넌다거나 하는 식으로 유용한 일을 한다.

"빨래했어?" 휴가 묻는다.

"아니야." 내가 답한다. "책상에서 일어나서 좀 움직이고 싶었어. 이 셔츠들은 지저분하네." 집에 있으면 나는 좋아하는 루틴에 한층 잘 맞춰 지내는데, 그게 나에게는 아주 중요하다. 무엇보다 중요한 것은 생각을 한다는 것이다. 그리고 나면 투어 일정 ― 다른 말로는 돈벌이 ― 이 떠오르는데, 그러면 어떻게 처리해 나갈지 잠시 생각할 수 있다.

대체로 나는 일 년에 석 달 반가량을 길에서 보내는데, 새 책이 나왔을 때는 더 늘어난다. "휴도 같이 다녀요?" 사람들은 묻는다.

"아니요." 내가 대답한다. "그러니까, 그는 같이 오고 싶어 하지만, 휠체어 때문에 힘들어요."

그러면 질문했던 사람은 예의를 갖추어 고개를 끄덕이는데, 그런 얘기를 꺼낸 것에 미안해하는 모습이 역력하다.

"제가 그를 씻기고 먹이고 침대까지 들고 갔다가 나와야 해요. 시간이 아주 많이 걸려서 제가 집을 떠나 있을 때면 사람을 써요."

이해했다는 듯이 다시 고개를 끄덕인다.

때로는 그쯤 하고 말지만, 때로는 농담이라고 말하고, 휴는 나를 따라 디모인에 오는 일보다 더 중요한 게 있다고 얘기한다. "휠체어 이야기를 사실로 믿으셔서 제가 놀랐어요." 내가 말한다. "몸이 마비된 사람이 문제가 있다는 게 아니라, 글에서 제가 휴에 대해 그렇게 많이 썼는데, 목 이하로 마비가 되었다는 건 빼먹기에는 너무 큰 일이잖아요, 안 그래요?"

집에 있을 때 내가 아프거나 다치면, 휴는 그게 다 마음의 문제라고 주장한다. 그게 사실일 수도 있고, 아니면 그렇다고 그가 나를 비난하는 것일 수도 있다. 내가 사다리에서 떨어졌을 때도 그랬다. 그날은 크리스마스였는데, 내가 바닥에 누워서 움직이지도 못하고 말도 못하고 있을 때, 그는 위에서 나를 내려다보면서 소리쳤다. "왜 그 바지를 입고 있었어?" 마치 다리가 다 꿰매 붙어 있어서 그 바람에 내가 떨어졌다는 식이다. "멍청해 보이잖아! 그리고 그 셔츠를 입고 있으면 당신인지 못 알아봐!"

'지금이 그런 얘기할 때야?' 나는 의문이 들었다. 틀림없이 허리가 나갔다고 생각하면서 말이다.

물론 휴는 그전에는 상냥했다. 사다리 사건이 있기 전에, 이것도 서식스에서 있었던 일이다. 12월 초순이었는데, 나는 매일 걷던 대로 걷고 있었고, 집에서 11킬로미터 정도 되는 곳에 왔을 때인데, 갑자기 몸이 안 좋아졌다. 정확히 말하면 배가 아픈 것은 아니었다. 배 속에 위가 있다는 걸 느꼈다고 해야 할 듯하다. 그러고 나서 별안간 온몸에 힘이 빠졌는데, 누군가가 내 배 속에 손을 집어넣어 배터리를 잡아 뽑은 느낌이었다.

내가 서 있던 곳의 그 집 주인은 진입로 양쪽에 큰 바위들을 갖다 놓고 흰색으로 칠을 해뒀다. 가장 큰 돌은 높이가 15센티미터 정도 됐다. 앉기에는 불편했지만 앉았는데, 몇 분 후에 구토가 쏟아져 나왔고, 다행히 해가 져서 어둡고 비가 와서 아무도 나를 못 본다는 게 감사할 지경이었다. 그러고는 다시 한바탕했는데, 나는 이게 영국 전역을 들어 알코올이 포함되지 않은 유일한 구토라고 생각했다. 새로운 것이긴 했지만 보기엔 흉했다. 나뭇잎을 덮어 가리고 나서 다시 일어났다.

내가 앉아 있던 바위에서 몇 집 떨어진 곳에 휴의 피아노 선생이 살고 있었다. 먼 거리는 아니었지만 나는 몹시 약해져 있었기에, 그녀의 집 정문에 도착해서 주먹을 쥐고 문을 두드리기까지 몇 분이 걸렸다. 그녀의 남편이 친절하게 집까지 차로 태워 줬는데, 집에 도착해서 휴가 자기 방에 있는 걸 보고 나서 다시 토했다.

"와!" 그가 말했다. "당신 정말 아프구나."

그는 나를 부축해서 집 안으로 데리고 와서 이 층에 있는 우리 침대에 눕혔다. 그러고는 내게 벨을 하나 줬는데, 나는 그걸 10분에 한 번씩 16시간 동안 눌렀다. "물 좀 줘." "진저에일 한 잔 줘. 없어? 가게에는 있을 거야." "아이패드와 노트북, 그리고 내 사무실에 보면 판다 새끼에게 양쪽 발을 다 뜯어 먹힌 사람이 쓴 비망록이 있으니 가져다줘. 그런 책이 없다고? 아마 내가 상상했던 모양이네. 아까 달라고 한 차는 어디 있어? 양말 좀 갈아 신겨 줘."

＊　＊　＊

　나는 설사를 만났을 때도 휴를 계속 생각했다. 그는 전화로 얘기하는 걸 싫어하기 때문에 그걸 강요하면 안 된다. 그는 긴급한 일이 있을 때면 이메일을 쓰는 편이지만 내가 멀리 있을 때는 우표가 붙어 있는 편지를 받아 보길 원한다. 내 다이어리에서 이것저것 가져와서 짜 맞춘 문장을 쓰면 대번에 알아차리고 더 이상 읽지 않는다. 그래서 마음먹고 자리에 앉아서 그에게 쓰는, 오직 그에게만 쓰는 편지를 써야 한다. 그렇게 시간이 걸리는 일이 종종 화가 날 때도 있지만, 그럴 때면 그가 우리 집에 찾아오는 집배원 필에게 그 편지를 받아서 부엌 식탁 위에 그걸 올려놓는 모습을 상상한다. 그는 당장 읽지 않는다. 읽을 준비를 한 뒤에, 맑은 날이면 정원에 앉아서, 그렇지 않을 때는 자기 방에 앉아서 읽는다. 커피나 차 한 잔, 그리고 방금 만들어 낸 비스킷도 갖다 놓고서 말이다. 그 모든 건 로리무어가 쓴 이야기가 실린 〈뉴요커〉가 도착했을 때의 내 모습과 똑같다.

　그리고 나는 내가 없을 때 그가 저녁을 먹는 모습, 고기나 생선 먹을 때 곁들이는 국물류를 숟가락으로 떠먹는 모습, 그릇에 음식을 예쁘게 올리는 모습을 상상한다. 나는 혼자 있을 때 가끔은 포크나 그릇을 씻기 귀찮아서 냄비에 있는 음식을 손으로 바로 먹기도 하지만, 휴는 절대 그러지 않는다. 앉기 전에 항상 식탁을 제대로 차린다. 날씨가 추우면 부엌에 있는 벽

난로에 불을 지피기에 그 불빛이 와인 잔에 비친다. 그리고 초를 켜고, 마치 버킹엄궁에 초대받은 것처럼 무릎에 천으로 된 냅킨을 올리고, 컴퓨터로 티브이 프로그램을 본다거나 책을 본다거나 하지 않고, 그저 앞쪽, 그러니까 내가 집에 있었더라면 내가 앉았을 곳을 응시한다. 편지 쓰는 게 귀찮다고 느낄 때면 그가 혼자 밥을 먹고 있는 모습을 떠올리게 되고, 그러면 다시 펜을 집어 든다. "휴에게…."

몸이 안 좋았을 때, 나는 몸이 안 좋다는 편지를 썼다. 비행기에서 또는 연단에서 바지에 똥을 쌀까 걱정했다는 말도 썼는데, 그 정도만 해도 휴의 인내심을 시험하게 된다. 내 남동생의 친구 중에는 자기 대장 운동의 결과물을 사진으로 찍어서 "강아지"라는 제목을 달아 아내에게 이메일로 보낸 이도 있다는데, 휴와 나는 화장실에서 일어나는 일에 대해서는 한 번도 이야기를 해본 적이 없다. 나는 화장실에서 휴가 양치를 하거나 욕조에 몸을 담그는 것 외에 뭔가 다른 걸 한다는 생각을 해본 적이 없다. 그런데도 그는 소변볼 때조차도 나를 들어오지 못하게 한다.

"아니 10분 전만 해도 내 입 안에 있었던 건데 지금은 보여줄 수 없는 부위라는 거야?" 나는 문밖에서 소리친다.

"맞아! 그러니 저리 가!"

나는 집에 있을 때 위장에 탈이 나면 "오늘 화장실에 여러 번 갔어."라고 말할 것이다. 토하거나 힘이 빠진 것에 대해서도 애기하지만, 거기까지이다. "설사"라는 말도 안 쓰는데, 지나치게 실례되는 표현이니까. 그런 점에서 우리 둘은 내숭 떠는 일에 잘 어울린다. 차이가 있다면 나는 나에 대해서는 자세히 말하지 않지만 다른 사람에 대해서, 예를 들어 내가 만난 어떤 젊은 남자에 대해서는 얘기한다는 정도인데, 그 남자의 여자 친구가 짧게 자른 바지를 입은 채 그의 트럭에서 계기판 위에 발을 올려놓고 있다가 뜻하지 않게 똥을 쌌다는 것이다.

"걔가 너무 편하게 있었던 것 같아요." 그 청년이 내게 말했다.

"이런 얘기는 듣고 싶지 않아." 내가 그 이야기를 반복하자 휴가 말했다.

뭘 먹고 있었던 것도 아니지만, 설령 먹고 있었다 하더라도 그가 그렇게 반대하는 게 나는 이해가 되지 않았다. "그건 몇 년 전에 있었던 일이야." 내가 설명했다. "그것도 여기서 수천 킬로미터 떨어진 곳에서."

"그건 중요하지 않아." 그가 말했다. "난 그 이야기에 관심 없어."

"하지만…"

"하지 말라니까."

위장 바이러스는 엿새 동안 지속되었는데, 그 엿새 동안 매일 적어도 한 번은 비행기를 타야 했고 관객들 앞에 서야 했다. 사흘쯤 지났을 때 경련이 왔고 어떤 때는 너무 심해서 몸이 반으로 접힐 지경이었다. 내 배 속이 마치 번갯불이 벽에 부딪혀 튕겨 나오는 유령의 집 같다는 느낌이었다. 텍사스 오스틴에서 호텔 뒤쪽의 강을 따라 나 있는 길을 걸을 때가 최악이었다. 걸음을 내디디려 했지만, 다리를 꼬고 거기 서 있을 때 고통에 눈이 뒤집혔고, 만약 '수문'이 열려 쏟아진다면 — 그럴 가능성이 아주 높았다 — 그냥 강에 뛰어들자는 생각을 했다. 진흙을 잔뜩 묻히고 물 밖으로 나오면서 내가 그렇게 좋은 호텔에 묵지 않았으면 좋았을 걸, 이라고 생각하리라. 라 퀸타 인(La Quinta Inn)에서는 사람들 눈에 띄지 않고 방으로 갈 수 있지만, 야단법석을 벌이지 않고 포 시즌스(Four Seasons)의 로비를 지나갈 방도는 없다. "어린애가 물에 빠져서 구하려고 강에 뛰어들었어요." 나는 그렇게 말할 것이다. "걱정하지 마세요. 그 애는 이제 괜찮아요. 나는 올라가서 이 젖은 옷을 벗어야겠어요."

'사람들이 믿을까?' 갈색 강물을 보면서 나는 생각했다. '내가 애를 구할 만한 사람으로 보일까? 좀 더 디테일을 덧붙여 볼까? 그 여자애가 멕시코에서 왔다 정도?'

이런 게 위장에 탈이 난 채로 여행하면 드는 생각들이다. 그러다가 어느 날 눈을 뜨니 몸이 정상으로 돌아와 있는 걸 깨닫는다. 기적 같은 일이다. 처음에는 정말 감사하게 생각한다. 식욕도 돌아왔고 원기도 회복되었다. 그러나 마음 한구석에는 면

도칼 같은 그 끔찍한 긴장감. 그러니까 언제든 무너져서 처참한 치욕이 어떤 것인지 직면할 수 있었던 그때를 그리워하기도 한다. 그건 처참한 치욕에 가까운 것이라기보다는 도무지 이해할 수 없는 일이라 하겠다. 그 차이는 치통과 산 채로 불태워지는 것의 차이라 하겠다. 비행기 화장실 속에 있던 그 남자를 생각한다. 승무원은 그가 바지를 벗어서 그 아무짝에도 쓸모없을 만큼 조그만 세면대에서 빨고 있으리라 생각하면서 문을 두드린다. 그러나 그는 옷을 그대로 입은 채로, 자신이 이렇게 변해 버렸는데도 여전히 인간의 몰골을 하고 있을 뿐 아니라 얼굴도 그대로라는 사실에 충격을 받은 채로 거울을 쳐다보며 서 있다. 두 눈은 마지막으로 확인했을 때와 같은 자리에 그대로 달려 있고, 코도 입도 마찬가지이다. '그런데 어떻게 이런 일이?' 그는 당황한다.

"선생님." 문밖의 여성이 묻는다. "선생님, 나오셔야 합니다. 선생님? 괜찮으세요?"

내가 그렇게 된다면, 나는 말은 하지 못하고 입을 벌린 채일 것이고, 손목에서는 진동이 올 것이다. "일어날 시간이에요."라고 내 시계는 속삭이리라.

그러면 나는 자살하기 직전에 마지막 말을 뱉으리라. "나는 계속 서 있어."

19. 영혼의 세계

에메랄드 섬에 있는 우리 집은 가운데가 나뉘어 있어서 첫 번째 정문으로 들어가면 동쪽 부분, 두 번째 정문으로 들어가면 서쪽 부분이 나온다. 동쪽 부분은 휴가 쓰고, 우리가 같이 쓰는 침실은 위층에 있다. 그 침실은 바다를 굽어보는 데크와 연결되어 있고, 그 옆에는 우리 방과 같은 크기이지만 모양은 약간 다른 에이미의 방이 있다. 서쪽 부분을 쓰고 있으며 포대 자루 위에서도 신경 쓰지 않고 잠을 잘 수 있는 리사 누나와 폴과는 달리 에이미는 멋진 시트를 좋아한다.

에이미는 자기 가방에 새로운 침대 시트 세트를 싸서 왔는데, 추수감사절 전날 밤에 침대를 만드는 걸 내가 도와주고 있을 때, 그 전날 밤 뉴욕에 있는 자기 아파트에 찾아온 친구에 대해 이야기를 했다. "코카콜라를 마시는 친구라서 몇 개 사오려고 길모퉁이에 있는 가게에 갔어." 에이미가 말했다. "그런데 요즘 새로 나온 병에는 라벨에 이름이 있는 거 알아? 블레이크나 켈리, 뭐 이런 이름?"

내가 고개를 끄덕였다.

"그런데 매대에 딱 두 병 남아 있더라고. 하나에는 엄마, 다른 하나에는 티파니라고 쓰여 있었어."

나는 베갯잇에 손을 뻗었다. "너는 내가 죽으면 매대에 두 병이 아니라 세 병이 남아 있고, 그 세 번째 병에는 내 이름이 있을 거라고 생각하는 거야?"

에이미는 잠시 생각하더니 말했다. "응."

"그러니까 뉴욕에 있는 그 가게에 남아 있는 콜라는 우리 가족 중에 죽은 사람들을 위한 거라는 말이지?"

에이미는 침대보를 펴면서 말했다. "응."

에이미가 실제로 그렇게 믿고 있는지 아닌지는 알 길이 없었다. 에이미와 얘기하는 건 쉽지 않다. 동생은 한편으로는 아주 실용적이면서 다른 한편으로는 거의 모든 것에 개방적이다. 예를 들면 점성술 같은 것 말이다. 나는 에이미가 괴짜라고 말하고 싶지는 않지만, 걔는 차트를 완성하기 위해 상당히 많은 돈을 썼고, 누군가에 관한 이야기가 나오면 그 사람의 생일이 언제인지 물어본 뒤에 이렇게 말한다. "아, 쌍둥이자리. 좋아. 이제 이해가 되네."

에이미는 침술에도 열을 올리고 있는데, 나는 침술에 대해, 적어도 침술로 알레르기를 고칠 수 있다는 말에는 회의적이다. 그리고 보면 나는 새로운 일에 호기심을 품고 개방적으로 접근하는 사람들, 특히 나이가 들어서도 그런 사람들을 존경한다. 물론 어느 수준에서는 선을 그어야 하는데, 내 경우에는 항문과 관련이 있다. 내가 30대 초반이었을 때는 대장병이 하나의 이슈였다. 내 친구 몇 명은 시카고에 있는 어떤 사람을 찾아가서 그 사람이 그들의 대장에서 발견했다고 하는 덩어리에 관해 이야기했다. "호박씨가 있다네, 나는 지난 8년간 호박을 먹어 본 적도 없는데!"

친구들의 대장은 무슨 파라오의 무덤이나 오래된 유물이 널려 있는 어두운 카타콤 같았다. 요즈음은 사람들이 커피 관장도 하는데, 암을 예방할 뿐 아니라 치료도 한다고 믿는 모양이다.

"나는 됐어. 그냥 암을 받아들일 거야." 리사 누나가 부활절 아침에 내게 말했다.

"나도 그 말에 한 표." 내가 동의했다.

리사 누나는 폴와 에이미가 받아들이는 것도 받아들이지 않는데, 누나는 나름의 추구하는 것이 있다. 예를 들어 누나더러 차 열쇠를 들고 있는 방식이 잘못되어 있고, 누나 같은 사람을 위한 모임이 있다고 말해 주면, 누나는 적어도 석 달 이상 그 모임에 참석하는 스타일이다. 최근에 누나가 갔던 모임은 마인드풀 이팅(mindful eating)이었다. "다이어트에 관한 게 아니야. 우린 그런 건 믿지 않아." 누나가 말했다. "그냥 평상시대로 하는 거야. 하루에 세 끼, 과자나 디저트 등을 다 포함해서. 다만, 먹는 것에 대해 '생각'을 하는 거야." 그러고 나서는 누나는 방금 먹은 도넛이 그날 여섯 개째라고 실토했다. "누가 이걸 가져온 거야?" 누나가 물었다.

나는 박스를 보고 웅얼거렸다. "제수씨가 가져온 거 같은데."

"빌어먹을." 누나가 속삭였다.

바닷가에 오기 몇 주 전에 에이미는 유명한 심령술사를 만나느라 큰돈을 썼다. 그 여자를 만나려고 대기하는 사람이 꽤 많았는데, 몇 명 정도 앞당겨졌고, 얼마 안 있어서 에이미 차례가 돌아왔고, 전화로 한 시간 정도 이야기를 했다. 끝나고 나서 에이미는 내게 짧은 이메일을 보냈는데, 추수감사절 전날 롤리 공항에서 에메랄드 섬으로 그레천과 함께 차를 타고 가면서 자세한 얘기를 했다. "처음부터 얘기해 봐." 내가 말했다. "무서웠어?"

"전화로 감옥에 있는 사람과 연결해서 한 사람씩 통화하는 거와 비슷해." 뒷자리에서 에이미가 말했다. "우선 엄마와 잠시 얘기했는데 엄마는 잘 지내고 있어. 자기 덕분에 오빠와 휴가 잘되었다고 하시고. 그러고 나서 티파니가 나왔어."

나는 아몬드가 담긴 봉지를 뜯었다. "그럼 그렇지."

"평소 같았으면 나도 그렇게 반응했을 거야." 에이미가 말했다. "그런데 엄마가 가고 나서 그 심령술사의 목소리가 바뀌더라고. 갑자기 거칠어지더니 '지금은 언니랑 얘기하고 싶지 않아. 이건 호의를 베풀어 주는 거야, 알았어?' 이러는 거야."

티파니는 자기가 자살하고 남긴 잡동사니를 처리해 줘서 에이미에게 고맙다고 말했다.

"그거 이상하네." 내가 말했다. "그런 걸 그 심령술사가 어떻게 알고 있지?"

에이미는 몸을 일으켜 앉더니 가까이 다가왔는데, 머리가 내 자리와 그레천 자리 사이까지 왔다. "나도 그렇더라고! 심령술사는 티파니가 그전에도 자살하려고 했다고 하더라고. 그것도 사실이지. 그리고 언젠가는 자살을 할 생각이었기에 언제 하느냐만 문제였다는 거야. 얼마나 잘 맞추는지 미치는 줄 알았어. '당신 여동생은 정신적으로 아팠어.' 그러더라고. '조울증 같은 거였고, 더는 자기를 추스르고 싶지 않았기에 먹던 약도 끊었지.' 그녀는 티파니가 다들 자기를 뜯어먹고 이용만 한다고 느꼈다고 하더라고."

"그건 사실이네." 내가 말했다.

"티파니가 하고 싶었던 말은 대부분 오빠에게 하는 말이었어." 에이미가 내게 말했다. "걔는 자기와 오빠는 이제 괜찮다고, 더 이상 오빠한테 화 나 있지 않다고 말하고 싶어 해."

"걔가 화 나 있지 않다고!" 내가 말했다. "걔가? 아무리 생각해도 화를 낼 사람은 나야!"

"자기가 그동안 오빠를 오해했고, 지금은 자기 힘으로 일을 하고 있다더라고."

"죽은 뒤에도 일을 해야 한대?" 내가 물었다. 계속 다이어트를 해야 한다거나 자동차 협회에 가입해야 한다는 것처럼, 그건 좀 너무한 것 같았다. 나는 사람이 죽고 나면 어떤 일에서는 벗어나서 정화되어야 하는 게 아닌가 생각했다.

"근래에 티파니는 엄마의 아버지, 그러니까 외할아버지 레너드와 함께 다닌대." 에이미가 말했다.

이 말을 듣고서 나는 욱했다. "걔는 외할아버지를 본 적도 없어."

"거기서 만난 모양이야." 에이미가 말했다.

"거기가 어딘데?"

에이미는 어깨를 으쓱했다. "나도 몰라. 묻고 싶은 질문을 하고 거기에 답을 듣는 그런 게 아니었어. 자기들이 하고 싶은 말만 하고 이쪽에서는 듣기만 할 수 있어."

나는 이 말을 삼키려 애썼다.

"티파니와 엄마는 이제는 잘 지낸다더라고." 에이미가 이어서 말했다. "이제 자기는 오빠에게 나쁜 감정이 없다는 걸 말하고 싶어 했어. 심령술사 말로는 티파니가 이걸 직접 오빠에게 얘기하려고 했다는 거였는데, 그러면서 혹시 최근에 오빠 전화기에 문제가 있었는지 물어봤어."

"없었는데."

"전원이 나갔던 적은?"

그런 적도 없었다고 내가 말했다.

"나비 떼는?"

"정말 그렇게 말해?" 내가 물었다. "지난겨울에 우리 집에 나비들이 난리였어. 그런 건 나도 처음 봤어. 여름에는 아무 일 없었는데, 이건 정말 엄청났어. 휴와 나는 매일 그 이야기를 했지."

에이미는 팔짱을 꼈다. "그게 티파니였어. 티파니가 오빠와 접촉하려 애썼다는 거야."

심령술사와 있었던 일은 집안사람들의 신경을 곤두서게 했다. "티파니는 평소보다 조용했지만 실제로 만나서 얘기하는 것 같았어." 에이미가 말했다. "어떤 건지 기억하지? 그럴 때면 우린 다들 떨었잖아. 그리고 나서 몇 주 동안 그 일에 대해 생각하고."

"기억하지." 그레천과 내가 동시에 대답했다.

티파니가 사라진 다음에 에이미는 자기가 알던 배우와 얘기를 했는데, 그는 몇 년 전에 헤로인 과다 복용으로 죽었다. 그러고 나서 에이미가 처음으로 진지하게 생각했던 남자 친구 존 초칸티스와도 얘기했는데, 그는 25살 때 뇌동맥류로 죽었다.

에이미가 최근에 이런 상담을 했기 때문에 나는 순번을 앞당겨서 다음 주에 상담을 받을 수가 있었다. "그 심령술사 전화번호 필요해?"

나는 아무 말도 하지 않았다.

"필요 없다는 거야?" 에이미가 물었다.

책 사인회를 할 때면 나도 종종 능력이 있는 듯이 행동한다. "음, 전갈 자리구나." 나는 내 테이블로 다가오는 사람을 보면서 말한다. 그냥 때려 맞추는 것인데, 실은 나는 이중 궁수자리와 전갈자리를 구분할 줄도 모른다. 그렇지만 권위를 가지고 말하는 게 핵심이다. 절대 "천칭자리세요?"라고 물어서는 안 되고 "이제 천칭자리가 올 때가 되었네."라고 말해야 한다.

종종 맞추기 마련이고, 그렇게 되면 그 사람은 충격을 받는다. "어떻게 제 별자리를 아세요?" 사람들은 묻기 마련이다.

"여동생이 있다는 것도 알아요."

여동생이 있다는 것까지 들어맞으면 나와 얘기하는 그 사람은 낯선 곳에 갖다 놓은 고양이처럼 땅에 찰싹 붙어서 의심에 찬 눈초리로 쳐다본다. "누구랑 얘기했던 거죠? 내 친구가 그런 거까지 알려 줬어요?"

몇 년 전에는 한 젊은 여성을 만났는데, 그녀의 별자리와 여동생이 있다는 것까지 맞추고 나서, 꿈에 봤던 걸 얘기하듯이 이렇게 말했다. "당신은 … 이번 주 초에 병원에 있었군요, 당신 문제가 아니라 다른 사람 때문에. 당신은 … 매우 가까운 사람을 방문했어요."

19. 영혼의 세계 **275**

그 여성은 내 앞에서 무너졌다. "엄마가 암이 있어요. 수술을 했는데 … 어떻게 그걸 … 나는 도대체 … 어떻게 아세요?"

"나도 어떻게 할 수 없어요." 내가 말했다. "그냥 알아요. 눈에 보이니까."

눈에 보일 리가 있겠는가. 그냥 추측한 거고, 어떻게 나오는지 보려고 대충 꺼낸 소리이다.

휴는 에이미가 찾아간 그 심령술사도 똑같은 짓을 한 거라고 했지만 나로서는 확신할 수가 없다. "그런데 티파니의 목소리는 어떻게 알았을까?"

"유튜브에서 그 사람을 찾아봐." 그가 말했다. "당신이 쓴 글을 읽었겠지. 당신이 듣고 싶은 말을 해주는 거야. 그런 식으로 자기를 다시 찾아오게 만드는 거고."

나는 그 심령술사를 조목조목 쪼개어 분석하고 싶지가 않았다. 그건 냉소적일 뿐 아니라 재미도 없는 일이다. 그래서 나는 상담 예약을 하고 싶지 않았다. 어머니와 나는 매우 가까웠고, 나도 어머니가 몹시 보고 싶지만, 어머니와 다시 얘기할 필요가 있을까 싶다. 어머니가 돌아가신 뒤로는 그건 불가능한 일이라고 생각해 왔다. 지금은 선택의 문제처럼 느껴졌고, 어머니는 나랑 얘기하고 싶어 하는데 내가 거절하는 듯했다. 그러나 어떤 이유로든 어머니가 내게 화가 나 있다면 어쩌는가? 내가 뭘 어떻게 할 수 있겠는가?

티파니에 대해 말하자면, 그 애가 죽고 나서 몇 달 후에 네덜란드 영화 제작팀이 서식스로 찾아와서 사흘간 나를 따라다녔다. 우리의 대화는 거의 모든 주제에 대해 진행되었다. 영국에 대해, 내 글에 대해, 휴와의 생활에 대해 물었다. 마지막 촬영은 우리 집을 내려다보고 있는 언덕 위에서였다. 인터뷰어인 웜라는 남자가 내 옆에 앉았다. 카메라가 꺼지고 나서, 그는 내 여동생이 최근에 자살한 이야기를 꺼냈다. 그러고는 다시 물었다. "만약 동생에게 한 가지 질문을 할 수 있다면 뭐라고 하실 거예요?"

그건 마치 티브이에 나오는 장면 같았는데, 생각하지도 않던 친밀감을 드러내는 일이었고, 기괴하기까지 했다. 그래서 나는 한동안 눈을 깜빡거리며 아무런 말도 하지 않았다. 그러고서 말했다. "내가 할 말은 … '전에 빌려준 돈 언제 줄 거야?'"

에이미가 그 심령술사와 나눈 대화 중에 가장 나를 곤혹스럽게 했던 부분은 죽은 자들이 쉬지 못한다는 점이었다. 여전히 떠돌고 있다는 말이다. 추수감사절에 바닷가에서 리사 누나에게 내가 말했다. "죽은 자들이 자기들이 있는 곳에서 우리를 볼 수 있다면, 우리가 화장실에 있을 때는 보지 못하게 할 방법은 없을까?"

리사 누나는 잠시 생각을 했다. "내 생각에는 어떤 장소는 … 접근 금지일 거야."

"누가 접근 금지시키는데?" 내가 물었다.

"나도 몰라." 누나가 말했다. "하느님이 하시려나. 뭐 … 나는 몰라."

우리는 산책하러 나갔다가 돌아오는 길에 집에서 한 400미터 떨어진 곳에서 아버지를 만났다. 아버지는 청바지에 위가 평평한 모자를 쓰고 있었다. 플란넬 셔츠는 주름이 펴져 있었고, 셔츠의 아랫단이 윈드브레이커 재킷 밑으로 삐져나와 있었다. "여기서 뭐 하세요?" 내가 물었다.

"누군가를 찾고 있어." 아버지가 말했다.

누구를 찾느냐고 리사 누나가 물었는데, 아버지는 자기도 모르겠다고 말했다. "누군가 와서 자기 집에 들어와서 게임 같이 보자고 해주기를 기다리고 있어. 오후에 팬서스 팀* 경기가 있는데, 집에는 빌어먹을 티브이가 없잖아."

"그러니까 누군가 불쑥 '저기요, 우리 집에 들어와서 풋볼 보지 않을래요?'라고 말해 줄 거라고 생각하시는 거예요?" 리사 누나가 물었다.

"그렇게 말하도록 만들고 있어." 아버지가 말했다. "힌트를 주면서 다니고 있는 거지."

추수감사절 다음 날은 날이 맑고 계절에 맞지 않게 따뜻했다. 휴가 점심으로 샌드위치를 만들어서 우리 모두 데크에서

---

* 팬서스(Panthers): 노스캐롤라이나 연고 풋볼팀 — 옮긴이

먹었다. "우리는 암호 같은 걸 만들어서 다음에 우리 중에 누가 죽고 난 뒤에 심령술사가 진짜인지 아닌지 알 수 있게 했으면 좋겠어요." 에이미가 말했다. 에이미는 다음에 세상을 떠날 사람 1순위인 아버지를 쳐다봤다. "아버지는 뭐로 하실 거예요?"

아버지는 단박에 대답했다. "엑스터시."

"마약 말이에요?" 내가 물었다.

아버지는 샌드위치를 집으며 말했다. "무슨 마약?"

"아버지가 자주 쓰는 말이어야 해요." 내가 말했다. "우리가 정말 아버지구나 하고 알아차릴 수 있는 말. 예를 들면 … '너 무척 살쪘구나.'라든가 '오바마는 케냐 출신이야.' 같은 거."

"둘 다 세 단어네." 리사 누나가 말했다.

"'브로더슨' 어때?" 내가 말했다. 1970년대에 아버지가 작품을 수집하던 노스캐롤라이나 화가의 이름이다.

"오 그거 좋다." 에이미가 말했다.

나는 냅킨을 가지러 부엌에 갔는데, 다시 오니까 화제는 바뀌어서, 아버지가 다니는 체육관에 오는 어떤 사람에 대해 이야기하고 있었다. 그 친구는 나이가 40대쯤 되는데 라커룸에서 아버지에게 너무 가까이 붙는다는 것이다. "눈으로 내 옷을 다 벗기는 듯해서 영 불편해." 아버지가 말했다.

"이미 옷을 벗고 계시는데 눈으로 또 옷을 벗긴다고요?" 내가 물었다. "그 사람은 뭘 보고 있는 거죠, 아버지의 영혼?"

＊　　＊　　＊

　부활절 주간에 바닷가에서 보낸 마지막 날 저녁에는 에이미와 조카 마델린이 스파 나이트를 주관했다. 둘이서 유니폼을 입고 있을 것이고, '고객들'은 모두 팁을 줘야 하고, 그것도 후하게 줘야 한다는 것을 미리 고지했다. 얼굴 마사지가 제공되었고, 제수씨인 캐시가 발 마사지를 해주었다. 마사지는 훌륭했지만, 가장 멋진 대목은 감독관 역할을 하는 에이미의 말을 듣는 것이었다. 올해는 아버지의 얼굴에 황토 마사지를 하면서 아버지에게 오늘 밤 혼자 지내시는지 아니면 게이 애인과 함께 지내시는지 물었다.
　"고객님 같은 남자분들은 대부분 고환 쪽에 제모를 하시죠." 에이미가 말했다. "고객님도 그럴 생각이 있으시면, 실습생인 마델린이 해드릴 수 있어요. 마델린, 준비됐지?"
　아버지더러 게이라고 할 뿐 아니라 12살짜리 손녀에게 할아버지 고환의 털을 뜯어내야 한다고 말하는 건 정말 불온하다.
　얼굴에 황토 마사지를 하기 전에 우리는 모두 샤워용 모자를 썼고, 하고 난 뒤에는 마를 동안 두 눈에 오이 조각을 올려놓고 누워 있었다. 폴이 아이패드에서 스파 음악 또는 그런 곳에서는 음악처럼 들리는 폭포 소리나 잎사귀 사그락거리는 소리를 틀었다. 고래가 다른 고래에게 뭐라고 말을 하는 소리, 하프 소리도 들렸다. 올해는 내 눈에서 오이 조각을 들어 올리고 아버지와 리사 누나가 시체처럼 쭉 뻗어서 잠들어 있는 걸 보앉다. 폴도 잠들어 있었고, 소용돌이치는 따뜻한 물 속에 정강이 높이까지 담그고 있는 그레천도 거의 잠들기 직전이었다.

지난겨울에 서식스의 우리 집에 가득 찼던 나비 떼에 대해서는 완벽하게 설명할 수 있다. 에이미가 그 얘기를 한 뒤로 내가 읽은 바에 의하면, 나비 떼는 초가을에 우리 집으로 들어와서 일종의 동면을 했다. 휴와 나는 크리스마스 전까지 여행 중이었는데, 우리가 집에 돌아와서 히터를 켜자 주로 호랑나비들이던 그 나비들이 — 수백 마리였다 — 봄이 온 걸로 착각하고 깨어난 것이다. 이 층 창문에 온통 나비 떼였고, 다들 밖으로 나가려고 창유리에 부딪히면서 난리가 났다.

상징물로 치자면 나비 떼는 너무 부드러워서 리사 누나에게는 어울릴지 몰라도 티파니에게는 어울리지 않는데, 티파니에게는 좀 더 다이내믹한 것, 까마귀 같은 게 잘 어울린다. 그해 겨울에 큰 까마귀 두 마리가 내 사무실의 굴뚝을 타고 들어와서는 모든 걸 다 뒤집어 놓고 내가 아끼는 모든 것 위에 똥을 싸면서 난장판을 만들어 놓았다.

"내 상징물은 뭘까?" 오이를 눈 위로 다시 올려놓으면서 나는 생각했다.

내가 티파니를 마지막으로 봤을 때 동생은 보스턴 심포니홀의 뒷문에 서 있었다. 강연회가 방금 끝나고 책 사인회를 시작하려고 할 때였는데, 그 애가 "오빠, 오빠, 나야."라고 부르는 소리를 들었다.

그때까지 우리는 한 4년 정도 서로 이야기를 안 한 상태였는데, 나는 그 애의 몰골을 보고 충격을 받았다. 티파니는 젊었을 때는 어머니를 빼닮았다. 그때는 나이가 든 어머니를 빼닮았는데, 그때 그 애의 나이는 겨우 45를 조금 넘었을 뿐이었다. "나야, 티파니." 티파니는 스타벅스 로고가 박힌 종이 가방을 들고 있었다. 신발은 쓰레기통에서 건진 것 같았다. "오빠한테 줄 게 있어."

뒷문을 잡고 있는 보안 요원이 있었는데, 내가 그 사람에게 말했다. "문을 좀 닫아 주시겠어요?" 그날 객석은 사람들로 꽉 찼다. 나는 책임지고 일을 끝내야 했다. 내가 바로 그 유명한 세다리스 씨니까. "문 좀." 내가 다시 말했다. "지금 당장 닫아 주세요."

그 요원은 시키는 대로 했다. 내 동생이 보는 앞에서 문을 닫았고, 그 이후로 나는 티파니를 다시 보지 못했고 대화도 하지 못했다. 그 애가 아파트에서 쫓겨났을 때도 못 했다. 강간을 당했을 때도 못 했다. 처음 자살을 시도하고 입원해 있을 때도 못 했다. 그 애는 내가 해결해야 할 문제가 아니라고 나에게 말했다. 나는 더 이상 그 애를 감당할 수 없다고.

"음." 우리 식구들은 말했다. "티파니가 원래 그렇잖아. 너를 너무 괴롭히지 마. 걔가 어땠는지 우리도 알아."

다들 그 심령술사처럼 내가 듣고 싶은 말, 내 양심을 편하게 해주는 말, 다른 사람과 내가 별로 다를 바 없다고 느낄 수 있게 해주는 말을 하는 것인지도 모른다. 가족들은 내게 언제나 그렇게 해준다. 그러면 나는 마음을 추스른다.

20. 거기 있을 동안
   내 전립선을 확인해 주세요

내가 열여섯이 되던 해 여름에 나는 다니던 고등학교 선생님에게 운전 교육을 받았는데, 이건 나와 맞지 않는다는 걸 금방 깨달았다. 방향을 바꾸려면 엄청난 불안이 몰려왔고, 내 차선에 머무는 것도 마찬가지였으며, 주차 — 아, 주차 — 는 최악이었다. 내가 좀 더 열심을 내어 두려움과 불안을 극복해야 했다는 것은 인정하지만, 그렇게 하지 못했고, 그 결과 나는 여태 한 번도 딱지를 끊지 않았고, 자동차 할부금을 낼 일도 없었고, 운전석의 창문을 내리든 아니든 간에 누군가에게 개자식이라고 욕을 할 일도 없었다. 나는 화를 내지 않는 사람은 아니지만, 운전석에 앉아서 화를 낼 일은 없었던 셈이다. 내가 화를 내면 시처럼 나오지 않고, 연하장에 적힌 산문처럼 나온다. "지옥에나 가세요."

"누가 앞에 끼어들면 뭐라고 하세요?" 코펜하겐에서 책에 사인을 해주면서 어느 여성에게 물어봤다.

"우리는 욕하는 데 별로 소질이 없어요." 그녀가 말했다. "우리가 하는 가장 심한 말 — 가장 흔한 말이기도 한데 — 은 '내 엉덩이 속에서 뛰어다니지, 그래?' 이런 거예요."

미국에는 그다지 욕으로 들리지 않는 엉덩이가 있다. 그 안이 어둡기는 할 것이고 냄새도 좋지 않겠지만 적어도 몸을 뻗을 공간은 있을 것이다. 관보다는 감방에 가깝다고 하겠다.

그 몇 년 전에 암스테르담에 갔을 때도 같은 질문을 던졌는데, 네덜란드에서는 거기에 질병을 추가한다는 걸 알게 되었다. "누가 운전을 거지같이 할 때는 보통 콜레라 걸린 자식이라고 불러요." 어느 네덜란드 여성이 내가 알려 줬다. "그렇게 부르거나 암 걸린 창녀(a cancer whore)라고 부르죠."

나는 이 두 단어를 한꺼번에 조합한다는 건 생각도 못 했다. "암 걸린 창녀요?" 내가 물었다.

그녀는 고개를 끄덕였다. "그 말은 분명히 헤이그에서 생겼을 거예요."

그다음 날 나는 그 이야기가 맞는지 확인하기 위해 엘스라는 여자에게 물었더니, 그녀는 "아 맞아요. 암 걸린 창녀. 나도 늘 그 소리를 들어요. 혹은 '암 걸린 계집(cancer slut)'이라고도 해요." 그녀는 이 말에서 영어와 네덜란드어가 거의 비슷하다고 덧붙였다. "우리는 '슬레트(slet)'라고 해요. 칸케어 슬레트(Kanker slet)."

"혹시 … 그러니까 … 당뇨 걸린 계집, 이런 욕은 안 해보셨어요?" 내가 물었다.

그녀는 내가 아주 기초적인 것도 빼먹는 인간이라는 듯이, 이런 인간이 아침에 자기 옷은 어떻게 챙겨 입는지 모르겠다는 표정으로 나를 쳐다봤다. "그렇게는 안 부르죠." 그녀가 말했다. "병은 치명적인 거라야 해요."

"그러니까 에이즈 걸린 창녀?"

그녀는 다시 화를 냈다. "에이즈? 안 돼요. 불쌍한 사람들인데. 그건 재미있는 표현이 아니에요! 좀 더 창의적으로 말하고 싶으면 '더러운 티푸스 몽골로이드' 같은 말을 써도 되는데, 최근에는 이 말을 자주 써요." 그녀는 잠시 멈추었다. "그런데 '몽골로이드'라는 말은 맞아요?"

"우리는 '다운 증후군에 걸린 사람'이라고 써요." 내가 말했다. "그런데 '더러운'이랑 '티푸스'를 합치면 너무 길어지는 듯하네요. 특히 고속도로에서 지나칠 때 쓰기에는 말이에요."

네덜란드인은 꽤 묘한 사람들이다. 엘스와 얘기를 나눈 뒤에는 어떤 남자를 만났는데, 그는 18개월 된 자기 딸을 '이 조그만 음낭'이라고 불렀다. "그게 바로 네가 하는 일이니까." 그가 설명을 덧붙였다.

"아니 '그게 바로 네가 하는 일'이라는 게 무슨 말이죠?" 내가 말했다. "나나 우리 집 누구도 그걸 하지 않아요. 우리는 음낭을 음낭이라고 부르지도 않고요."

그는 어깨를 으쓱했다. 네덜란드 사람답게.

비엔나에서는 처음 질문을 다시 했다. "오스트리아에서는 화가 났을 때 차창 너머로 뭐라고 소리쳐요?"

"음." 젊은 여성이 말했다. "종종 우리는 '내 엉덩이에서 네가 핥고 또 핥을 부위를 찾아보지, 그래?'라고 말해요."

이건 독일에서는 좀 더 빨리 말할 수 있고 덜 어색할 듯하다. 그렇더라도 뭔가 부족하다. "어디를 핥을지 선택을 할 수 있게 하는 거예요?" 내가 물었다. "옆이든 위든 선택할 수 있다면 욕처럼 들리진 않는데, 위쪽이라고 하면 등이네요."

그녀도 동의했다. "그리고 운전을 개판으로 하는 사람이 여자일 때는 보통 피범벅 소시지라고 불러요."

"여자가 생리를 해서 그런 거예요?" 내가 물었다.

"아마 그럴 거예요."

그날 밤 늦게 나는 불가리아인을 한 사람 만났다. "우리나라에서는 짜증 나는 사람에게 '네 신장 결석으로 집이나 지어라.'라고 말해요."

'아, 뭔 말인지 알겠어.' 나는 생각했다. 이건 당신이 주차하려던 곳에 끼어들거나 깜빡이를 켜지 않았다고 해서 그 사람에게 내장이 뒤틀리는 고통이 계속되기를 바란다는 뜻이다. 나는 여태 살면서 신장 결석이 세 번 있었는데, 세 번 모두 수족관 바닥에 있는 작은 자갈 크기였고, 하나같이 너무나 아팠다. 그런 걸로 집을 지을 만한 양을 내놓는다는 것은 — 설령 그게 흰개미 한 마리가 살 만한 집이라고 해도 — 상상도 할 수 없는 일이다. 물론 불가리아인은 농담 같은 건 안 하는 사람들이지만, 루마니아인에게는 상대도 안 된다.

보스턴에서 책 사인회 중에 나는 루마니아 부쿠레슈티에서 온 여성을 만났다. "내 출판 담당자가 루마니아 사람이에요." 내가 말했다. "당신처럼 순수 루마니아인은 아니지만 루마니아어를 조금은 할 줄 알아요. 그녀가 좋아하는 말은 자기 할머니에게 배운 말인데, '내가 어디에 … 똥을 싼다.' 뭐 이런 말이었는데 그게 뭐였더라. '내가 어디에 … 똥을 싼다….'"

"네 엄마 입에 똥을 싼다?" 그녀가 물었다. "그게 맞을 거예요. 자주 쓰는 욕이죠."

그녀는 떠났고, 나는 '무슨 의미인지 알겠다.'라고 생각했다. "네 엄마 입에 똥을 싼다." 이보다 더 험한 말이 있을까?

일 년 후에 내가 부쿠레슈티에 처음 갔을 때 보니 실제로 그랬다. "여러분이 들었던 가장 심한 말이 무엇이었어요?" 낭독회가 끝날 무렵 내가 연단에 서서 물었다. 사람들이 손을 들고 대답을 했고, 나는 가톨릭과 동방 정교회를 믿는 모든 나라에서 가장 흔한 공격은 상대방의 어머니를 표적으로 한다는 걸 알았다. 그러니까 "네 엄마 시체랑 하겠다, 네 엄마의 그리스도랑 하겠다, 네 엄마의 성상이랑 하겠다, 네 엄마의 부활절이랑 하겠다, 네 엄마의 양파랑 하겠다, 네 엄마의 십자가로 스키를 만들겠다." 그리고 "네 엄마의 기념 케이크랑 하겠다." 같은 것들이다. 기념 케이크는 사랑하는 사람이 죽었을 때 만드는 케이크를 말하는데, 이것과 관련한 욕은 꽤 많은 편이어서, 가장 끔찍한 건 "네 엄마의 기념 케이크에 있는 체리라는 체리는 모조리 그리고 양초 하나까지 내 불알로 다 훑었다."라는 말이었다.

어느 젊은 여성이 내게 해준 말이었는데, 그다음 날 나를 공항에 실어다 주는 사람에게 이 말을 하자 그전까지는 말이 많은 편이던 그 사람이 갑자기 조용해졌다.

"그건 정말 최악이네요." 그가 말했다. "정말, 와, 아니 누가 그렇게 말했어요? 젊은 여자가 그랬어요? 예뻤어요?"

정말이지 루마니아인은 욕에 관해서는 세계를 선도한다. "당신이 알고 있는 건 어떤 거예요?" 나는 루마니아 트란실바니아 출신으로 비엔나에 살고 있는 여성에게 물었다.

"네 손으로 내 엉덩이를 밀고 흔들어서 똥을 싸게 해봐." 그녀가 말했다.

나는 망연자실했다. "사람들은 '네 손으로 내 엉덩이를 밀어봐.'라는 말을 하긴 하지만, 그러고 나면 상상력이 멈추기 마련이죠." 내가 그녀에게 말했다. "그런데 당신들은 좀 더 나가는 군요. 당신들이 챔피언이에요."

'운전을 배우기에는 아직 늦지 않았는지도 몰라.'라고 나는 생각했다. 그녀가 걸어서 문밖으로 나가서 비엔나가 분명한 거리로 들어가는 것을 지켜보면서 말이다. 시인이자 여왕이자 부싯돌 같은 도시의 빛나는 보석 같은 그 여인을 말이다.

21. 코미의 메모

아직 익사자가 나오지 않았고 상어에게 공격당한 사람도 없는 8월 중순의 에메랄드 섬이었다. 이것은 그 지역 부동산업자에게는 좋은 소식이었고, 그중의 한 명은 필리스라는 이름의 여성이었는데 우리 가족의 친구가 되었다. 우리가 도착한 그다음 날 휴는 그녀의 사무실에 들렀다가 한 시간쯤 후에 흥분한 얼굴로 돌아왔다.

"여기서 열두 집 떨어진 곳에 누가 사는지 알아? 제임스 코미*야! 이번 주 초에 사무실에 찾아왔다가 셰리랑 사진도 찍

---

* 제임스 코미(James Comey): 미국 트럼프 대통령 재임 시에 대통령과 불화를 빚어 해임된 미국 연방수사국(FBI) 국장 — 편집자

었대."

나는 데크로 나갔는데, 그레천이 젖은 수영복을 널고 있었다. "여기서 여덟 집 떨어진 곳에 누가 있는지 알아? 짐 코미가 있어!"

동생은 자기 입에 물고 있던 빨래집게를 손으로 잡았다. "와우, 농담이지?"

그다음에는 14살짜리 조카 마델린에게도 말했다. 마델린은 전화를 하다가 멍하게 쳐다보면서 물었다. "누구라고요?"

우체국 카운터에 있던 여자도 똑같은 반응이었다.

"잘 알겠지만," 내가 그녀에게 말했다. "최근에 뉴스에 도배를 했던 그 사람요."

"아, 세상에." 그녀가 말했다. "그 사람이 여기 얼마나 있었대요?"

그건 아는 바가 없었지만, 나는 잘 모르는 사람처럼 보이고 싶지 않았다. "닷새라고 하더군요. 그리고 우리 집에서 불과 몇 집 건너에 있어요!"

내가 나가려는데 벌써 전화 버튼을 누르는 소리가 나는 듯했다. "오션 드라이브 7400 블록에 누가 있는지 알아?"

"뭘 했다고?" 내가 우체국 직원에게 알려 줬다고 하자 휴가 말했다. "이제 모두가 알게 되겠구나!"

나는 친구 리네트에게 글을 썼고, 이웃에 사는 리에게도 쓰려고 할 때 보니, 휴가 그에게 글을 쓰고 있었다. "이건 내가 발견한 소식이지 당신이 한 게 아니야!" 휴가 씩씩거렸다.

그날 오후 늦게 우리는 골프 카트를 빌렸다. 여자들이 해 지기 전에 그걸 몰고 나가서 제임스 코미의 집 진입로에 들어갔다. "내가 보기엔 그 사람 차 같은데." 그날 밤 저녁을 먹으면서 제수인 캐시가 말했다. "차창이 검고 버지니아 번호판이 달린 까만 SUV 한 대가 앞쪽에 주차되어 있었어요."

밥을 먹고 우리 모두 골프 카트에 올라타고 그 집을 다시 지나갔다. "저기 봐, 불이 켜져 있어!"

빌린 집은 다음 날 정오에 반납해야 하므로 우리는 그 전직 FBI 국장을 볼 기회가 없었다. 우리가 더 미워하는 사람이 그를 해고하기 전까지 우리가 모두 미워했던 그 사람.

"음." 에이미가 말했다. "잠시나마 흥분하니까 재미있네요. 이제는 아무것도 안 하는 시간으로 돌아가야죠."

짐 코미를 제외하면 그 주에 가장 큰 이야기는 우리 아버지에 관한 것이었는데, 아버지는 우리와 합류하기로 했다가 운전을 하지 못하게 되어서 오지 못했다. 아버지가 초여름에 면허증을 잃어버렸을 때 우리는 모두 안도의 한숨을 쉬었다. 그런데 아버지는 안과 의사에게 편지를 받아서 차량 관리국을 찾아가서 다시 발급받았다. "지난주에 아버님 모시고 치과에 같이 갔다가 돌아오면서 깜짝 놀랐어요." 어느 날 밤에 캐시가 바다를 굽어보는 데크에서 담배에 불을 붙이면서 말했다. "이중

시가 있어서 길을 누비고 다니셨어요. 사람을 치지 않은 게 기적이에요."

아버지는 사회보장 연금으로 살아가신다. 액수가 상당한 저축이나 투자금에는 손을 대지 않고 있는데, 자식들에게 될 수 있으면 많이 물려주려고 하신다. 아버지는 그런 소망이 있어서 오바마가 대통령일 때도 버텼는데, 후임자가 재산세를 삭감할 거라고 믿었기 때문이다. 그런데 아버지가 사고가 나서 소송 한 방에 전 재산을 날린다면 아주 웃길 것이다. 리사 누나는 아버지가 아이를 칠까 봐 걱정이었다. 우리 중 누구도 그렇게까지 자세히 말하지는 않았지만, 누나의 말에는 일리가 있었다. 어린아이를 치는 건 94세의 아버지와 비슷한 연배의 사람을 치는 것과는 전혀 다른 얘기이다.

"이웃 사람에게서도 계속 전화가 와." 에이미가 말했다. "폴과 리사 언니도 전화를 받고. '너희도 이제는 아버지 생각을 해야 한다.' 사람들이 그래. '그 큰 집에 혼자 사시기에는 연세가 너무 많아.'"

최근, 그러니까 2년 전에 아버지를 방문했던 때가 기억났다. 휴와 나는 에메랄드 섬에서 롤리 공항까지 차로 움직이면서 영국으로 가는 비행기를 타기 전에 들르려고 했다. 우리가 지금 가고 있다고 전화를 수없이 하고 메시지도 여러 번 남겼다. 그래도 아무런 응답이 없어서 아버지 나이도 있고 해서 돌아가신 건 아닌가 걱정이 몰려왔다. 아버지 집까지 3시간을 달리면서 그럴 가능성이 크다는 생각을 했다. "먼저 들어가." 집에 도착했을 때 내가 휴에게 말했다.

"계세요?" 휴가 문으로 머리를 들이밀면서 말했다. 나는 그의 뒤에 서 있었는데, 창을 통해 아버지가 종종걸음으로 모퉁이를 돌아 나오는 걸 봤다. "야, 깜짝 방문이구나!"

나는 휴를 따라 부엌으로 들어갔다. "메시지를 대여섯 번 남겼어요." 내가 말했다. 내가 안도하고 있다는 사실에 안도하면서 말이다.

아버지는 에어컨을 바깥보다 한 1도 낮은 36도 정도로 맞춘 듯했는데, 그게 가능한가 싶었다. 열이 나고 조용해서 눈에 보이는 모든 게 한층 심각해 보였다. 아버지 집의 스토브는 몇 년 전에 고장 났기에 물을 데우려면 전자레인지를 사용했고, 그렇게 인스턴트커피를 내오셨다. 우리는 냉장고 옆에서 땀을 뻘뻘 흘리며 서 있었다. 그때 아버지는 휴에게 가지고 있는 그림에 대한 의견을 구했다. "여기 저 모퉁이 돌면 있어." 아버지가 말했다. 손전등을 손에 쥐고 통로였던 곳으로 들어섰는데, 지금은 의자와 종이들이 잔뜩 올라와 있는 테이블이 놓여 있었다.

"천장 등은 나갔어요?" 내가 물었다. "갈아드려요?"

"아니야, 괜찮아." 아버지가 말했다.

"손전등을 쓰시는 거예요?"

"전기를 아껴야지." 아버지가 설명했다.

우리는 도둑처럼 서서 아버지가 말했던 그림을 보았고, 불빛이 여기저기 옮겨 다니다가 바닥을 비추었다.

"이사를 하지 않으시려면 일주일에 한 번이라도 일하는 분을 쓰시라고 하는 게 어때?" 집을 나와서 공항으로 가는 길에 휴가 말했는데, 그때 나는 너무 우울해서 숨도 쉬지 못할 정도였다. "그것보다는 같이 살 사람을 고용하는 게 더 낫고."
"그 사람이 아버지를 다 벗겨 먹을 거야." 내가 속삭였다.
"왜 속삭여?" 휴가 물었다.
"옆 차에 타고 있는 사람들이 아버지 집에 자신들이 훔칠 만한 고장 난 스토브가 있다는 걸 모르게 하려고."

지난 2년 동안 상황이 더 나빠진 건 아니라고 해도 아버지에게는 변화가 필요했다. "내가 이해할 수 없는 건," 어느 오후에 바닷가에서 내가 에이미에게 말했다. "아버지가 이사를 하고 싶어 하지 않는다는 거야! 누가 깨끗한 지붕이 있는 새로운 환경을 좋아하지 않겠냐고! 아버지는 아버지 집을 그대로 유지할 여력이 되신다고. 매일 차로 데려다주고 정크 메일을 쓸어 담을 동안 밖에서 기다려 줄 사람도 고용하실 수 있고."
"나를 설득하려는 거야?" 에이미가 물었다. "자기 아파트에서 두 블록 떨어진 곳에 아파트가 하나 더 있어서 토끼를 돌보다가 하루에 몇 시간은 갔다 올 수 있으니까?"

캐시에 의하면 리사 누나가 롤리의 아버지 집에서 그리 멀지 않은 곳에 있는 노인 주택 지구를 두 군데 정도 보여드렸다는 것이다. "요양원이 아니에요." 누나가 아버지에게 강조했다. "여긴 예순다섯 된 젊은 사람들도 있어요."

"아버님은 첫 번째 곳이 좋다고 하셨는데 아파트가 분양을 시작하자 지금 사는 집을 다 고치기 전에는 이사하지 않겠다고 하시는 거예요."

"그 얘기는 50년째 하시는 거예요." 내가 캐시에게 말했다.

에이미는 물병을 찾아 마셨다. "아버지는 이사를 하기 싫어하신다는 얘기를 이웃 사람들에게 하면 그 사람들은 '음, 그러면 이사를 하시게 만들어야지.'라고 말해. 그 사람들은 우리가 신경을 쓰지 않는다고 생각하지만, 아니 아버지를 누가 감당하느냐고."

"문제는 뭐냐 하면," 나는 내 옆에 헐렁한 모자를 얼굴에 덮어쓰고 누워 있는 휴에게 말했다. "아버지가 나이 많은 사람을 싫어한다는 거야. 언제나 그랬어. 은퇴자 주거지에 있는 사람이 모두 스무 살이라면 들어가실 생각을 하실 건데, 모두 여자에다 비키니 하의만 입게 한다면 분명히 그렇게 하실 거야." 나는 벌겋게 달아오르는 이마에 선블록을 발랐다. "우리가 제임스 코미를 보고 싶어 하다니 믿을 수가 없네."

이틀 후에 에이미, 휴, 그리고 나는 롤리로 향했는데, 공항에 가기 전에 아버지에게 들를 생각이었다. 아버지 집에서 몇 킬로미터 떨어진 곳에 있는 스타벅스에서 커피를 네 잔 샀다. 나는 내가 마실 한 잔과 아버지께 드릴 한 잔을 들고 정문으로 들어섰다. "우리 왔어요!"

아버지가 부엌에 안 계셨기에, 우리는 어머니가 좋아했던 나무토막으로 만든 테이블 위에 공처럼 말려 있는 전단지가 놓여 있는 걸 훑어본 뒤에 홀을 지나서 몇 년간 본 적이 없는 침실들을 하나씩 들여다봤다. 모두 예전과 같았다. 아버지는 책상으로 사용할 테이블을 들여놓았다. 이렇게 되면 그 위에 종이와 서류가 쌓여서 결국은 바닥으로 쏟아져 내리거나 바닥에 있는 상자들 속으로 들어가게 되는데, 그 안에는 훨씬 많은 종이가 쌓인다. 침대에도 잔뜩 쌓아 올린 종이들이 산을 이루면서 무더기들이 여기저기서 계속 자랄 것이고, 나중에 아버지는 다음 방으로 옮겨간다. 침실은 다섯 개가 있는데, 아버지 침실은 홀의 끝에 있다.

"아버지?"

10년 전에 아버지, 에이미, 나는 플로리다에 있는 결혼식에 참석하느라 델레이비치에 있는 호텔에 묵었다. "잘 주무셨어요?" 그다음 날 아침을 먹으면서 내가 물었다.

아버지는 잠시 생각하시더니 말했다. "인형처럼 잘 잤어."

아마 "아기처럼 잘 잤어."라고 하시려던 것이 잘못 나온 듯한데, 그때 이후로 우리 집 사람들은 늘 "인형처럼 잘 잤어."라는 말을 쓴다.

 아버지는 그 호텔에서 썼던 침대를 아주 좋아하셨기에 에이미와 내가 하나 사드렸는데, 그 침대가 좋은 건 매트리스 때문이 아니라 시트 때문이라는 설명도 해드렸다. 시트는 고급이기도 했지만, 그보다 중요한 것은 깨끗했다. 플로리다에서 아버지가 주무셨던 그 침대가 사람이라도 되어 노스캐롤라이나에 있는 똑같은 더러운 침대를 본다면 토할지도 모른다. 겨우 한 사람이 누울 만한 공간이 있고, 방의 다른 부분과 마찬가지로 은행에서 보낸 입출금 명세서나 카탈로그, 벨트, 신문에서 찢어낸 면들로 산을 이루고 있었다. 거기서 하나를 끄집어내기도 어려운 일이었고, 전체가 하나로 연결되어 빙하 같은 덩어리를 이루었다.

 그 모든 것을 굽어보듯이 서랍장 위에 쌓여 있는 12년 전의 골프 잡지들 위에는 1981년에 에메랄드 섬에서 찍은 가족사진이 대여섯 장 올려져 있었는데, 단출한 프레임에 있는 유리에 눌려 있었다. 그 속에 있는 리사 누나는 정말 예뻤다. 아이들이었던 우리도 모두 마찬가지였다. 우리 가족사에서 보자면 그때가 황금기였다. 햇볕에 탄 피부가 환상적이었고, 우리의 모습도 그랬다. 12살에서 24살이었던 남동생, 여동생들 그리고 나는 미래를 응시하고 있었고, 우리 눈에는 멋진 미래만이 보일 뿐이었다.

 지금은 그렇지 않다는 뜻은 아니다. 엄밀히 말해 우리는 비관주의자가 아니니까. 그러나 중년의 후반부에 이르면, 앞으로 10년 후를 생각하면 토니상 트로피보다는 요강이 보일 확률이 높다. 우리가 젊고 귀엽고 미래에 대한 희망에 한층 부풀어 있을 때의 모습이 그런 처참한 혼돈을 내려다보고 있다는 사실이 슬펐다. 부모님 중에 어머니가 더 오래 살았더라면 이 집이 어떤 모습이었을까 생각하고 있는데 아버지가 데크에서 나무 한 그루를 응시하고 있는 모습이 보였다. 한 달 전에 아버지를 마지막으로 봤을 때 아버지가 등이 굽었다는 걸 알아차렸다. 그 나이 대의 사람들처럼 물음표 같은 모습은 아니지만 한층 약해 보이는 모습이었다. "아버지!" 내가 슬라이딩 유리문을 열자 아버지가 말했다. "왔구나!"

아버지는 하얀 테니스 바지에 베이지색 티셔츠 그리고 거기 맞춘 양말을 하고 있었다. 전부 아버지 몸에 커 보였다. 시계, 안경, 심지어 치아도 커 보였는데, 오래되긴 했지만 여전히 원래 치아였다. 내게 포옹하려고 걸어오실 때 보니 팔뚝에 흉한 멍이 네 군데나 있는 게 보였다. 자줏빛이라기보다는 검은빛이었고 그 위에 솜을 테이프로 붙여 놓았다.

"커피 사 왔어요." 내가 말했다.

"판타스틱!"

아버지 집에서는 거실이 그나마 사람들에게 보여 줄 만한 유일한 곳이었기에 — 책상이 없는 유일한 곳 — 우리는 그쪽으로 갔다. "아이쿠, 너희들 다들 좋아 보이는구나." 아버지가 소파에 앉으면서 말했다. "햇볕에 잘 그을렸고 건강해 보여."

"팔은 왜 그러세요?" 내가 물었다.

"넘어졌어." 아버지는 신경 쓰지 말라는 듯 팔을 휘저으며 말했다. "너무 급하게 돌아서다가 가끔 그래."

"넘어지신 다음에는 어떻게 하셨어요?"

"한동안 기었지. 의자든 뭐든 찾아서 일어났어."

"너는 요즘 어떠니?" 아버지는 에이미에게 말을 건넸는데, 대화의 주제를 바꾸려고 그러는 거였다. "네가 좋아할 만한 거 몇 개 꺼내 놨다." 아버지는 소파 옆에 있는 낮은 테이블 위에 있는 무더기를 가리켰다. "네 엄마가 쓰던 밀짚모자랑 포켓북 몇 권이야."

"저는 원래 모자를 안 쓰잖아요." 에이미가 말했다.

나는 아버지가 마음 상할까 봐 그걸 집어 들었다. "여자가 쓰는 모자라는 걸 나타내는 건 리본뿐이네." 내가 써보려고 욕실로 걸어 들어갔더니, 물 빠지는 곳에는 두 곳 다 박제 동물로 채워져 있었다. 마치 그것들이 목욕을 하려고 들어온 것인지 아니면 누가 물을 틀어 주기를 기다리는 것인지 알 길이 없었다. '이게 다 뭐야?' 나는 속으로 생각했다. "밀짚모자가 아직도 모양이 나네요." 내가 밖에다 대고 소리쳤다.

"그래?" 아버지가 대답했다.

"너 주려고도 뭘 챙겨 뒀어." 내가 모자를 쓴 채로 의자에 앉자 아버지가 말했다. "틀림없이 네가 좋아할 거야."

나를 위한 무더기 맨 위에는 브뤼헐의 그림이 있는 엽서가 두 장 놓여 있었다. 둘 다 비싸지 않은 플라스틱 액자에 들어 있었고, 내가 보기에는 엽서도 비쌀 리 없었다.

"네가 좋아하는 사람이지?"

"맞아요." 내가 말했다. "고맙습니다."

엽서 밑에는 자연을 소재로 한 달력이 두 개 있었는데, 그중 하나는 표지에 자기 새끼에게 코를 비비고 있는 여우 사진이 있었다.

"멋지지 않니! 나는 네가 저걸 액자에 넣고 싶어 할 거라고 생각했어."

"흠." 내가 말했다. 아버지는 살면서 내가 드렸던 선물에 대해 항상 불평을 했다. 아버지의 불평은 언제나 신속하고 신랄했지만 무슨 이유인지 몰라도 나는 그렇게 대답할 수가 없었다. "아 좋네요." 나는 그렇게 말했다.

두 번째 달력에는 침팬지가 나와 있었다. "이걸 네가 얼마나 좋아하는지 내가 잘 알지. 이 사진들도 보면, 정말 너무 근사해."

나는 그 달력의 3월을 열어 봤는데, 팔짱을 끼고 있는 남자 어른이 있었는데, 표정은 거만하기보다는 뭔가를 결심하기 직전의 느낌이었다. 사진사의 손을 물어뜯으려는, 아니면 사진사의 얼굴부터 물어뜯으려고 하는 뭐 그런 느낌. 그리고 보니 그 달력은 2년 전의 것이었다. "음." 내가 시계를 보면서 말했다.

"이제 가야 해요."

에이미와 나는 너무 정신이 사나워서 차 안에서 말이 없었는데 — 엄마가 쓰던 나무토막으로 만든 테이블 위에 속옷이 널려 있는 모습이라니! — 우리는 공항에 도착할 때까지 그저 창밖을 바라보았다. 공항에 도착해 보니 휴와 내가 가려는 워싱턴 DC는 지금 날씨가 좋지 않다고 했다.

"날씨가 좋은 데라는 게 있긴 하는 거야?" 내가 전광판을 보면서 투덜거렸다. "좀 더 구체적으로 말해 줄 수는 없나?"

뉴욕으로 가는 에이미가 탈 비행기 역시 먼 곳에 있는 태풍에 영향을 받았다. 비행기는 그렇게 지연되고, 또다시 지연된다. DC로 출발하는 시간은 7시에서 8시로, 그리고 결국 9시 45분으로 미뤄졌다. 에이미는 타려던 비행기가 끝내 취소되는 바람에 택시를 잡아타고 호텔로 가서 하루를 묵어야 했다. 휴와 나는 잠시 앉아 있다가 저녁을 먹기로 했다. 그 시간에는 선택할 곳이 많지 않았기에 우리는 42nd Street Oyster Bar로 갔다.

"이곳은 마틴 루서 킹이 암살되던 밤에 우리 어머니 아버지가 있던 곳이야." 주문을 끝내고 내가 휴에게 말했다. "공항에 있는 이 매장 말고, 원래 부모님이 살던 다운타운에 있는 매장." 나는 누군가 부엌에서 나와서 그 소식을 알리자 부모님을 제외한 다른 모든 사람이 환호했다는 이야기를 휴에게 해줬다.

"우리 집 식구들은 그때까지 남부에 오래 살지 않았기 때문에 그건 정말 눈이 휘둥그레지는 일이었지."

"흠." 전화기를 꺼내면서 휴가 말했다. "에이미가 내일 아침 비행기 예약을 했는지 문자라도 보내야겠어."

나는 주변에 저녁을 먹고 있는 다른 사람들을 둘러봤다. 다들 어디론가 가고 있는 사람들이었는데, 정작 나는 자기 집에서 몸을 일으키기 위해 의자를 찾아서 바닥을 기고 있는 아버지만 생각났다. 아버지는 사실만 전달하듯, 마치 내가 샌드위치 만드는 법이라도 물었듯이 "내가 한 일은…."이라고 말했다.

나이가 많이 들면 그런 식으로 살 수밖에 없는 사람들이 많지만, 아버지는 그렇게 살기로 선택했다. 아버지는 얼마든지 좋은 곳에서 살 수 있다. 넘어지면 도와줄 사람도 얼마든지 있다. 요리사, 운전사, 매일 아침 침대를 정리해 줄 사람 등. 그런데 아버지는 그 돈을 아까워한다. "여기에서 핵심은," 에이미에게 문자를 보내고 이제는 다른 사람에게 문자를 보내고 있는 휴에게 내가 말했다. "아버지는 그 돈을 아껴서 자식들에게 물려주려 한다는 것인데, 자식들은 아마 아무 생각도 없이 그걸 다 써버릴 거라는 거지. 리사 누나는 안 그러겠지만, 다른 자식은 어떻게 사는지 당신도 알잖아. 우리가 한 해에 쓰는 돈이면 어떤 사람은 근사하게 살 수 있을 정도인데, 아버지는 손전등을 들고 이 방 저 방으로 옮겨 다니고 있어. 넘어져 다치면 상처에 솜을 테이프로 붙이고. 반창고가 비싸다는 거지!"

"당신이 운전사를 고용하지, 그래?" 휴가 물었다.

"아버지는 자기 돈으로도 충분히 그럴 수 있어." 내가 말했다.

물론 휴가 하는 말이 맞는다. 적어도 내가 그 비용을 부담하겠다고 말이라도 해야 한다. 여느 사람처럼 아버지도 공짜를 좋아한다. 내가 그러지 않고 머뭇거리는 건 아버지가 유언장에서 내 이름을 뺄까 봐 걱정하는 까닭도 있다.

"전에는 뺐으면 좋겠다고 했잖아." 5년 전인가 그 문제로 아버지가 내게 말했다.

"제가 언제요?" 내가 물었다.

"몰라, 하지만 그렇게 말했어."

그게 사실인지 아닌지 확인할 길은 없다. 그런 점에서 아버지는 현재의 대통령과 아주 닮았다. "내 취임식에 150만 명이 참석했어요. 역사상 최대 인원, 150만 명!"

거짓말인지 아닌지 알 길은 없지만, 그건 그냥 우기는 거였다. "내가 그렇다고 하면 그런 거야, 이 자식들아."

그러고 나서 아버지는 나더러 집에서 아무거나 하나 선택하면 따로 떼어 놓았다가 물려주겠다고 하셨다. 나는 온통 종이로 뒤덮여 있는 가구들을 둘러보았고, 아버지와 어머니가 70년대에 사들였던 우울한 공예품도 보았다. "아래층 바에 술을 섞는 법을 알려 주는 책자가 있네요." 내가 말했다. "1960년에 빕이라는 만화가가 삽화를 그린 야한 책자. 그거라도 가질게요."

"너는 술을 안 마시잖아?" 아버지가 말했다.

나는 한숨을 쉬었다. "네? 맞아요. 차라리 에이미나 폴에게 주세요. 둘 중 하나는 분명히 언젠가는 밤에 핑크 스퀄럴 칵테일을 마시고 싶어 할 테니."

우리 음식이 나왔을 때 내가 휴에게 말했다. "어머니와 싸웠던 기억은 없는데, 나와 아버지는 늘 싸웠어. 한번은 고등학생 때 아버지가 나에게 또 뭐 때문인가 고함을 쳤어. 욕조에서 물을 너무 많이 쓴다는 뭐 그런 이유였지. 그래서 내가 맞받아쳤지. '아버지는 혼자 죽을 거예요!' 끔찍하지 않아?" 나는 접시에서 새우와 옥수수를 옆으로 밀었다. "그런데 지금 아버지는 그러고 있어. 혼자 죽으려고 애쓰고 있지. 다른 사람은 그거 때문에 힘들어하는데도."

계산서가 나오자 내가 냈다. 휴는 탑승구로 갔지만 탑승하려면 아직도 한 시간은 더 있어야 했기에 나는 터미널의 이쪽 끝에서 저쪽 끝까지 걸었고, 다시 걸어서 돌아왔다. 셔터가 내려간 브룩스 브러더스, 스타벅스, 서점 등을 지나쳤다. 내가 시카고나 뉴욕에서 살 때는 터미널이라는 게 없었다. 그 당시의 롤리 공항은 지금보다 작았고 느릿느릿 움직였다. 집에 가려고 비행기를 타고 와서 내리면 집에 전화하기 전까지 짐 찾는 데만 30분이 걸렸다.

아버지가 전화를 받았는데, 공항에서 나를 픽업하기로 한 건 아버지였으므로 이건 안 좋은 신호였다. "제가 비행기 타고 온다는 걸 잊어버리셨어요?" 내가 물었다. "6시에 도착한다고 말씀드렸잖아요."

"아직 6시가 안 되었어."

"아버지, 지금 6시 반이에요."

"아니야, 아직 아니라니까."

"지금 공항에 있는 시계랑 내 시계를 보면 둘 다 6시 반이에요."

"여긴 아직 6시 반이 아닌데, 좌우지간 내가 가고 있다. 지금 집에서 나간다."

20분 후에 다시 전화를 하면 아버지가 다시 받는다. 티브이 소리가 배경에서 들린다. "가고 있다고 했잖아, 젠장!"

그때 나는 비행기표 사는 곳으로 가서 돌아가는 표를 사고 싶은 마음이 굴뚝같았다. 아버지가 픽업하러 왔을 때 나는 저 하늘의 구름 한 점이 되어 가고 있었다.

"아버지가 장수하는 건 다이어트나 운동 때문이 아니고 유전자 때문도 아니야." 나는 폴이나 내 누이들에게 말하곤 했다. "아버지는 죽는 것에 느릿느릿할 뿐이야. 평생 모든 것에 느릿느릿했던 것처럼."

아버지와 얘기할 때면 꺼내지 않는 이야기가 몇 가지 있는데, 정치도 그중 하나이다. 아버지는 늘 내가 아무것도 모른다고 생각한다. 정말로 아무것도 모른다고. 내게 주신 달력 속의 침팬지가 아무것도 모르듯 나로서는 도무지 이해할 수 없는 이야기가 많았다. 투표 부스에서 레버를 잡아당길 수는 있지만, 거기에는 아무 생각이 없는 것이다.

트럼프가 당선된 다음 날의 싸움은 특히 흉측했는데, 우리는 매일 한 시간에 한 번씩 싸울 수도 있었다. 그러나 나는 그러고 싶지 않았다. 우리가 서로에게 마지막으로 한 말이 흉측한 말이 되는 걸 원치 않았던 까닭이다. 그래서 방문했을 때 나는 짐 코미에 대한 이야기도 입 밖에 꺼내지 않았다. 그냥 어머니가 쓰던 밀짚모자를 써본다거나, 액자에 넣은 엽서와 자연을 찍은 달력을 고맙다는 말과 함께 받아 들고서 워싱턴으로 가는 비행기에 탑승하기 전에 공항 쓰레기통에 집어넣었다. 그게 속이 편했다. 꼭 거기에 처박혀야 하는 것들은 아니다. 그냥 그렇게 끝이 날 뿐이다.

Calypso

Copyright © 2018 by David Sedaris

Korean Translation Copyright © 2021 by JuYoungsa Publishers

Korean edition is published by arrangement with Don Congdon
Associates, Inc. through EYA(Eric Yang Agency).

이 책은 에릭양 에이전시를 통한 저작권자와의 독점계약으로 주영사에서 출간되었습니다. 저작권법에 의해 한국 내에서 보호를 받는 저작물이므로 무단전재와 복제를 금합니다.

이제 와서 어쩌겠수

초판1쇄 발행 | 2021년 9월 6일

지은이 | 데이비드 세다리스
옮긴이 | 김상조

발행처 | 주영사
발행인 | 이은종
등록번호 | 제379-3530000251002006000005호
등록일 | 2006년 7월 4일(최초 등록일 2006년 3월 7일)
주 소 | 경기도 성남시 수정구 산성대로 437번길 7
전 화 | 031-626-3466
팩 스 | 0505-300-2087
홈페이지 | http://juyoungsa.net
이메일 | juyoungsa@gmail.com

ISBN 978-89-94508-34-4 03740

* 잘못된 책은 바꾸어 드립니다.
* 책값은 표지에 있습니다.